TÜBINGEN

Der Stadtführer

ANDREA BACHMANN

Oertel+Spörer

Die in diesem Stadtführer/Reiseführer enthaltenen Informationen wurden von der Autorin nach bestem Wissen erstellt und von ihr und dem Verlag mit größtmöglicher Sorgfalt überprüft. Dennoch sind, wie wir im Produkthaftungsrecht betonen müssen, inhaltliche Fehler nicht mit letzter Gewissheit auszuschließen. Daher erfolgen die Angaben ohne jegliche Verpflichtung oder Garantie der Autorin bzw. des Verlags. Autorin und Verlag übernehmen keinerlei Verantwortung bzw. Haftung für mögliche Unstimmigkeiten. Wir bitten um Verständnis und sind jederzeit für Anregungen und Verbesserungsvorschläge dankbar.

Kartografie: Anneli Nau, München

2., überarbeitete und aktualisierte Auflage 2014
Postfach 1642 · 72706 Reutlingen

Layout und Satz: Oertel + Spörer Verlag, Bettina Mehmedbegović
Druck und Einband: Longo AG, I-Bozen
Englische Übersetzung: David Whitehead, Backnang
Französische Übersetzung: Andrea Bachmann, Tübingen
Printed in Italy.
ISBN: 978-3-88627-344-7

Inhalt

Inhalt

Grußwort

Liebe Leserinnen und Leser, liebe Gäste der Stadt,
steile Staffeln, enge Gassen und spitze Giebel prägen die Silhouette der Tübinger Altstadt. Bunte Häuser, grüne Flächen und offene Glasfronten sind charakteristisch für die innovativen und preisgekrönten Stadtteilquartiere. In der schwäbisch-internationalen Universitätsstadt trifft das Flair eines liebevoll restaurierten mittelalterlichen Stadtkerns auf bunte Urbanität und verbindet sich mit dem Lebensgefühl einer jungen, modernen und weltoffenen Studentenstadt.

In der Stadt der Bücher fühlten sich schon Friedrich Hölderlin und Hermann Hesse wohl. Bis heute weiß man die hohe Lebensqualität in Tübingen zu schätzen: Dank der kurzen Wege sind fast alle Ziele bequem zu Fuß, mit dem Fahrrad oder mit dem Bus zu erreichen.

Bei der Lektüre des Buches und beim Entdecken unserer schönen Stadt wünsche ich Ihnen viel Vergnügen!

Ihr

Boris Palmer
Oberbürgermeister der Universitätsstadt Tübingen

Vorwort

Vor etwa fünfzehn Jahren saß ich in einem Straßencafé auf dem Tübinger Marktplatz und haderte mit meinem Schicksal: Ich war Vollzeitmutter und ich langweilte mich entsetzlich zwischen den Windeln und Legosteinen, aus denen mein Alltag bestand. Während ich mich selbst bedauerte, kam eine Gästeführerin mit ihrer Gruppe auf den Platz, stellte sich vor das Rathaus und fing an, zu erzählen. Natürlich wusste ich, dass in Tübingen Stadtführungen angeboten wurden, ich hatte sogar selbst einmal an einer teilgenommen. Aber an diesem Vormittag wusste ich auch, dass genau hier die Lösung meines Problems lag. Ich zahlte meinen Cappuccino, setzte meinen Sohn in den Buggy, ging zum Bürger- und Verkehrsverein an der Neckarbrücke und fragte, ob man mich dort haben wolle. Als Gästeführerin. Französisch sprechen könne ich auch. Man wollte. Der Job meines Lebens hatte mich gefunden.

Seitdem begleite ich Gäste aus nah und fern durch die Altstadt und den Rest von Tübingen. Ich erzähle ihnen von den Menschen, die hier gelebt und der Welt etwas gegeben haben, und von den Ereignissen, die sich in den Straßen und auf den Plätzen dieser Stadt zugetragen haben. Ich steige mit ihnen auf den Stiftskirchenturm hinauf und hinunter in den Karzer der Universität. Ich zeige ihnen im Französischen Viertel, wie man in Tübingen den Städtebau neu erfunden hat. Ich wandere mit ihnen auf dem Jakobsweg nach Rottenburg. Ich treffe mich mit ihnen im Schloss und Kloster Bebenhausen, in der Kunsthalle und im Stadtmuseum.

Und ich schicke sie essen und einkaufen und abends ins Theater.

Tübingen ist eine kleine Stadt, aber keine Kleinstadt. Ein Universitätsdorf. Eine schwäbische Weltstadt, verträumt und quicklebendig, alt und jung, international und urschwäbisch, überschaubar und voller Möglichkeiten, immer wieder Neues zu entdecken. Schon nach einem Altstadtbummel, einer Stocherkahnfahrt oder einem Blick vom Schloss über die Stadt ist es nahezu unmöglich, dem Charme Tübingens zu widerstehen.

Aber die Stadt hat noch viel mehr zu bieten als Fachwerkidylle und schwäbisches Dolce Vita. Über fünfhundert Jahre Universitätstradition machen Tübingen nicht nur zu einem kulturellen Raum, der die Bewerbung um Aufnahme in das UNESCO-Weltkulturerbe mehr als rechtfertigt, sondern auch zu einer einzigartigen Kulturstadt.

Gönnen Sie sich diesen zweiten Blick: Staunen Sie über 40.000 Jahre alte Steinzeitkunst und lassen Sie sich von zeitgenössischer Malerei zum Nachdenken bringen. Schlendern Sie auf den Spuren von Hölderlin, Hauff und Hesse durch die verwinkelten Gassen der Altstadt und freuen Sie sich darauf, beim Bücherfest oder der Poetikdozentur die Autoren kennenzulernen, die heute die Literaturszene prägen. Jazz- und Klassiktage, Sommeruni, Französische Filmtage – urbane Kultur in der malerischen Kulisse der romantischen Universitätsstadt am Neckar.

Mit meinen vier Kindern lebe ich im Herzen der Tübinger Altstadt. Wir bezahlen ohne zu murren eine astronomische Miete für eine Wohnung ohne Garten und Balkon. Dafür genießen wir es, autofrei leben zu können, ohne auf die Annehmlichkeiten einer Stadtwohnung und die Vorzüge eines Häuschens im Grünen verzichten zu müssen: In Tübingen braucht man nie länger als zehn Gehminuten, bis man sich auf eine Wiese legen kann und Ammertal und Schönbuch sind die fahrradnahe Alternative zum Tübinger Kopfsteinpflaster.

Tübingen hat es mir leicht gemacht, die Stadt zu meinem Beruf zu machen. Vor vier Jahren ist dieser Stadtführer in einer ersten Auflage erschienen. Jetzt freut es mich sehr, meine Begeisterung für das Leben im Schatten der Universität, zwischen Neckar und Ammer, Oberstadt und Unterstadt ein weiteres Mal in dieser Form teilen zu dürfen.

Ganz gleich, ob Sie für einen Tag oder für eine Woche nach Tübingen gekommen sind, ob Sie ein Semester hier verbringen wollen oder den Rest Ihres Lebens, ob Sie neu in dieser Stadt sind oder schon immer hier gelebt haben: Dieses Buch ist meine Liebeserklärung an Tübingen und ich habe es für Sie geschrieben.

Andrea Bachmann

In Tübingen unterwegs – Bunte Touren durch die Stadt

In fünf ausgewählten und ausgedehnten Spaziergängen werden Sie durch verschiedene Teile der Stadt geführt. Die Spaziergänge haben unterschiedliche thematische Schwerpunkte und sind zur besseren Orientierung farbig gekennzeichnet. Die farbigen Hinweise deuten auf eine genauere Beschreibung in einer anderen Tour hin (Bsp.: 8 bedeutet: Unterwegs im Grünen Nr. 8).

Rot: Unterwegs in der Oberstadt
Orange: Unterwegs in der Unterstadt
Blau: Unterwegs im Süden
Lila: Unterwegs zur Kunst
Grün: Unterwegs im Grünen

Stadtgeschichte im Überblick

Stadtgeschichte im Überblick

Seit Jahrhunderten schon siedelten und lebten Menschen auf dem Gebiet der Altstadt. Kommen Sie mit auf einen Gang durch Tübingens Stadtgeschichte, von den alemannischen Anfängen über die Zeit der Staufer bis zur Herrschaft des Hauses Württemberg, von der Zeit des ersten und zweiten Weltkrieges bis in unsere heutigen Tage.

Alemannische Wurzeln

Schon in der mittleren Steinzeit, als die Menschen noch als Jäger und Sammler unterwegs waren, haben sie einige wenige Spuren in der Umgebung der Stadt hinterlassen.

Vom 8. bis zum 6. Jahrhundert v. Chr. wurden Grabhügel an verschiedenen Stellen des heutigen Stadtgebietes angelegt. Sie werden noch heute Römergräber genannt, obwohl die Römer, die nach den Kelten die Region besiedelten, sich im benachbarten Rottenburg, das sie Sumelocenna nannten, niederließen und nicht in Tübingen.

Das heutige Tübingen geht auf alemannische Siedlungen zurück. Die Alemannen waren ein germanischer Stammesverband, der sich erfolgreich gegen die römische Vorherrschaft zur Wehr setzte. Gegen Ende des 3. Jahrhunderts zogen die Römer ab oder integrierten sich in der nachfolgenden Bevölkerung. Neue Siedlungen entstanden. Die Namen der meisten von ihnen enden auf die Silbe -ingen. Diese Orte gehen vermutlich auf den Namen dessen zurück, der sie gegründet hat. In Tübingen wird das ein gewisser Tuwo gewesen sein. Tübingen bedeutet also so viel wie „Bei Tuwos Leuten“. Über diese wissen wir nicht viel, nur einige Reihengräberfriedhöfe aus dem 6. Jahrhundert liefern wenige Informationen über die Anfänge der heutigen Stadt. Diese Friedhöfe wurden bei Bauarbeiten 1936 und 1969 in der Münzgasse direkt vor der Stiftskirche gefunden.

Das deutet jedoch nicht darauf hin, dass es an dieser Stelle eine Art „Urdorf“ gegeben hätte, aus dem sich die Stadt entwickelt hat. Vermutlich gab es mehrere Gehöfte oder Kleinsiedlungen, von denen einige größer wurden und zusammenwuchsen, während andere aufgegeben wurden und wüst fielen. Gemarkungsnamen im Stadtgebiet wie der Herbstenhof oder das Wennfeld erinnern noch heute daran.

Nachdem 1050 mit der Errichtung der Burg begonnen wurde, baute man Tübingen relativ systematisch zu einem Herrschaftsmittelpunkt aus. Die Grafen von Tübingen waren zu dieser Zeit eine angesehene Familie des Hochadels. Sie besaßen Liegenschaften im Schwarzwald, am Neckar, an der Donau und auf der Schwäbischen Alb. Als 1078 der Name Tübingen zum ersten Mal erwähnt wurde, musste es schon ein ziemlich wichtiger Ort sein: Heinrich IV. war nach seinem Gang nach Canossa in Schwaben eingefallen und belagerte die Burg der Grafen von Tübingen. Über dieses Ereignis wird in einer Urkunde berichtet. Wären Burg und Siedlung völlig unbedeutend gewesen, hätte niemand die Mühen einer Belagerung auf sich genommen.

Von der Siedlung zur Stadt

1140 verlieh Stauferkönig Konrad den Tübinger Grafen die Pfalzgrafenwürde, damit spielten sie eine wichtige Rolle auf dem politischen Schachbrett des Heiligen Römischen Reiches deutscher Nation. Auf Hohentübingen muss sich damals der ganze Glanz der Stauferzeit entfaltet haben: Man konnte in einem Garten mit edlen Tieren lustwandeln und der Minnesänger Heinrich von Rugge besang die Schönheit der Frauen und die Herrlichkeit der Stauferkaiser.

Von diesen erhielten die Pfalzgrafen das Recht, mit ihren Silbervorkommen aus dem Schwarzwald eine Münze zu prägen, den „Tübinger Pfennig“. Um diese Münze in Umlauf bringen zu können, brauchte man einen Markt, der im 11. Jahrhundert eingerichtet wurde und einen bedeutenden Schritt in Tübingens Entwicklung zur Stadt darstellte; 1231 wird der Ort zum ersten Mal auch als solche bezeichnet.

1150 wurde die kleine Pfarrkirche abgerissen und durch eine neue romanische Basilika ersetzt.

1200 wurde mit dem Bau der Jakobuskirche begonnen. Außerhalb der Stadt leitete man vom Fluss Ammer einen Kanal ab, der die Stadt mit Brauchwasser versorgte und als Wasserkraftwerk genutzt wurde. In der ersten Hälfte des 13. Jahrhunderts begann man außerdem mit dem Bau einer Stadtmauer, die nicht nur eine Verteidigungsanlage war, sondern auch ein Prestigeobjekt, ein wichtiges Zeichen urbaner Kultur.

Die Stadt wuchs schnell, trotz der ungünstigen geografischen Lage zwischen dem noch ungebändigten Neckar und dem Sumpfgebiet des Ammertals, auf einer relativ begrenzten Fläche, die sich durch beträchtliche Höhenunterschiede auszeichnete. Neben den Bürgern, die auf der oder für die Pfalzgrafenburg arbeiteten, und den Händlern kamen auch immer mehr Bauern in die Stadt. Unter den Handwerkern stellten die Münzer, die Gerber und die Tuchmacher die stärksten Gruppen. Wein und Getreide waren die wichtigsten Handelswaren. Es entstand so etwas wie eine soziale Infrastruktur. Augustiner-Eremiten und Franziskaner bauten Klöster in der Stadt und kümmerten sich um die

Der Ammerkanal

Maria: Schutzpatronin der Zisterzienser am Bebenhäuser Pfleghof

seelsorgliche Betreuung der Bevölkerung. Im Spital wurde für Alte und Kranke gesorgt und ein Sondersiechenheim außerhalb der Stadt nahm Menschen mit ansteckenden Krankheiten auf. Seit 1312 gab es eine Lateinschule.

1280 kam es zum ersten großen Stadtbrand, der etwa 150 Häuser im Bereich der heutigen Kornhausstraße vernichtete. Stadtbrände werden das Gesicht Tübingens in den kommenden Jahrhunderten stärker prägen als die Folgen kriegerischer Auseinandersetzungen.

Mit der Hinrichtung Konradins, eines Enkels Friedrich II., in Neapel wurde der Untergang der Staufer besiegelt und damit verloren auch ihre Parteigänger, die Tübinger Pfalzgrafen, ihre politische Bedeutung. Dazu kam eine ungeschickte Familienpolitik; die Dynastie zersplitterte immer mehr, was einen weiteren Aufstieg verhinderte. Missernten, Geldentwertung und kriegerische Auseinandersetzungen verschärften die Situation. Ende des 13. Jahrhunderts bekommt auch Tübingen die Auswirkungen der Verarmung der Pfalzgrafen zu spüren.

Davon profitierten im Wesentlichen das Zisterzienserkloster Bebenhausen, das sich wenige Kilometer von Tübingen in schönster Schönbucheinsamkeit befindet, und die Grafen von Württemberg. Zunächst versuchten die Pfalzgrafen, die Stadt an das Kloster zu verpfänden, entschlossen sich aber 1342 zum endgültigen Verkauf von Stadt und Burg an die Grafen. Tübingen verlor seine Funktion als zentraler Herrschaftsort und gehört seitdem zu Württemberg.

Trotz alledem blieb Tübingen eine große, wohlhabende Stadt

mit einer gut funktionierenden Infrastruktur. Das bürgerschaftliche Selbstbewusstsein zeigte sich nicht zuletzt 1435 im Bau eines stattlichen Kauf- und Rathauses auf dem Marktplatz. 1453 wurde wenige Meter vom Marktplatz entfernt ein Kornhaus errichtet, wo der gesamte Getreidehandel der Stadt stattfand, in dem aber auch eine sogenannte Bürgerstube für kulturelle und gesellschaftliche Veranstaltungen eingerichtet wurde.

Tübingen bekommt eine Universität

1477 gründete Graf Eberhard im Bart in Tübingen eine Universität, die das Leben und die Stellung der Stadt bis auf den heutigen Tag beeinflusst. Was die Erfindung des Buchdrucks, die Entdeckung Amerikas oder die Eroberung von Konstantinopel für ganz Europa war, bedeutete die Universitätsgründung für die Stadt am Neckar: den Beginn der Frühen Neuzeit.

Die Gründung einer Universität ist mit einem hohen bürokratischen und finanziellen Aufwand verbunden. Vor allem die dafür notwendige päpstliche Erlaubnis stellte Graf Eberhard vor Schwierigkeiten, denn es gab im Südwesten mit Heidelberg, Ingolstadt, Basel und Freiburg eigentlich genug Universitäten. Auch war die Gründung einer solchen Hohen Schule auch eher Sache eines Erzherzogs oder eines hohen kirchlichen Würdenträgers, als die eines einfachen Grafen. Hier kam Graf Eberhard zugute, dass er mit einer italienischen Markgrafentochter verheiratet war. Die Familie von Barbara von Mantua aus dem Hause Gonzaga verfügte über beste Beziehungen zum Heiligen Stuhl, was die diplomatischen Bemühungen um die Lizenz zur Universitätsgründung stark vereinfachte.

Finanzielle Unterstützung erhielt Eberhard vor allem von seiner Mutter Mechthild von der Pfalz. Sie verlegte die Propstei und acht Kanonikate samt Pfründen des reichen Augustiner-Chorherrenstiftes aus Sindelfingen, das Teil ihres Witwengutes war, an die Georgskirche in Tübingen und schaffte so die materielle und personelle Basis für die Realisierung der Hochschulpläne ihres Sohnes. Darüber hinaus erließ sie ihm die Zölle für den Holztransport auf dem Neckar, die einzunehmen sie berechtigt war. Auf diese Weise konnte Eberhard das für den Bau eines Universitätsviertels in großen Mengen benötigte Bauholz günstig aus dem Schwarzwald nach Tübingen schaffen – übrigens ein Grund, weswegen Tübingen und keine andere württembergische Stadt zum Universitätsstandort bestimmt wurde.

Mit der Unterstützung der beiden klugen, gebildeten und reichen Frauen und seines Lehrers, Johannes Vergenhans, der der erste Kanzler der Universität wurde, gelang es Eberhard, sein Vorhaben wie geplant zu verwirklichen. Am 1. Oktober 1477 nahm die Universität ihren Lehrbetrieb auf.

Die Gründung der Universität zog natürlich eine rege Bautätigkeit nach sich. Die alte romanische Pfarrkirche war schon 1470 abgerissen worden, um einer größeren, moderneren und repräsentativeren Kirche Platz zu machen. Deren Bauherrin war unter anderen Barbara von Mantua, deren Wappen deshalb auch heute noch über dem Eingangsportal der Kirche zu sehen ist.

Brunnen vor der Neuen Aula

Außerdem entstanden großzügige Universitätsgebäude wie die Sapienz, die Vorläuferin der Alten Aula, ein Lektorium, die Burse oder die juristische Fakultät in der Münzgasse, in deren Keller das universitätseigene Gefängnis, der Karzer, eingerichtet wurde.

Die Universität verschaffte der Stadt einen wirtschaftlichen Aufschwung, was sich wiederum in der Entwicklung der gesamten Stadt niederschlug. Rathaus und Kornhaus wurden erweitert, die Jakobuskirche umgebaut und es entstanden viele neue großzügige Bürgerhäuser. Die Stadt wuchs: Um 1500 hatte Tübingen etwa 3.500 Einwohner.

Die Universität war aber nicht nur kulturelles Zentrum und Wirtschaftsfaktor, sondern auch eine eigenständige Verwaltungskörperschaft mit eigener Gerichtsbarkeit. Die „cives academici", wie die Universitätsangehörigen genannt wurden, genossen weit reichende Privilegien: nicht nur Professoren und ihre Familien, sondern auch alle, die für die Universität arbeiteten, ohne direkt zum akademischen Korps zu gehören , wie Apotheker, Buchdrucker oder Verwaltungsbedienstete. Jahrhundertelang werden in Tübingen zwei verschiedene Gruppen leben: Die Bürger der Universität und die Bürger der Stadt. Sie werden durch dieselben Straßen gehen, ihr Brot bei demselben Bäcker kaufen und in derselben Kirche beten. Man musste sich miteinander arrangieren, was mal mehr, mal weniger gut funktioniert hat.

Wechselhafte Zeiten

1496 stirbt Graf Eberhard. Sein Nachfolger, Herzog Ulrich, der Sohn eines Cousins, übernahm 1503 im Alter von 16 Jahren die Regierung. Mit einer übertrieben aufwändigen Hofhaltung und massiver Misswirtschaft häufte er immer mehr Schulden auf, die er über Steuererhöhungen zu tilgen versuchte. Gegen ihn erhob sich daraufhin im Remstal der Aufstand vom „Armen Konrad", der sich rasch in großen Teilen Württembergs ausbreitete. Um die Lage zu stabilisieren, berief der Tübinger Obervogt Konrad Breuning einen Landtag mit Vertretern der württembergischen Städte ein, der sich mit dem Abbau der Schulden und der Niederwerfung des Bauernaufstands befasste. Breuning und der württembergischen Ehrbarkeit gelang es, sich politische Mitspracherechte wie ein

Innenhof des Evangelischen Stiftes

Vetorecht bei Landesveräußerungen und Kriegserklärungen und den freien Zuzug von Bürgern zu sichern. Der „Tübinger Vertrag“, der 1514 unterzeichnet wurde, ist als „Magna Charta Württembergs“ in die Geschichte eingegangen. In ihm eine Gründungsurkunde der Demokratie zu sehen, ist sicherlich übertrieben, aber der Vertrag ist ohne Zweifel ein wichtiges Dokument für Württembergs politische Ordnung und kann als Beitrag zur Entwicklung eines rechtsstaatlichen Bewusstseins in der frühen Neuzeit gelesen werden.

Herzog Ulrich unterzeichnete den Vertrag zähneknirschend. Nur drei Jahre später wird er diese Einschränkung seiner Macht mit der Missachtung des Vertrages rächen und Konrad Breuning öffentlich zu Tode foltern lassen. Trotzdem wird der Tübinger Vertrag noch jahrhundertelang die württembergische Verfassung prägen.

Es war nicht das einzige Mal, dass Herzog Ulrich sich über Recht und Gesetz hinwegsetzte. Nach einem Überfall auf die freie Reichsstadt Reutlingen sprach der Kaiser gegen ihn die Acht aus. 1519 wurde Ulrich vom Schwäbischen Bund vertrieben und Kaiser Karl V. übergab Württemberg seinem Bruder, dem Erzherzog Ferdinand von Österreich.

Unter der habsburgischen Herrschaft versank Tübingen in wirtschaftlicher und kultureller Bedeutungslosigkeit. Das änderte sich 1534: Herzog Ulrich eroberte sich Württemberg zurück und führte die Reformation ein.

Das hatte weitreichende Folgen für alle Lebensbereiche, die im protestantischen Sinn neu geregelt werden mussten. Der Universität fiel bei dieser Neuordnung eine wichtige Rolle zu und Tübingen rückte wieder an eine zentrale Position. Katholische Professoren wurden durch evangelische ersetzt, die den Neuanfang oft positiv zu nutzen verstanden und neue Impulse für die Universität brachten, wie zum Beispiel der Direktor der medizinischen Fakultät, Dr. Leonhard Fuchs, der die Heilpflanzenkunde in die akademische Medizin integrierte.

Die Rolle der Kirche änderte sich: Klöster wurden aufgehoben, die Kirchen häufig von Bilderstürmern leer geräumt und die Feiertage reduziert. 1537 wurde der Chor der Stiftskirche zur Grablege für die württembergischen Grafen und Herzöge umfunktioniert. Damit verlor er seine Funktion als liturgischer Ort und wurde stattdessen zu einer Stätte staatlicher Repräsentation.

Damit die Reformation überhaupt durchgesetzt werden konnte, richtete Herzog Ulrich in dem ehemaligen Augustiner-Eremitenkloster eine Ausbildungsstätte für den württembergischen Pfarrernachwuchs ein. Hier hatten die Söhne aus allen Bevölkerungsschichten Württembergs die Möglichkeit eines kostenlosen Theologiestudiums. Diese besondere Form der Ausbildung, einzigartig in Deutschland und modernen gesellschaftlichen Bedürfnissen angepasst, war Chance und Risiko zugleich.

Einerseits bot sie Landeskindern aus bescheidenen sozialen Verhältnissen die Möglichkeit des sozialen Aufstiegs. Das Paradebeispiel ist der Astronom und Begründer der modernen Naturwissenschaft, Johannes Kepler, der Ende des 16. Jahrhunderts als Sohn eines Söldners und der

Wirtin eines Bierausschanks ohne ein Stiftsstipendium wohl kaum in den Genuss einer akademischen Ausbildung gekommen wäre. Studieren war teuer und deshalb den Söhnen aus reichen Familien vorbehalten. Am Stift zählte allein das Talent. Aus diesem Grund konnte sich hier eine intellektuelle Elite herausbilden, die ihresgleichen suchte. Andererseits durchliefen jetzt alle zukünftigen Pfarrer in Württemberg dieselbe Ausbildung. Das führte dazu, dass es in Württemberg zur Herausbildung einer sehr homogenen Pfarrerschicht kam. Weil häufig die jungen Pfarrer die Töchter ihrer älteren Kollegen heirateten, waren obendrein auch noch alle irgendwie miteinander verwandt. Das Bild des „Schwäbischen Pfarrhauses“, das die Tübinger Schriftstellerin Ottilie Wildermuth bereits im 19. Jahrhundert humorvoll-satirisch porträtiert hat, wird von diesen Besonderheiten noch heute geprägt.

Blütezeit

Zwischen der Reformation und dem Dreißigjährigen Krieg erlebte Tübingen eine Blütezeit, die noch heute im Stadtbild ihre Spuren hinterlassen hat. Die Universität genoss einen internationalen Ruf und der Weinbau, Tübingens wichtigster Wirtschaftsfaktor, warf genug Geld ab: die Stadt wurde größer und schöner. Zunächst war es wieder ein Brand, der 1540 die Häuser zwischen Marktplatz und Stiftskirche vernichtete. Während des Wiederaufbaus entstanden jedoch die prächtigen hohen Bürgerhäuser mit den schönen Fachwerkfassaden, die wir noch heute bewundern können. Die Friedhöfe wurden jenseits der Stadtmauer an das Ufer der Ammer verlegt. Auf dem ehemaligen Kirchhof bei der Stiftskirche baute man 1587 die erste Mädchenschule.

1588 schließlich errichtete Herzog Ludwig von Württemberg auf den Ruinen des 1540 ebenfalls abgebrannten Franziskanerklosters in der heutigen Collegiumsgasse das sogenannte Collegium illustre. In diesem weltlichen Gegenstück zum Evangelischen Stift sollten moderne Staats- und Verwaltungsbeamte ausgebildet werden. Das Collegium wurde aber rasch zu einer exklusiven Ritterakademie, in der der junge protestantische Adel Europas das lernte, was man zum Adligsein brauchte: Rechts- und Kameralwissenschaften, moderne Fremdsprachen für die Kavalierstour durch Europa, Tennis, Fechten, Reiten und Tanzen. Für die Stadt bedeutete das zwar eine weitere Belastung durch noch mehr junge Männer, die zu Pferde durch die Straßen preschten, dem Alkohol in meist übertriebener Weise zusprachen, Krach machten und die Mädchen belästigten, aber auch eine Menge Kaufkraft, denn die 120 Collegiaten ließen nicht nur in den gastronomischen Betrieben ihr Geld liegen, sondern beschäftigten auch Stammbuchmaler und Handschuhmacher, Waffenschmiede und Schneider.

Kriegswirren und ihre Folgen

Spätestens 1631 ist es mit den guten Zeiten vorbei. Der Dreißigjährige Krieg bescherte Tübingen Truppendurchzüge, Plünderungen und Wirtschaftskrisen. Nach der Schlacht bei Nördlingen wurde Tübingen mit dem ganzen Herzogtum endgültig zum Opfer eines gnadenlosen und brutalen Krieges. Herzog Eberhard III. floh nach Straßburg und ließ das Land schutzlos zurück. Das Rückgrat der württembergischen Wirtschaft, Ackerflächen und Weinberge, wurde verwüstet, marodierende Soldaten zogen plündernd durch Städte und Dörfer und was die Soldaten verschonten, holte schließlich noch die Pest. Am Ende des Krieges lebte von der ursprünglichen Bevölkerung noch etwa ein Drittel und das Land war völlig zerstört. Ein wirklicher Wiederaufbau wurde durch ständige kriegerische Auseinandersetzungen verhindert und Tübingen startete unter denkbar schlechten Voraussetzungen ins 18. Jahrhundert.

Noch immer lebte die Stadt hauptsächlich vom Weinbau und von der Universität. Dabei gliederte sich Tübingen in drei Bereiche: Zwischen Stiftskirche, Evangelischem Stift und dem Marktplatz, befand sich das Universitätsviertel, in dem die Professoren, die Studenten, die Angehörigen akademischer Berufe und die Kaufleute in stattlichen Bürgerhäusern lebten. In dem Bereich, der von der Metzgergasse über die Froschgasse bis zum Haagtor reichte, waren die Handwerker zu Hause. Die Häuser sind kleiner, aber immer noch relativ urban und repräsentativ. In der unteren Stadt schließlich, rund um die Jakobuskirche, war der Eindruck eher der eines Dorfes als

Wilhelmstift

einer Stadt: Hier waren die Weingärtner und Ackerbauern zu Hause.

Das respektable Aussehen des Universitätsviertels war allerdings nur noch schöner Schein: Die Universität war längst völlig heruntergekommen. Halle, Göttingen und Leipzig galten als moderner und wissenschaftlich aufgeschlossener und zogen eine Menge Studenten von Tübingen ab. Das Vermögen der Universität war durch den Krieg verloren gegangen. Die Ländereien lagen brach und brachten keine Zinsen und Pachten mehr ein. Zu schlechter Letzt wurde es immer üblicher, Professuren einfach an Söhne oder Neffen zu „vererben", was verhinderte, dass neue Köpfe frischen Wind in den Lehrbetrieb bringen konnten. Schließlich hatte die Tübinger Universität nur noch 400 Studenten. Als 1770 Herzog Carl Eugen die Hohe Karlsschule in Stuttgart zu einer modernen und attraktiven Akademie ausbaute, drohte der Universität Tübingen sogar die Schließung.

Schloss

Tübingen hatte im 18. Jahrhundert etwa 4.500 Einwohner, die Universitätsbürger nicht mitgerechnet, die immer noch eine ganze Reihe geldwerter Privilegien genossen. Die Hälfte der Bevölkerung lebte von der Landwirtschaft, das soziale Gefälle vom reichen Gutsbesitzer bis zum armen Ackerbauern war hoch. Die anderen waren fast alle Handwerker. Das Zusammenleben dieser sehr unterschiedlichen Bevölkerungsschichten gestaltete sich nicht immer einfach. Das Jahrhundert endete für Tübingen mit einer weiteren Brandkatastrophe. Im September 1789 brannten in wenigen Stunden 45 Häuser und mehrere Scheunen bis auf die Grundmauern herunter, noch drei Tage später soll in Stuttgart die Rauchwolke zu sehen gewesen sein. Der Herzog erlaubte eine kirchliche Kollekte, um für den Wiederaufbau zu sammeln, und so entstand im Bereich der Neuen Straße ein geschlossenes frühklassizistisches Bauensemble mit modernen, eleganten Häusern und einer geraden Straßenführung.

Der gesellschaftliche, wirtschaftliche und politische Umbau

Europas zwischen der französischen Revolution und dem Ende der napoleonischen Herrschaft hinterließ auch in Tübingen viele Spuren. Württemberg wurde zum Königreich erhoben, das Land wurde vergrößert und Stuttgart seine Hauptstadt. Damit verlor Tübingen den Rang einer Residenzstadt. 1803 wurde das Schloss der Universität vermacht, 1817 eine Fakultät für katholische Theologie gegründet und das ehemalige Collegium illustre zum Priesterseminar umfunktioniert. 1829 wurde schließlich das akademische Bürgerrecht aufgehoben, die Universitätsangehörigen hatten gegenüber den Bürgern keine Privilegien mehr.

Noch immer lebte die Stadt hauptsächlich von der Landwirtschaft, wobei sich der Weinanbau, der Tübingen lange Zeit einen gewissen Wohlstand sicherte, zum Problemfall entwickelte. Eine unvernünftige Massenproduktion, klimatische Veränderungen und andere Trinkgewohnheiten – man trank mehr Bier und favorisierte beim Wein sehr süße Sorten, die auf Tübinger Boden nicht gut gedeihen – machten aus dem ehemals so wichtigen Wirtschafts-

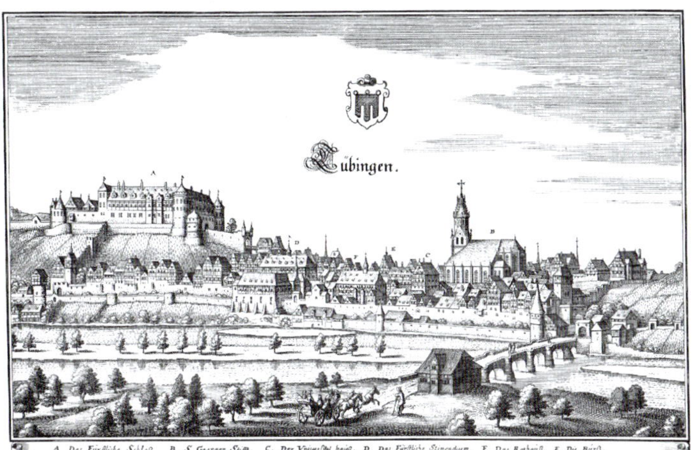

Tübingen um 1650

zweig einen regelrechten Armutsfaktor. Nach Missernten und Hungersnöten in den Jahren 1816/1817 gab es immer wieder Streit um die Verteilung von Weideplätzen und sogenannte „Brotkrawalle". Der Tübinger Weingärtner, der „Gog", wurde zum Symbol für Armut und Verelendung. Da es keine großen Gewerbebetriebe gab, die die Arbeitskräfte aus der Landwirtschaft hätten auffangen können, ging es der Stadt schlecht. In den Gassen ohne Straßenbeleuchtung lagerte Unrat und Holz, Fuhrwerke kamen nicht durch – es war dunkel, dreckig und eng.

Beginn einer konsequenten Stadtentwicklung

Erst in den 1820er-Jahren gab es erste Ansätze einer echten Stadtentwicklung. Der prominente Architekt und Professor für Baukunst, Marcell Heigelin, baute in der Gartenstraße, außerhalb der Stadtmauern, neue Häuser. Die Stadtmauern wurden nach und nach abgerissen, 1829 ein neuer Friedhof außerhalb der Stadt angelegt und der Botanische Garten vergrößert. Schließlich entstand gegen Mitte des 19. Jahrhunderts in der sogenannten Wilhelmsvorstadt zwischen Tübingen und Lustnau ein neues Universitätsviertel mit der Neuen Aula und neuen Institutsgebäuden. Für damalige Verhältnisse lag der neue „Campus" relativ weit außerhalb der Stadt und die Professoren protestierten heftig gegen diese Zumutung. In dieser Zeit bürgerte sich der noch heute gebräuchliche Spitzname „akademische Rennstrecke" für die lange Wilhelmstraße ein, die damals von großer Eleganz war. Sie war die erste Straße mit richtigen Bürgersteigen, auf denen man flanieren konnte, ohne Angst haben zu müssen, von einer Kutsche oder einem Fuhrwerk abgedrängt zu werden.

Die Universität war in Bewegung. Die Studenten gehörten zu denjenigen, die die Idee einer deutschen Nation proklamierten, der sie in der Gründung von Studentenverbindungen, Turnerbünden und Sängerkränzen Ausdruck verliehen. Sie galten als so aufrührerisch, dass ein Regierungskommissar mit eigener Polizeitruppe extra nach Tübingen beordert wurde. Nachdem der Tübinger Student Karl Ludwig Sand 1819 auf den Schriftsteller und russischen Generalkonsul

Blick auf den Österberg mit Verbindungshäusern

August von Kotzebue ein Attentat verübt hatte, wurden die Burschenschaften verboten und an der Universität herrschte eine erzwungene Ruhe.

Ähnliches spielte sich bis zum Scheitern der Revolution im Jahr 1848 immer wieder ab. Auf nationale, liberale und demokratische Bestrebungen folgte eine Phase der Repression. Die nationale Begeisterung war dabei durchaus nicht einstimmig. Während die meisten Mitglieder der Universität einen deutschen Nationalstaat unter preußischer Flagge favorisierten, tendierten die meisten Tübinger Bürger zu einem Bündnis zwischen Württemberg und Österreich. Das hatte anlässlich des Deutschen Krieges zwischen Preußen und dem Deutschen Bund unter der Führung Österreichs 1866 natürlich zur Folge, dass die Tübinger untereinander völlig zerstritten waren. Nach der Niederlage des Deutschen Bundes musste sich das Königreich Württemberg unter preußischen Oberbefehl stellen.

Trotz all dieser politischen Wirrnisse erlebte Tübingen in der zweiten Hälfte des 19. Jahrhunderts ein wirtschaftliches Wachstum, das vermutlich noch besser ausgefallen wäre, wenn man der Industrialisierung nicht so skeptisch gegenübergestanden wäre und den Bau von Fabriken auf Tübinger Gemarkung verboten hätte. 1861 bekam Tübingen als eine der letzten Städte in der Region einen Eisenbahnanschluss. Im selben Jahr wurde an der Reutlinger Straße ein Gaswerk gebaut, nachdem die Universität eine Mindestabnahmemenge zugesichert hatte. Der Versuch, ein großes Wasserkraftwerk auf dem Wöhrd zu bauen und hier ein richtiges Industriegebiet anzusiedeln, scheiterte jedoch, denn für die Universität hielt man die reizvolle landschaftliche Umgebung wichtiger als eine industrielle Vorstadt.

Der Sieg über Frankreich im Krieg von 1871 wurde auch in Tübingen als großer Erfolg gefeiert. Man war erfüllt von nationaler Begeisterung, was sich auch in der Haltung gegenüber den früher so skeptisch beäugten Studentenverbindungen niederschlug. Sie waren diejenigen, die die jetzt so gefeierte nationale Einheit einst unterstützt hatten. Damit waren sie absolut gesellschaftsfähig, bauten burgähnliche Häuser auf die Tübinger Höhen und prägten das gesellschaftliche Leben der Stadt. 1874 wurde Tübingen Garnisonsstadt. So konnten die Studenten ihren Militärdienst in Tübingen ableisten, was die Attraktivität des Universitätsstandortes erhöhte. Es wurden zwei Kasernen gebaut, deren Casino zu einer Ausgehadresse für die Tübinger Oberschicht avancierte.

Gründerzeit und wirtschaftlicher Aufschwung

Gründerzeiten und Hochkonjunktur des Kaiserreichs bescherten auch Tübingen goldene Zeiten. Das Stadtbild veränderte sich nachhaltig. Es entstanden neue und attraktive bürgerliche Wohngebiete mit prächtigen Gründerzeitvillen, in der Innenstadt wurden die Tierhaltung verboten und die unvermeidlichen Misthaufen entfernt. Die Abwasserkanalisation wurde besser geregelt und seit 1879 versorgte ein Wasserwerk die Stadt mit sauberem Trinkwasser. 1863 gründete man einen „Verschönerungsverein", der zum Beispiel die Aussichtspunkte der Stadt mit Türmen ausstattete. 1885 begann man mit dem Bau der Mühlstraße, die die schönste und belebteste Straße der Stadt werden sollte. Die Eisenbahn fuhr bis Herrenberg, es wurden neue Schulen gebaut, am Neckar ein Elektrizitätswerk errichtet, der Fluss selber wurde begradigt und beruhigt. Ein Flutkanal hilft, dass die immer wieder auftretenden Hochwasser besser abgeleitet werden. Das Neckartal, das seine Bedeutung als landwirtschaftliche Nutzfläche weitgehend verloren hatte, wurde vollständig umgestaltet. Es entstanden Schulgelände, ein Stadtpark und der Anlagensee. Sogar ein bisschen Industrie kam auf. Die Metallwarenfabrik Zanker wird bis in die 80er-Jahre des 20. Jahrhunderts Waschmaschinen herstellen, im Süden baute die Stuhlfabrik Schäfer „Tübinger Stühle“, die heute eine Art lokalen Kultstatus genießen, wenngleich die Fabrik selbst in den 1970er-Jahren geschlossen und zum Landestheater umfunktioniert wurde. Die Himmelwerke versorgten die Städte im deutschen Südwesten mit Gaslaternen. Und doch wurde Tübingen keine

Waschmaschinen der Firma Zanker

Industriestadt, denn auf die schöne landschaftliche Umgebung wurde immer noch mehr Wert gelegt als auf den wirtschaftlichen Fortschritt. Bei der Ausweitung des Eisenbahnnetzes und dem Bau des Schlossbergtunnels gab es 1909 einen heftigen Streit um die Erhaltung der Alleenlandschaft im Neckartal. Dieser Streit war unter anderem Anlass für die Gründung des Schwäbischen Heimatbundes.

Die Universität vergrößerte sich immer mehr. 1863 wurde in Tübingen die erste naturwissenschaftliche Fakultät in Deutschland gegründet und um die Jahrhundertwende entstanden viele neue Kliniken. Vor allem aber hielten Frauen ihren Einzug in die Universität: Nachdem 1903 der erste Jahrgang des Stuttgarter Mädchengymnasiums das Abitur bestanden hatte und somit die formaljuristische Zulassung zum Hochschulstudium besaß, erkämpften sich drei mutige junge Frauen die ordentliche Immatrikulation an der Tübinger Universität. Seit Ende des 19. Jahrhunderts hatte es immer wieder ein paar Gasthörerinnen gegeben, aber diese durften noch keine Prüfungen ablegen und mussten jedes Semester schriftlich die Genehmigung zum Besuch der Lehrveranstaltungen bei den jeweiligen Dozenten einholen. Jetzt war das Studium für jede Frau möglich, die ein Abitur vorweisen konnte. Die drei Stuttgarter Abiturientinnen stellten mit 12 weiteren Gasthörerinnen ein Prozent der Studierenden. Heute liegt der Frauenanteil unter den Studierenden bei über 60 Prozent.

Tübingen zwischen den Weltkriegen

Am Vorabend des Ersten Weltkriegs herrschte in Tübingen eine so überzeugte nationalistische Einstellung, dass es kaum kritische Äußerungen gab. Vor allem die Universität beteiligte sich an der begeisterten „Kriegsstimmung" und feierte den Heldentod, in den die Studenten bereitwillig zogen. Nach dem Krieg wurde Tübingen endgültig zur „Universitätsstadt". Die Hochschule, die mittlerweile der größte Arbeitgeber in der Stadt war, bestimmte das öffentliche Leben wie nichts sonst.

Mit der Weimarer Republik konnte sich an der Universität, die vor allem durch die 48 Studentenverbindungen geprägt wurde, niemand identifizieren. Auf Heldengedenkfeiern und ähnlichen Veranstaltungen wurde dafür gesorgt, dass revanchistisches Gedankengut gepflegt werden konnte. Dazu kam bereits früh eine gehörige Portion Antisemitismus.

Schon in den 1920er-Jahren gab es Studentenverbände und Vereine, die Juden ausschlossen. Je gehobener das Bürgertum, desto früher und deutlicher war es nationalsozialistisch eingestellt. Deshalb bedeutete die Machtübernahme auch kein Problem. Sie wurde vor allem von Universitätsangehörigen regelrecht gefeiert, kritische Stimmen gab es kaum, wirkliche Gegner gar keine. Die NSDAP erhielt überdurchschnittlich viele Stimmen. Schon 1933 wurden Straßen umbenannt und Juden der Eintritt ins Tübinger Freibad verboten.

Die Universität verlor viele Studenten. 1939 waren es nur noch 1500. Dafür entstanden in der Stadt viele spezielle NS-Bildungseinrichtungen wie zum Beispiel eine SS-Bräuteschule. Uniformen und Fahnen waren im Straßenbild allgegenwärtig, an der Universität gehörte die Beschäftigung mit „Rassenhygiene“ zum guten akademischen Ton. Viele Universitätsangehörige machten eine unrühmliche Karriere bei SS-Einsatztruppen, die für die Ermordung Hunderttausender verantwortlich waren.

Während des Krieges blieben der Stadt schwere Bombardierungen erspart. Da auch die Lebensmittelversorgung funktionierte, war die Situation verhältnismäßig erträglich. Der Einmarsch der Franzosen verlief ebenfalls glimpflich, vor allem, weil es dem Oberfeldarzt Dr. Theodor Dobler und einigen seiner Kollegen gelang, den Franzosen eine geplante Bombardierung auszureden und die deutschen Militärs die Verteidigung der Stadt aufgaben.

Am Ende des Krieges konnten sich die Tübinger über eine nahezu unversehrte Stadt freuen, nur etwa vier Prozent der Gebäude waren beschädigt worden. Das wiederum bescherte der Bevölkerung aber eine schwere Nachkriegszeit. Das größte Problem waren die Wohnungsnot und die Versorgung der vielen Menschen, die in die Stadt strömten: Vertriebene, Menschen, die aus den Trümmern anderer Städte geflüchtet waren und in Tübingen ein Obdach suchten. Nicht zu vergessen, die Studenten und Dozenten, die alle nach Tübingen kamen, weil die weitgehend unzerstörte Universität bereits zum Wintersemester 1945 den Lehrbetrieb wieder aufnehmen konnte. Die französischen Besatzer requirierten Wohnraum und die sogenannten Besatzungsverdrängten mussten sehen, wo sie blieben. Außerdem war Tübingen bis 1952 Landeshauptstadt des Landes Württemberg-Hohenzollern und damit Behördensitz, sodass auch die Einrichtungen der Landesregierung und deren Mitarbeiter in Tübingen Platz finden mussten.

Aufschwung und Wachstum

Die 1950er-Jahre waren das goldene Zeitalter des sozialen Wohnungsbaus, damit rasch all diejenigen mit bezahlbarem Wohnraum versorgt werden konnten, die dringend ein Dach über dem Kopf benötigten. In den 1960er-Jahren expandierte vor allem die Universität und es entstanden neue Kliniken auf dem Schnarrenberg, ein neues mathematisch-naturwissenschaftliches Zentrum auf der Morgenstelle und neue Gebäude für die Geistes- und Sozialwissenschaftler im Tal. In die alten Universitätsgebäude, wie die Burse, die Alte Aula oder das Schloss, zogen die sogenannten „Orchideenfächer“ wie Indologie oder Empirische Kulturwissenschaft.

Die naturwissenschaftlichen und medizinischen Fakultäten auf der Morgenstelle

Ab 1968 widmete man sich verstärkt der völlig vernachlässigten Altstadt. Immer wieder hatte es in den vergangenen Jahren Pläne gegeben, die historische Altstadt weitgehend abzureißen und durch eine moderne, autogerechte City zu ersetzen. Die Projekte sind zum Glück alle wegen massiver Bürgerproteste und an fehlendem Geld gescheitert. Stattdessen wurde die historische Bausubstanz so restauriert, dass eine lebendige Innenstadt entstehen konnte, die sich zum Arbeiten und Wohnen genauso eignet wie zum Einkaufen und Ausgehen.

Die Stadt wuchs aber nicht nur, weil neue Wohngebiete erschlossen und viel gebaut wurde. In den 1970er-Jahren wurden mehrere umliegende Gemeinden nach Tübingen eingegliedert. Tübingen hatte jetzt acht neue Stadtteile, erhöhte seine Einwohnerzahl von etwa 11.500 auf 70.000 Menschen und verdoppelte seine Fläche auf über 10.000 Hektar.

Kultur und Wissenschaft heute

Auch der politische, soziale und kulturelle Wiederaufbau Tübingens in der Nachkriegszeit verlief erstaunlich schnell. Die französische Besatzungsmacht, die in Tübingen ihren Sitz hatte, arbeitete pragmatisch und gelassen mit den Deutschen zusammen. Vor allem in Carlo Schmid, der an der Spitze der provisorischen Regierung des „Staatssekretariats für das französisch besetzte Gebiet Württembergs und Hohenzollerns“ stand, fand sie einen verlässlichen Partner mit großer bikultureller Kompetenz für einen demokratischen Neuanfang. Bis Ende 1946 entstanden wieder bürgerliche Parteien und im September 1946 konnten die ersten Gemeinderatswahlen stattfinden. Besonders auffallend war in der Nachkriegszeit der Aufschwung des kulturellen und universitären Lebens. Theater, Konzerte und Kunstausstellungen wurden mit Begeisterung angenommen, Turnvereine und Volkshochschule erwachten zu neuem Leben. Auch die Universität genoss bald wieder einen ausgezeichneten Ruf und zog so viele Studierende an, dass bis 1953 ein Numerus clausus eingeführt wurde. Nach der Abschaffung dieser Zulassungsbeschränkung zählte man in den 1960er-Jahren bereits über 10.000 Studierende, in den folgenden zwanzig Jahren wurde diese Zahl noch einmal verdoppelt.

Für Vergangenheitsbewältigung hatte man in diesen Jahren wenig übrig. Man war froh, mit heiler Haut davongekommen zu sein und wollte in erster Linie nach vorne blicken. Mittlerweile wird eingehend darüber diskutiert, wie mit den Personen umzugehen ist, die weit mehr als nur passive „Mitläufer" waren, von dieser Aufbruchstimmung profitierten und in allen Ehren wieder wichtige Rollen im öffentlichen Leben der Stadt spielen konnten.

1968 war auch für die Tübinger Universität ein wichtiges Jahr. Zwar flogen hier keine Pflastersteine durch die Luft und nach einem „Go-in" im Tübinger

Links: Altstadt, unsaniert – wie in den 50-er Jahren

Rechts: Fachwerkidylle in der Unterstadt

Rathaus sollen die Studenten sogar die liegen gebliebenen Zigarettenkippen aus dem Treppenhaus gekehrt haben, aber gegen den tausend Jahre alten Muff unter den Talaren wehrte man sich auch hier. Daraufhin wurde die Universität zwar demokratischer – das neue Hochschulgesetz, das 1969 in Kraft trat, verschaffte Studierenden und Mitarbeitern der Universität, die keine ordentlichen Professoren waren, mehr Rechte. Sie verlor aber auch eine Reihe schöner Traditionen wie die feierlichen Immatrikulations- und Examensfeiern. Aus der ehrwürdigen Alma Mater wurde eine moderne Hochschule mit allen Vor- und Nachteilen.

Tübingen wird „grün"

Diese wilden Jahre hatten natürlich auch Auswirkungen, die weit über den reinen Hochschulbetrieb hinausgingen und die gesamte Gesellschaft betrafen. Friedensbewegung und Umweltschutz, Frauenbewegung und ein großes Interesse an „alternativer Kultur" bescherten der Stadt in den 1970er- und 1980er-Jahren neue soziale und kulturelle Einrichtungen und unzählige Bürgerinitiativen. Auch die bis dahin eher konservative politische Landschaft veränderte sich grundlegend. 1990 wurde Gabriele Steffen eine der ersten „grünen" Bürgermeisterinnen in Deutschland. Damit begann für Tübingen ein Trend, der bis heute anhält. Es gibt nicht nur einen grünen Oberbürgermeister, sondern mittlerweile haben die Grünen auch die meisten Sitze im Gemeinderat, in dem 2013 zum ersten Mal mehr Frauen als Männer vertreten sind. Der wichtigste neue Baustein der Tübinger Stadtentwicklung wurde unter anderem durch die Wiedervereinigung der beiden deutschen Staaten ausgelöst: 1991 zogen die in Tübingen stationierten französischen Truppen aus der Stadt ab. Tübingen war bis dahin einer der größten Militärstandorte Frankreichs überhaupt gewesen. Auf einmal stand ein großer Teil des Tübinger Südens der Stadt zur Verfügung. Mit einem neuen und bis dahin einzigartigen Stadtentwicklungskonzept entstanden zwei neue Stadtquartiere, das Französische Viertel und das Loretto-Areal. Baugemeinschaften errichteten individuell gestaltete

Mehrfamilienhäuser zwischen den bestehenden Militärgebäuden, in denen von vornherein eine gewerbliche, soziale und kulturelle Infrastruktur eingeplant wurde. Unter den Schlagworten Nutzungsmischung und Urbanität wurde so ein Lebensraum für über 6.000 Menschen sowie 2.500 Arbeitsplätze geschaffen.

Um Tübingen auch in Zukunft vor allem für junge Familien und Menschen mit durchschnittlichem Einkommen attraktiv zu machen, wird es nötig sein, ausreichend bezahlbaren Wohnraum zur Verfügung stellen zu können. Dabei möchte Tübingen sich nicht weiter in der Fläche ausdehnen. Die Grünflächen im Neckar- und Ammertal sollen nicht mit Einfamilienhaussiedlungen zugebaut werden. „Innenentwicklung“ ist das neue Schlagwort der Tübinger Stadtentwicklung, wobei großer Wert auf eine hohe urbane Qualität gelegt wird. Im Mühlenviertel in Derendingen, einer ehemaligen Gewerbebrache, ist ein neues Wohngebiet entstanden, das wie die Quartiere im Süden größtenteils von privaten Baugemeinschaften realisiert und in dem ebenfalls eine große individuelle Vielfalt und Nutzungsmischung erreicht wurde. Im Nordosten der Stadt, auf dem Gelände der ehemaligen Frottierweberei „Egeria“, entsteht direkt am Neckarufer zur Zeit ein weiteres ausgesprochen attraktives neues Wohngebiet für insgesamt 700 Menschen sowie 100 Arbeitsplätze. Auch die Innenstadt wird mit einem neuen Quartier auf dem Gelände des alten Güterbahnhofs wachsen. Weitere Bebauungsgebiete innerhalb der Stadt werden folgen müssen, will man verhindern, dass immer mehr Menschen aus Tübingen in die preiswerteren Orte im Umland ausweichen und täglich in die Stadt einpendeln müssen. Tübingen wächst: Mittlerweile leben knapp 90.000 Menschen in der Universitätsstadt, die rund 29.000 Studierenden stellen dabei fast ein Drittel der Bewohner.

Über Jahrzehnte hinweg spottete man darüber, dass Tübingen mit der Universität zwar jede Menge Geist besäße, das Geld sich jedoch vor allem in der Nachbarstadt Reutlingen wohler fühle. „Tübingen ist nicht arm, die Stadt hat nur kein Geld“, machte man sich angesichts leerer öffentlicher Kassen mit bissigem Humor Mut. Das ändert sich. Ein Mix aus Wirtschaftsförderung, die vor allem junge, innovative Unterneh-

Französisches Viertel

men anzieht, eisernen Sparmaßnahmen, einem Ausbau der Kinderbetreuung und die Einführung einer Zweitwohnungssteuer spülte immerhin so viel Geld in die städtischen Kassen, dass Tübingen zur Zeit praktisch schuldenfrei ist und in den nächsten Jahren den „Sanierungsstau" in der Infrastruktur wird aufarbeiten können, der sich in den mageren Jahren aufgebaut hat. Auch wenn man sich manchmal über Baustellenlärm und zugerüstete Häuser ärgern mag: beides sind Zeichen dafür, dass in Stadt und Zukunft investiert wird, dass Arbeitsplätze geschaffen werden und die wirtschaftliche Entwicklung fortschreitet.

Die enge Verzahnung von Stadt und Universität über 500 Jahre hinweg beschert Tübingen ein besonderes Alleinstellungsmerkmal: 1477 zog die neu gegründete Universität nicht in bestehende Räumlichkeiten, sondern veränderte das Gesicht der Stadt mit über 50 Neubauten zwischen Neckar, Stiftskirche und ehemaligem Augustinerkloster grundlegend. Tübingen konnte sich zu einem einzigartigen kulturellen Raum entwickeln – so einzigartig, dass sich die Universitätsstadt für 2016 um einen Platz auf der Liste des Weltkulturerbes der UNESCO bewirbt. Neben dem damit verbundenen Ansehen spielt diese Bewerbung auch eine große Rolle in der Wahrnehmung der Stadt, was sich besonders auf die Altstadt auswirkt: malerische Fachwerkgassen, die im Sommer mit farbenfrohem Blumenschmuck dekoriert werden, gibt es viele. Aber kaum eine hat eine jahrhundertelange Universitätstradition so nahtlos integriert wie Tübingen. Es wird eine Aufgabe für die Zukunft sein, diese Tradition für Bewohner wie Gäste erlebbar zu machen und so eine Brücke in die Gegenwart zu schlagen.

Für die Altstadt bedeutet das, den Spagat zwischen Denkmalschutz, modernen Wohn- und Lebensbedürfnissen, ökologischen und ökonomischen Zwängen schaffen müssen, um eine lebendige und vielfältige Innenstadt zu erhalten, die nicht nur pittoreske Touristenkulisse ist. Dann wird Tübingen nicht bleiben wie es ist, aber was es ist: Wissenschaftsstandort und Kulturstadt, Lebensraum für eine überdurchschnittlich engagierte Bürgerschaft, idyllisch und extrovertiert, verträumt und urban: eine schwäbische Weltstadt.

Dächer der Altstadt

Overview of Town History

Today's Tübingen can be traced back to Alemannic settlements of the 6th Century.

The Counts of Tübingen began building a castle in 1050, turning Tübingen into a power base. They were made Counts Palatine in the 12th Century and, as the representatives of the Emperor, played an important political role. They received the right to mint coins and set up a market. Tübingen was mentioned as a town for the first time in 1231. A town wall, two stone churches and the Ammer Canal, as a powerhouse and supplier of water for industry, were created in the 13th Century, providing important elements of urban life.

The fall of the Staufer imperial dynasty meant that the Tübingen Counts Palatine lost their political importance and became poor. They sold the town and castle to the Counts of Württemberg in 1342. Tübingen lost its function as a central power base, but remained a wealthy town with a self-confident citizenry, which built a town hall in 1435.

Count Eberhard im Barte founded a university in Tübingen in 1477, which is still an influence on the town today. The economic upswing instigated by the university caused the town to develop. By the 16th Century, Tübingen had around 3,500 inhabitants and many of the fine townhouses were built. Until 1829 the university was a separate administrative unit whose members, "citizens of the university", enjoyed extensive privileges.

The Reformation was introduced in Württemberg in 1535 and Tübingen University had a key role to play. Many of the new Protestant professors knew how to make the rebirth something positive and gave new impulses to their students.

The Protestant College was founded as a training college for Protestant vicars, offering the sons of all Württemberg's citizens the opportunity of studying theology free of charge. This meant that children with poor backgrounds had the opportunity to climb the social ladder. At the same time, the Württemberg Scholarship for the Gifted ensured that there were some particularly intellectual vicars.

Between the Reformation and the Thirty Years' War, Tübingen experienced a Golden Age, which is still the hallmark of the town.

The university enjoyed an international reputation and winegrowing, Tübingen's most important industry, was highly profitable.

After the Battle of Nördlingen in 1634, Tübingen, together with the entire dukedom, fell victim to a merciless war. Fields and vineyards were destroyed, marauding soldiers plundered towns and villages and that which the soldiers didn't touch suffered from the plague. When the war ended, only a third of the population had survived and the country was completely destroyed. Continuous conflicts prevented a true reconstruction and Tübingen entered the 18th Century in an unimaginably bad way.

The university had fallen into a bad state of disrepair. Halle, Göttingen and Leipzig were considered as more open scientifically and drew many students away from Tübingen. The wealth of the university had been lost in the war. In addition, it became more common to "inherit" professorships, meaning that there were fewer new minds to bring fresh ideas to the university. By now, Tübingen university had only 400 students and was threatened with closure.

The rearrangement of Europe's rulers and states between the French Revolution and the end of Napoleon's rule also affected Tübingen: Württemberg was made a kingdom, the country grew and Stuttgart became the capital, meaning that Tübingen lost its position as an official residence. The castle was given over to the university in 1803 and, in 1817, the Faculty of Catholic Theology was founded. The special rights of academics were finally withdrawn in 1829.

The town still lived primarily from agriculture, although wine production, which had long been the guarantee of Tübingen's prosperity, became a problem. Various factors made this important area of industry a source of poverty. The town suffered during this period, as there were no large manufacturing or industrial companies in Tübingen, who could have employed the workers from the agricultural sector.

It was not until the 1820s that there were the first signs of real urban development. New houses were built outside the town walls, which themselves were taken down. By the middle of the 19th Century, a new university district had been created.

The university was very much alive: The students were amongst those who supported the idea of a

Tübingen by night

single German nation. They were considered as rebellious and were under permanent police control. Fraternities were banned in 1819.

In Tübingen, the victory over the French in the 1871 war was celebrated as a huge success. National pride was all-pervasive and the student fraternities, previously viewed so sceptically, were seen as the pioneers of national unity. They were again considered part of society and indeed were a decisive factor in the social life of the town. Tübingen became a garrison town in 1874. This meant that students could also do their military service in the town, increasing the attraction of the university.

The economic boom of the German Empire gave Tübingen a golden age. The appearance of the town underwent major changes: New, attractive middle-class residential areas appeared, and animals and the resulting heaps of manure were removed from the town centre. Sewerage was managed better and a waterworks provided the town with clean drinking water. A power station was set up on the banks of the River Neckar, whilst the river itself was straightened and calmed. Even some industry appeared, although factories for metal goods, chairs and even gas lamps did not make Tübingen an industrial town. Far more value was still placed on the attractive rural surroundings than on economic progress.

The university expanded. The first Faculty of Sciences in Germany was founded in Tübingen in 1863 and many new clinics were set up around the turn of the century. However, of key significance, was the entry of women into the university: After the first year of the Stuttgart Girls' Grammar School had passed their university entrance exam, three women went to court to demand proper enrolment at Tübingen University. Together with 12 other female auditors, these three young women formed 1 % of all the students. Today, the proportion of women amongst the students is almost 60 %.

This high level of national identification amongst the citizenry of Tübingen, in particular amongst academic circles, led to a high acceptance of the First World War and a rejection of the ideas of the Weimar Republic. Thoughts of revenge and widespread anti-Semitism ensured that the National Socialists' take-over of power was widely celebrated.

For Tübingen, the Second World War was tricky, but the town did not suffer heavy bombing and, by 1945, the town had remained largely undamaged.

After the war, the improvement was economically and especially culturally impressive. Although the citizenry returned to "normal" conditions, they avoided, however, an honest discussion of the own participation of the past was.

The 1960s saw an expansion of the university with new institutes and clinics being built. The renovation of the old town began in 1968. It was possible to restore the historic buildings in such a way that a lively town centre was the result.

Political, cultural and social reconstruction took place surprisingly quickly in Tübingen and the university soon enjoyed an excellent reputation again. By the 1960s, there were over 10,000 students and this number doubled over the following 20 years. A venerable alma mater became a modern seat of learning.

In the 1970s and 1980s, a

peace movement, environmental protection, women's rights and large-scale interest in "alternative culture" gave the town new social and cultural facilities and countless civic action groups. Even the previously conservative political landscape changed dramatically. Today, there is a Green Lord Mayor and the Greens also have the most seats on the town council, which, in 2009, had as many women as men for the first time ever.

The most important new phase of the development of the town of Tübingen was triggered by the departure of the French troops stationed in the town. A revolutionary urban development concept created new districts in which co-operative housing associations created apartment blocks between the existing military buildings. The heart of this development was a commercial, social and cultural infrastructure.

Tübingen has been able to develop into a unique cultural area - so unique that the university town has applied for a place on the list of the UNESCO World Heritage Sites for 2016. Besides the renown this would bring, this application also has a major role to play in the perception of the town, and particularly the Old Town: There is a wealth of picturesque half-timbered lanes, decorated in the summer with a tapestry of colourful flowers. However, scarcely any other urban area has been able to integrate its centuries-old university tradition as well as Tübingen has. Making this tradition tangible to both residents and visitors is a challenge for the future, thus creating a bridge to the present.

Tübingen is growing: Today, around 90,000 people live in the university town, and the almost a third of them consists of the 29,000 students.

Even in the old town the gap between the protection of monuments, modern living requirements, ecological and economic demands will need to be overcome in order to maintain a lively, varied town centre. In this way, Tübingen will not stay as it is, but will stay what it is: A place of knowledge and culture, idyllic and dreamy yet urban and open-minded.

Histoire de la ville de Tübingen

La ville de Tübingen s'est développée à partir de quelques sites alémans du 6ème siècle.

En 1050, les comtes de Tübingen commencent la construction d'un château et font de la ville un centre de pouvoir. Au 12ème siècle, ils obtiennent le titre de comtes palatins et jouent ainsi, en tant que collaborateurs de l'empereur, un rôle politique majeur. Ils obtiennent le droit de frapper monnaie et d'installer un marché. En 1231, Tübingen obtient pour la première fois le statut de ville. Au 13ème siècle, la construction des remparts, de deux églises en pierre et du « Ammerkanal »; qui approvisionnait la ville en énergie et fournissait l'eau non potable dont on avait besoin, a constitué une étape importante du développement urbain.

Avec la chute des empereurs de la maison Staufer, les comtes palatins de Tübingen perdent leur importance politique et sont déchus. En 1342, ils vendent la ville et le château aux comtes de Wurtemberg. Tübingen perd alors son statut de lieu de pouvoir, mais la ville reste prospère et ses citoyens jouissent d'une solide réputation. En 1435, ils vont construire un hôtel de ville.

En 1477, le comte Eberhard fonde une université, qui va imprimer son caractère à la ville jusqu'à aujourd'hui.

La dynamique économique impulsée par l'université se voit dans le développement urbain. Au 16ème siècle, Tübingen comptait environ 3500 habitants, et beaucoup des grandes maisons bourgeoises datent de cette époque.

Jusqu'en 1829, l'université constituait une entité administrative autonome dont les membres, les « citoyens de l'université », jouissaient des larges privilèges.

En 1535, le Wurtemberg devient un pays protestant. Lors de la mise en œuvre de la Réforme, l'université a joué un rôle central. Beaucoup de nouveaux professeurs protestants ont su tirer profit de la Réforme et diffuser de nouvelles idées.

Le Séminaire de Théologie Protestante, créé pour la première fois dans un ancien monastère, offrait à tous les fils du Wurtemberg, de quel que milieu social qu'ils fussent issus, la possibilité de faire des études de théologie gratuites dans le but de recruter le plus vite possible les pasteurs nécessaires pour diffuser les idées de la réforme dans tout le pays.

Entre l'époque de la Réforme et la guerre de trente ans, Tübingen a connu un rayonnement qui a laissé des traces. L'université avait une réputation internationale et la viticulture, le facteur économique le plus important, rapportait beaucoup d'argent.

En 1634, après la bataille de Nördlingen, Tübingen est devenue avec tout le duché le théâtre d'une guerre brutale et sans merci. Les champs et les vignobles ont été dévastés, des soldats ont détruit les villes et les villages. Puis la peste s'est abattue sur la ville. A la fin de la guerre, seulement un tiers de la population avait survécu et le pays était totalement dévasté. Tübingen est entrée dans le 18ème siècle dans des conditions particulièrement défavorables.

Eglise Collégiale

L'université était complètement délabrée. Les villes de Halle, Göttingen et Jena étaient considérées comme plus modernes et attiraient un grand nombre d'étudiants de Tübingen. A cause de la guerre, l'Université n'avait plus de moyens financiers. De plus, il était courant que les postes de professeurs se transmettent leur chaire de génération en génération ce qui empêchait un renouvellement scientifique. A cette époque, l'université de Tübingen comptait seulement 400 étudiants et elle était sérieusement menacée dans son existence.

La réorganisation de l'Europe entre la Révolution française et la fin du gouvernement napoléonien a aussi eu une influence sur la ville de Tübingen. Le Wurtemberg est devenu un royaume avec Stuttgart comme capitale et son territoire s'est étendu. C'est alors que Tübingen a perdu son rang de ville de résidence ducale. En 1803 le roi a fait don du château de Tübingen à l'université et en 1817 fut fondée une faculté de théologie catholique. En 1829, le droit de citoyenneté de l'université fut aboli.

La ville a toujours vécu de l'agriculture, mais la viticulture, autrefois garante de la prospérité économique, a connu des difficultés: une production de masse déraisonnable, des changements climatiques, ainsi qu'une attirance plus forte pour la bière ont entraîné la faillite de ce secteur économique, autrefois prépondérant.

Les années 20 ont montré les premiers signes d'un développement urbain sérieux. A l'extérieur des vieux remparts, on a construit de nouvelles maisons, les remparts eux-mêmes ont été peu à peu démolis, et au milieu du siècle un nouveau quartier universitaire a été construit.

Le climat à l'université était alors très agité. La plupart des étudiants soutenait l'idée d'une nation allemande plutôt que tous ces petits états qui constituaient l'Allemagne à cette époque. Ils s'organisaient en corporations et on les tenait pour d'autant plus révolutionnaires qu'ils étaient souvent inquiétés par la police.

Cette attitude a changé après la guerre contre la France en 1871. A Tübingen, on a fêté la victoire comme un grand succès, l'enthousiasme national était énorme. Les corporations d'étudiants sont devenues les promoteurs de l'unité nationale et ont joui d'une grande popularité. Elles ont construit de magnifiques villas sur les collines de Tübingen et ont beaucoup influencé la vie de la société. En 1874, une garnison était stationnée à Tübingen. Les étudiants pouvaient faire leur service militaire pendant leurs études, ce qui rendait la ville de Tübingen encore plus attrayante pour les étudiants.

Le boom économique pendant l'ère wilhelminienne a eu des répercussions très positives pour la ville de Tübingen.

La ville a été profondément transformée à cette époque. De nouveaux quartiers bourgeois très recherchés ont été alors créés, les animaux et les tas de fumier ont disparu du centre ville médiéval. Le réseau d'égouts a été amélioré et dès 1879 un réservoir alimentait en eau potable à toute la ville. Un peu d'industrie a même contribué à accélérer le développement urbain. Néanmoins,

Tübingen n'est pas devenue une ville industrielle. Les beaux paysages des environs ont toujours été plus importants que le développement économique.

L'université s'est agrandie. En 1863, la première faculté des sciences naturelles a été fondée et vers 1900, le centre hospitalier universitaire a été considérablement agrandi.

C'est à cette époque que les femmes ont fair leur entrée à l'université. Quand la première promotion du lycée de jeunes filles de Stuttgart a passé son baccalauréat en 1903, troi jeunes femmes courageuses ont menacé de saisir les tribunaux si on leur défendait le droit de s'inscrire officiellement à l'université. Ces trois bachelières représentaient, avec 12 autres femmes qui fréquentaient l'université en tant qu'auditrices libres, 1 % des étudiants.

Aujourd'hui le pourcentage des femmes parmi les étudiants de Tübingen est supérieur à 60 %.

La ferveur nationale de la bourgeoisie de Tübingen, surtout dans les milieux universitaires, a entraîné une profonde adhésion à la première guerre mondiale et un rejet des idées démocratiques de la République de Weimar. Un esprit de revanche et un antisémitisme largement répandu ont contribué à la montée rapide des nazis à Tübingen.

Pendant la Seconde Guerre mondiale mondiale, les habitants de Tübingen ont échappé aux bombardements et en 1945 la ville était très peu détruite. Pendant les années 60, l'université a connu un grand essor, et on a construit de nouveaux bâtiments universitaires. Puis, on a entrepris la restauration du centre ville historique. On a réussi à faire un centre-ville vivant et animé tout en respectant les constructions anciennes.

La reconstruction politique, culturelle et sociale s'est opérée assez vite et l'université a joué très rapidement un rôle important. La vie reprenait ses droits avec une telle vitesse qu'on a complètement négligé de surmonter les ombres du passé d'une manière sincère et ouverte.

Les mouvements pour la paix et pour la libération des femmes, la protection de l'environnement et un grand intérêt pour la culture « alternative » ont fait naître dans les années 70 et 80 de nouvelles institutions socio-culturelles et d'innombrables initiatives de citoyens. Le paysage politique jusqu'alors plutôt conservateur s'est profondément modifié.

Aujourd'hui, le maire de Tübingen appartient au parti des „Verts" ainsi que la moitié des conseillers municipaux qui comptent depuis 2012 plus de femmes que des hommes.

C'est la réunification allemande qui a le plus marqué le développement de la ville contemporaine. En 1991, les troupes françaises, stationnées à Tübingen depuis la in de la guerre, ont quitté la ville. La ville a donc pu récupérer un grand terrain situé au sud de la ville. Grâce à un plan de développement urbain unique, on a pu créer des nouveaux quartiers où des groupes de maîtres d'ouvrage – les „Baugruppen" - ont réalisé entre les anciens bâtiments militaires des immeubles collectifs avec les infrastructures commerciales, culturelles et sociales.

Tübingen grandit: Maintenant environ 90.000 personnes habitent la ville universitaire dont les 29.000 étudiants forment presque un tiers de la population.

A l'avenir, Tübingen aura quelques défis à relever. Pour rester attrayante surtout pour des jeunes familles mais aussi pour les couples qui rentrent en ville après que les enfants ont quitté la maison paternelle, la ville toujours croissante doit offrir en quantité suffisante des appartements abordables. Des terrains à

Rempart de la Clinicumsgasse

bâtir intra-muros devraient permettre de limiter la défiguration des paysages.

Tübingen a eu la chance de devenir un lieu culturel unique qui justifie que la ville universitaire a posé sa candidature pour être inscrite sur la liste du patrimoine culturel mondial auprès de l'UNESCO. Outre la réputation jointe à cette candidature, elle joue aussi un rôle considérable en ce qui concerne l'aperception de la ville, surtout du centre ville historique: Il y a maintes villes possédant des ruelles pittoresques munies des maisons à colombages qui sont parées en été avec des fleurs en toutes couleurs. Mais il n'y a aucune autre qui a su intégrer sa longue tradition universitaire dans la vie de la ville aussi parfaitement que Tübingen. A l'avenir il appartiendra à Tübingen de faire vivre cette tradition autant pour les habitants que pour les visiteurs et de jeter ainsi un pont entre le passé et le présent.

En ce qui concerne le centre-ville historique, cela signifie d'essayer de concilier la préservation des monuments historiques, les besoins de la vie moderne et estudiantine et les contraintes économiques et écologiques pour rester une cité vivante et variée. Ainsi, Tübingen restera une ville jeune et pleine d'histoire, cosmopolite ainsi qu'un haut lieu de la culture scientifique et culturelle dans un cadre idyllique et pittoresque.

Unterwegs in der Oberstadt

Unterwegs in der Oberstadt

Mit Oberstadt bezeichnet man den dem Neckar zugewandten Teil Tübingens. Auf dem Sattel zwischen Schloss und Stiftskirche erstreckte sich zu Beginn der Frühen Neuzeit die Universität. Es war das „akademische Viertel" Tübingens, hier stehen die großen und repräsentativen Bürgerhäuser. Der Spaziergang führt durch die Oberstadt, schließlich aus der Altstadt hinaus auf die Wilhelmstraße in das Universitätsviertel des 19. und 20. Jahrhunderts.

1 Der Marktplatz

Unser Spaziergang beginnt auf dem Marktplatz. Er war und ist auch heute noch die „gute Stube" der Stadt, Handelsplatz und Kommunikationszentrum für die gesamte Tübinger Bürgerschaft, vom Weingärtner bis zum Universitätsprofessor. Ihn umstehen aufwändig gestaltete Häuser, die alle zwischen 1540 und 1560 nach dem großen Stadtbrand erbaut wurden. Die Fachwerkhäuser erhielten nach einem weiteren Stadtbrand Ende des 18. Jahrhunderts eine verputzte Fassade, um zu verhindern, dass bei einem weiteren Brand die Funken auf das frei liegende Gebälk des Nachbarhauses überspringen konnten. Erst bei der Altstadtsanierung Ende der 1960er-Jahre entschied man sich, das Fachwerk wieder freizulegen. Man einigte sich aber darauf, dies nur bei jedem zweiten Haus zu tun, damit das Fachwerk zwischen den ruhigen Farbflächen gut zur Geltung kommen konnte. 1972 brannten zwei weitere Häuser auf dem Marktplatz ab: das „Lamm", früher Gasthaus und heute das Gemeindezentrum der Stiftskirche. Es bekam eine verputzte Fassade, die Hohlkehlprofile zeigen sogar den Beton. Das Haus gegenüber, das heute das „Kaffeehaus Ranitzky" beherbergt, wurde hingegen mit einer Verblendung aus sogenanntem Zündholzfachwerk versehen, das keinerlei

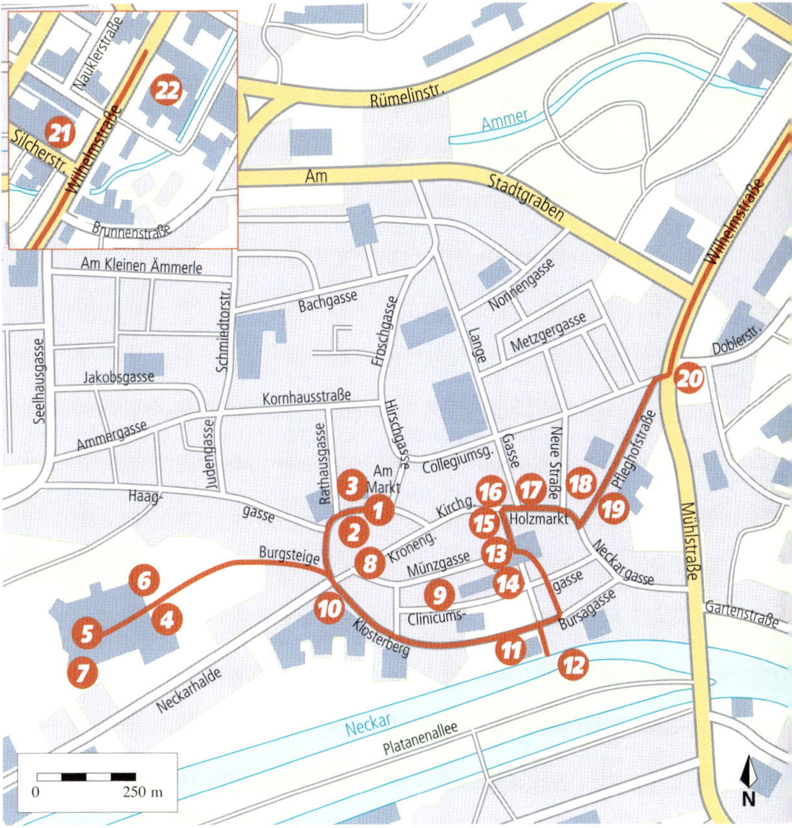

statische Funktion hat. In der Silvesternacht des Jahres 2008 wäre, verursacht durch einen Feuerwerkskörper, beinahe ein weiteres Haus den Flammen zum Opfer gefallen: Die Brandgefahr ist in der Altstadt noch immer nicht nur ein Schrecken aus vergangenen Zeiten.

 Karte auf Seite 53

2 Das Rathaus

Das wichtigste Gebäude auf dem Marktplatz ist natürlich das Rathaus. Vermutlich bereits 1496 und nicht erst 1508, wie auf der Fassade zu lesen ist, erhielt es sein drittes Obergeschoss, 1598 wurde das Dach mit dem frühbarocken Ziergiebel versehen. Die raffinierte astronomische Uhr, 1511 von dem Theologen, Mathematikprofessor und Astronomen Johannes Stöffler angefertigt, zeigt nicht nur das aktuelle Tierkreiszeichen und seinen entsprechenden Aszendenten, sondern auch Sonnen- und Mondfinsternisse an.

Noch im 19. Jahrhundert hing diese Uhr im ersten Stock neben der Sprechkanzel, von der aus früher alles für die Bürger Wissenswerte verkündet wurde und von der aus heute gut gelaunte Brautpaare herunterwinken. Erst mit der Neugestaltung des Rathauses verlegte man die Uhr in den Dachgiebel und verursachte so den asymmetrischen Aufbau der Fassade. Deren besonders beeindruckende, prächtige Bemalung wurde 1876 zum 400-jährigen Geburtstag der Universität angefertigt. Im Neo-Renaissance-Stil erinnert die aufwändige Sgraffito-Malerei in Farben und Ornamentik vor allem an das 16. Jahrhundert, die Zeit nach der Universitätsgründung. Die drei allegorischen Frauenfiguren im ersten Stock, die die Gerechtigkeit, die soziale Wohlfahrt und die Wissenschaft symbolisieren, sind im Stil der Malerei der „nassen Tücher" gemalt, der typisch für die Kunst der Frühen Neuzeit ist. Graf Eberhard im Barte (1445–1496), der Gründer der Universität, der für seine Verdienste um die politische Einheit Württembergs in den Herzogsstand erhoben wurde, wacht als echter Ritter über Stadt und Bürger, das Herzogsschwert und die Gründungsurkunde der Universität in den Händen. Unter ihm sind in sechs Medaillons Porträts wichtiger Männer aus der Tübinger Stadtgeschichte zu sehen. Spätestens sie machen die Illusion, es könne sich bei der Rathausbemalung um ein echtes Renaissancewerk handeln, zunichte: Sie bieten einen amüsanten Überblick über die Herrenfrisurenmode vom 15. bis zum 19. Jahrhundert. 2015 soll das Tübinger Rathaus nicht nur innen komplett renoviert und modernisiert sein, sondern auch mit einer restaurierten Fassade und einem rundum erneuerten Eingangsbereich in neuem Glanz erstrahlen.

Die Portraits zeigen von links nach rechts:

Konrad Breuning (1445 – 1517)
sorgte als Tübinger Untervogt 1514 dafür, dass Herzog Ulrich den Tübinger Vertrag unterzeichnete, der zum ersten Mal im Festlandeuropa so etwas wie demokratische Grundrechte festlegte.

Johannes Osiander (1657 – 1724)
rettete durch seine diplomatischen Bemühungen in den Franzosenkriegen Tübingen vor der Zerstörung.

Jacob Heinrich Dann (1720 – 1790)
setzte sich als Tübinger Bürgermeister für die im „Tübinger Vertrag" vereinbarten Rechte gegenüber Herzog Karl Eugen ein.

Johann Ludwig Huber (1723 – 1800)
war Oberamtmann in Tübingen und wurde auf Geheiß des Herzogs Karl Eugen abgesetzt und auf dem Hohenasperg inhaftiert, nachdem er es abgelehnt hatte, eine Militärsteuer ohne die Zustimmung der Landstände einzutreiben. Mit der Steuer wollte Karl Eugen Soldaten rekrutieren, um sie nach Frankreich zu „verkaufen".

Johann Friedrich Cotta (1764 – 1832)
betrieb in Tübingen einen der größten europäischen Verlage, gründete die erste überregionale Tageszeitung in Deutschland, erfand das Taschenbuch und setzte sich für das Urheberrecht ein.

Ludwig Uhland (1787 – 1862)
wurde in Tübingen geboren. Er war nicht nur Dichter und Sprachwissenschaftler, sondern vor allem einer der bedeutendsten Politiker seiner Zeit, der als unabhängiges Mitglied des Frankfurter Parlaments couragiert für Freiheit und Menschenwürde kämpfte.

3 Der Neptunbrunnen

Vor dem Rathaus steht der Neptunbrunnen. Er wurde 1617 von dem Ingenieur und Baumeister Heinrich Schickhardt entworfen. In seinem Aussehen ähnelt er stark dem Neptunsbrunnen in Bologna: Auf zwei Italienreisen hatte Schickhardt diesen Brunnen kennengelernt und sich von ihm inspirieren lassen. Im Laufe der Jahre war der Tübinger Neptun brüchig geworden und gleich nach dem Zweiten Weltkrieg, 1948, wurde er als erstes öffentliches Bauwerk und Zeichen der Hoffnung neu errichtet. Der Bildhauer David Fahrner aus Freudenstadt ersetzte den Neptun aus Sandstein durch ein Modell aus Bronze, das aus Waffenschrott hergestellt worden war: Nachdem während des Krieges Kirchenglocken und Bronzeskulpturen als Metallspenden in die Rüstungsindustrie geflossen waren, konnte aus den Waffen nun wieder eine Skulptur geschaffen werden, sichtbares Zeichen für den endlich wiedergefundenen Frieden. Die Frauenfiguren, Allegorien auf die vier Jahreszeiten, sind eine Neuschöpfung Fahrners, was schon daran zu erkennen ist, dass sie deutlich dem weiblichen Schönheitsideal der 1930er-Jahre entsprechen.

Der Neptunbrunnen

4 Das Schlossportal

Wir steigen jetzt links vom Rathaus Richtung Haaggasse empor, werfen einen Blick auf das Tübinger „Rebmännle“ 1 und die Südwand des Rathauses mit der schönen Grisaille-Malerei und gehen dann die Haaggasse 5 hinunter bis zu der schmalen Treppe, die links zwischen den Häusern zur Burgsteige hinaufführt. Oben angekommen, wenden wir uns nach rechts und nehmen den Aufstieg zum Schloss Hohentübingen in Angriff. Bereits nach wenigen Metern stehen wir vor dem unteren Schlossportal, das Herzog Friedrich zwischen 1604 und 1606 im Stil eines römischen Triumphbogens erbauen ließ. Das imposante Entree demonstriert in beeindruckender Weise politische Macht und kriegerische Stärke und erzählt einiges über das Selbstverständnis des ersten frühabsolutistischen Herrschers Württembergs. In der Mitte sieht man das herzogliche Wappen mit Helmzier, das dem Besucher zeigt, wie reich und bedeutend das Haus Württemberg ist. Um das Wappen herum schlingt sich zum einen eine Muschelkette, die Dekoration des französischen Ritterordens von St. Michel, zum anderen ein Gürtel. „Honi soit qui mal y pense“ steht darauf: Die Devise des englischen Hosenband-Ordens, des exklusivsten Ordens Großbritanniens, bedeutet auf Deutsch: “Ein Schelm, wer Böses dabei denkt“ und geht angeblich auf folgende galante Entstehungsgeschichte zurück:

1348 soll Lady Salisbury auf einem Ball ihr blaues Strumpfband verloren haben. Ihr Geliebter, König Edward III., entschärfte die peinliche Situation, indem er das Strumpfband unter seinem eigenen Knie befestigte, eben diesen bekannten Satz sagte und gleichzeitig den sogenannten Hosenband-Orden ins Leben rief. Herzog Friedrich bemühte sich seit seines England-Aufenthaltes im Jahre 1592 so sehr um die Aufnahme in diese exquisite Gemeinschaft, dass Elisabeth I. ihm diese zu Beginn des 17. Jahrhunderts gewährte. Die Mitgliedschaft in diesem prestigeträchtigen Orden war für Friedrich natürlich auch eine Bestätigung des hohen Ranges, den er unter Europas Fürsten einnahm. Üppiges, mit Blumen und Früchten verziertes, Rankenwerk rechts und links des zentralen Wappens spielt auf den Wohlstand des Landes an. Flankiert wird das

Portal von zwei Landsknechten, die mit einer Gabelflinte und einem beidhändig geführten Schwert, einem sogenannten Gassenhauer, ausgerüstet sind. Das waren die so ziemlich modernsten Waffen der damaligen Zeit, und sie demonstrieren den hohen technischen Standard der württembergischen Verteidigung. Auch der Fries unter dem Hauptgesims ist mit allerlei kriegerischem Handwerkszeug geschmückt – wer es mit Württemberg aufnehmen wollte, sollte wissen, worauf er sich einzulassen hatte. Die für die Renaissance typischen Anleihen aus der antiken Mythologie finden sich vor allem im unteren Teil des Portals: ein Gorgonenhaupt (Gorgonen sind Schreckgestalten, die jeden, der sie anblickt, sofort zu Stein erstarren lassen) diente vermutlich als Abwehrzauber gegen alles Böse. In den Zwickeln des von toskanischen Säulen gesäumten Mittelportals lassen sich Poseidon und Artemis erkennen, die Reliefs auf den Säulenpostamenten stellen Nike und Athene dar. Drei von ihnen, der

Das untere Schlossportal

Gott der Meere, die Göttinnen der Jagd und des siegreichen Kampfes, reichen der vierten, der Göttin der Weisheit, Lorbeerkränze. Das ist der Schlüssel zur Auflösung des gesamten künstlerischen Bilderreigens: Alle kriegerische Stärke, aller internationaler Einfluss und aller Reichtum werden letztendlich nichts nützen, wenn es am wichtigsten, an der Weisheit, fehlt.

5 Die Schlossanlage

Nachdem wir das Portal durchschritten haben, können wir uns an der schönen Aussicht über die Oberstadt und den Österberg mit seinen beeindruckenden Verbindungshäusern erfreuen. Schließlich stehen wir vor der ehemals symmetrischen Vierflügelanlage, mit deren Bau Herzog Ulrich 1507 begonnen hatte. 1647 wurde der Südostturm von französischen Truppen zerstört und dreißig Jahre später durch den barocken Fünfeckturm ersetzt, der der damals modernen Befestigungsbauweise entsprach.

Vor dem Schlosseingang steht auf einem Rasenrondell eine kleine Sternwarte: Nachdem 1710 die militärische Besatzung das Schloss verließ und die württembergischen Herzöge 1717 nach

Nordostturm und Sternwarte

 Karte auf Seite 53

Ludwigsburg zogen, stand die ehemalige Festung leer, bis man beschloss, sie der Universität zur Nutzung zu überlassen. 1752 zogen als erstes die Astronomen in den Nordostturm des Schlosses. 1795 arbeitete hier der Pfarrer und Professor für Mathematik und Physik Johann Bohnenberger. Er war von seiner Tätigkeit so begeistert, dass er sogar auf dem Schloss, direkt unter dem Observatorium, wohnte, um jederzeit ohne großen Aufwand in den Himmel schauen zu können. Er ließ auch das kleine Observatorium aufstellen, dessen drehbares Dach es erlaubte, das Teleskop in die jeweils gewünschte Richtung zu stellen.

---

6 Rund ums Schloss

Von der Nordbastion 6 hat man einen wunderschönen Blick auf die Unterstadt mit ihren vielen kleinen Häusern und den verwinkelten Gässchen, der Jakobuskirche 11, dem Spital und dem herzoglichen Fruchtkasten 12 sowie auf die Nordstadt mit ihren Kliniken. Hier lässt sich ein kleiner architekturgeschichtlicher Grundkurs absolvieren. Die 1909 erbaute Augenklinik ist ein klassisches Jugendstilgebäude, ein weiß verputzter Backsteinbau mit fünf Stockwerken und dynamisch geschwungenen Giebeln. Die Psychiatrie links daneben, die „Klinik für Nerven- und Gemütskranke“, stammt aus dem Jahre 1897 und präsentiert sich historistisch-gründerzeitlich im selbstbewussten Charme der Kaiserzeit. „Narrenschlössle“ tauften die Tübinger den beeindruckenden Bau, von dem aus man die gesamte Altstadt auf das Schönste überblicken kann. Ganz anders wirkt die Alte Chirurgie, in der heute die Frauenklinik untergebracht ist. Sie wurde 1935 erbaut und ist ein Paradebeispiel für die Architektur der Neuen Sachlichkeit. Der ungewöhnliche Backsteinbau mit den flachen Dächern galt als „schönste Klinik Deutschlands“ mit seiner klaren Linienführung, den ausgewogenen Proportionen und den lichtdurchfluteten und offenen Räumlichkeiten. Großzügige Loggien wurden zur Frischluftkur für bettlägerige Patienten genutzt. Noch heute setzt dieses puristische Gebäude einen außergewöhnlichen Akzent in der Tübinger Dächerlandschaft.

Am Stadtrand im Westen kann man noch eine ganze Reihe der terrassierten Weinhänge ausma-

Blick auf Unterstadt und Kliniken

chen. Da zu Beginn des 19. Jahrhunderts der Weinbau in Tübingen fast vollständig zum Erliegen kam, hat man hier nicht die Trockenmauern herausgerissen, um den Wein mit Maschinen ernten zu können. Deshalb haben wir heute das Glück, vor den Toren Tübingens durch eine wunderschöne, jahrhundertelang durch den Weinbau geprägte Kulturlandschaft mit einer einzigartigen Tier- und Pflanzenwelt streifen zu können, wie sie in dieser Unversehrtheit nur noch selten zu finden ist.

7 Der Innenhof des Schlosses

Wir gehen wieder zurück und betreten den Schlosshof. Herzog Ulrich hatte den Bau vor allem zu einer Festung ausbauen lassen und auf eine repräsentative Gestaltung wenig Wert gelegt. Wer also meint, einen Kasernenhof zu betreten, liegt völlig richtig. Erst Herzog Friedrich versuchte zu Beginn des 17. Jahrhunderts den nüchternen Zweckbau aufzupolieren und fügte die prunkvollen Türgewände im Stil lombardischer Renaissance und das kleine Ecktürmchen, dessen Rautenfenster auf raffinierte Weise der Wendeltreppe folgen, hinzu.

Nachdem das Schloss 1816 endgültig der Universität überlassen wurde, richtete man in der ehemaligen Schlossküche im Südflügel ein chemisches Laboratorium ein. Böse Zungen behaupten, dass die dicken Mauern ausschlaggebend gewesen wären, diese „explosive“ Fakultät ausgerechnet hier unterzubringen. Wie auch immer: Hier wurde Wissenschaftsgeschichte geschrieben. Felix Hoppe-Seyler lehrte hier, am ersten und einzigen Lehrstuhl für Physiologische Chemie an einer deutschen Universität, über die biologisch-chemischen Zusammenhänge im menschlichen Körper und entdeckte den roten Blutfarbstoff, den er Hämoglobin nannte. Sein Schüler Friedrich Miescher entdeckte das Nuklein als einen Bestandteil von Zellkernen, dessen bekanntester Vertreter die Desoxyribonukleinsäure (DNA), der Speicher der Erbinformation, ist.

1819 zog die Universitätsbibliothek in den Rittersaal, wo sie bis 1912 bleiben sollte. Heute sind die Institute für Archäologie und Ägyptologie, Vor- und Frühgeschichte, Ethnologie und Empirische Kulturwissenschaft im Schloss untergebracht, die ihre sehenswerten und einzigartigen Schausammlungen im Museum Schloss Hohentübingen 4 präsentieren.

Von 1970 bis 1994 wurde das gesamte Schloss saniert. Seit fast 500 Jahren war das die erste grundlegende Renovierung, die die bedrohlich verfallene Bausubstanz für den Universitäts- und Museumsbetrieb wiederherstellte. Ein Resultat dieser langjährigen Restaurierungsmaßnahmen ist die Fassadengestaltung des Innenhofes, die jedem Besucher sofort ins Auge fällt. Lange wurde diskutiert, wie man mit dem alten Gemäuer umzugehen hätte: Auf der einen Seite wollte man versuchen, die Renaissance-Architektur des 17. Jahrhunderts so originalgetreu wie möglich wieder zur Geltung zu bringen. Das bedeutete, die Wände zu verputzen, die künstliche Quaderbemalung aufzubringen und das Fachwerk der Galerien ockergelb auszufertigen. Das galt im 17. Jahrhundert als gepflegt und elegant. Nachdem 1985 zwei Flügel in diesem Stil hergerichtet waren, ertönte wütender Protest: Das Ganze sehe aus wie eine Operettenkulisse, man wähne sich in Disneyland. Bei den beiden anderen Flügeln ließ man daraufhin das nackte Mauerwerk stehen. Das war zwar historisch gesehen auch nicht ganz stilgerecht – die Fassaden unverputzt zu lassen, hätte früher als armselig und unfertig gegolten – entsprach aber der Vorstellung, die sich ein Großteil des Publikums von einem Renaissanceschloss macht. Gleichzeitig wird so der andauernde Wandlungsprozess, dem das Schloss seit seiner Erbauung unterworfen ist, dokumentiert. So ist der Schlosshof letztendlich zu einem guten Beispiel für einen differenzierten und aufgeschlossenen Umgang mit der historischen Bausubstanz geworden.

Von Fässern und Fledermäusen

Im hinteren Bereich des Schlosshofes versperrt eine wuchtige Tür den Zugang zu einem Kellerraum, in dem das weltweit älteste erhaltene Großfass steht. Herzog Ulrich hatte das aus 90 Eichen zusammengezimmerte Weinfass, in das 84.000 Liter Rebensaft passen, 1546 in Auftrag gegeben. Leider war es undicht und wurde deshalb nur zweimal befüllt. Jahrelang konnte man den Fasskeller besichtigen. Dann verzog sich während der Sanierungsarbeiten am Dachstuhl eine Kolonie Fledermäuse in diese dunklen Räumlichkeiten, die bei der Renovierung verwendeten Holzschutzmittel hatten sie in die Flucht geschlagen. Da die Tiere, die unter strengem Naturschutz stehen, überaus licht- und lärmempfindlich sind, wurde der Fasskeller 1991 geschlossen. Auch die Nutzung des Schlossinnenhofes für kulturelle Veranstaltungen war von da an nur noch sehr eingeschränkt möglich, um die Fledermäuse nicht bei ihren nächtlichen Ausflügen zu stören.

Mittlerweile scheint sich ein großer Teil der Schlossfledermäuse ein neues Quartier gesucht zu haben. Deshalb ist jetzt geplant, einen neuen Zugang zum Fasskeller zu schaffen, um das Prunkstück württembergischer Trinkkultur wenigstens in den Wintermonaten wieder besichtigen zu können, ohne die noch verbliebenen Fledermäuse über Gebühr zu stressen.

8 Vom Schloss zur Münzgasse

Wir machen uns an den Abstieg vom Schloss herunter, wobei wir an dem Haus vorbeikommen, in dem der Lehrer von Johannes Kepler, Michael Mästlin, gewohnt hat (Burgsteige 7). Er lehrte von 1583 bis 1631 an der Universität Tübingen Astronomie. Der Dachboden der Stiftskirche diente ihm als Observatorium. Das durch die Dachziegel hereinfallende Licht peilte er über gespannte Bindfäden und erhielt mit dieser so simplen wie genialen Methode ebenso genaue Messergebnisse wie sein Kollege Tycho Brahe, der in seiner Stjerneborg, einer Sternwarte auf der dänischen Insel Ven, mit den aufwändigsten astronomischen Geräten arbeitete, die zu dieser Zeit zu haben waren.

Bevor Mästlin das Haus für sich und seine große Familie kaufte, war hier die Buchdruckerei von Ulrich Morhart. Seit den 50er-Jahren des 16. Jahrhunderts wurden hier die slowenische Bibelübersetzung und zahlreiche Schriften des Theologen Primus Truber gedruckt. Truber war als Sympathisant Martin Luthers exkommuniziert und aus seiner Heimatstadt Ljubljana vertrieben worden und hatte nach vielen Umwegen als Pfarrer in Derendingen eine neue Heimat gefunden. Die Bibelübersetzung ins Slowenische war nicht nur eine theologische, sondern auch eine philologische Großtat, denn für die besonderen Laute der slowenischen Sprache musste Truber zunächst aus den vorhandenen lateinischen bzw. deutschen Buchstaben ein phonetisches Schriftzeichensystem entwickeln. Die ersten Bücher, die in slowenischer Sprache gedruckt wurden, kamen also aus der Presse der Druckerei Morhart in der Tübinger Burgsteige, die damit einen wichtigen Beitrag zur Entwicklung der europäischen Literatursprachen geleistet hat.

Unten angekommen, stehen wir auf einem Platz, der Faules Eck **8** genannt wird. Ob er so heißt, weil hier früher eine Bäckerei war, deren Inhaber den Namen „Faul“ trug, oder weil die Räder der Fuhrwerke, die um die Ecke zum Marktplatz hinunter abbogen, leer, also „faul“ liefen, oder weil hier die Studenten aus den umliegenden Universitätsgebäuden in den Seminarpausen zusammenkamen und „faul“ herumstan-

Grundstein des ehemaligen Augustinerklosters

den, ist historisch nicht geklärt und bleibt der Fantasie der Besucher überlassen.

Vom Faulen Eck führt die Münzgasse **9** zur Stiftskirche. Diese Straße war bis Mitte des 19. Jahrhunderts, als die Hauptgebäude der Universität aus der Altstadt hinaus in die Wilhelmstraße verlegt wurden, der Boulevard der Intellektuellen. Hier waren die meisten Institutsgebäude und hier wohnte ein Großteil der Professorenschaft.

Im Bereich des Hauses Münzgasse 6 befand sich im Mittelalter die Münze der Tübinger Pfalzgrafen: Sie hatten vom Kaiser das Recht verliehen bekommen, mit dem Silber aus ihren Minen im Schwarzwald eine Münze zu prägen, den „Tübinger Pfennig“: Da Geld nur etwas nützt, wenn man es ausgibt und in Umlauf bringt, war diese Münzanstalt ein Grund dafür, dass sich der Tübinger Markt entwickelte, was einen entscheidenden Schritt auf dem Weg zur Stadtwerdung bedeutete.

Wir lassen die Münzgasse in ihrer ruhigen Beschaulichkeit jedoch „links liegen“ und steigen die Treppen des Klosterbergs hinab. 1264 wurde hier ein Augustiner-Eremitenkloster errichtet. Wenn Sie oben an der Treppe über die Mauer in den Fahrradabstellbereich hinunterblicken, sehen Sie die Eingangstür dieses ehemaligen Klosters, das von den Tübinger Pfalzgrafen zum eigenen Seelenheil als Grablege für die Familie sowie zur seelsorglichen Betreuung der rasch anwachsenden Tübinger Bevölkerung gestiftet wurde.

10 Das Evangelische Stift

Unten angelangt betreten wir den Außenhof des Evangelischen Stifts, das Herzog Ulrich 1536 ins Leben rief, um Württemberg flächendeckend mit evangelischen Pfarrern zu versorgen und so die Reformation nachhaltig durchsetzen zu können. 1547 quartierte man die Stipendiaten in dem ehemaligen Augustinerkloster ein. In dem hohen Nordflügel ist der Chorabschluss der Klosterkirche, die dem Stift heute als Kapelle dient, noch gut erkennbar. Auf diese Klosterkirche wurden bereits im 16. Jahrhundert zwei Stockwerke aufgesetzt, die den Stiftlern als Wohnräume zur Verfügung standen. Der Platz reichte bald nicht mehr aus; nach dem Dreißigjährigen Krieg wurden auch auf den ehemaligen Kreuzgang

 Karte auf Seite 53

Berühmte Zöglinge des evangelischen Stifts

Johannes Kepler (1571-1630)
beschrieb in den „Keplerschen Gesetzen“ die Bahnen der Planeten um die Sonne und gilt als Begründer der modernen Naturwissenschaft.

Georg Friedrich Wilhelm Hegel (1770-1831)
wurde preußischer Staatsphilosoph und war ein wichtiger Vertreter des deutschen Idealismus. Sein Werk ist für die westliche Geistesgeschichte mit dem von Platon, Aristoteles oder Kant vergleichbar.

Friedrich Hölderlin (1770-1843)
verfasste mit dem Briefroman „Hyperion“ und seinem lyrischen Werk ein Stück Weltliteratur. 12

Friedrich Wilhelm Joseph von Schelling (1775-1854)
erhielt als hochbegabter junger Mann bereits mit 23 Jahren eine Professur in Jena und war eine der brillantesten Persönlichkeiten der Romantik.

Eduard Mörike (1804-1875)
schrieb als Pfarrer Erzählungen und Gedichte. Seine filigranen, transparenten Texte haben vor allem in der Lyrik Maßstäbe gesetzt. „Frühling lässt sein blaues Band...“ gilt als einer der schönsten Texte der deutschen Dichtung.

David Friedrich Strauss (1808-1874)
verursacht mit seinem Buch „Das Leben Jesu“ 1835 einen ungeheuren Skandal, weil er Jesus als historische Figur darstellte und dessen Wundertaten in den Bereich des Mythischen verwies.

Albrecht Goes (1908-2000)
setzte sich als protestantischer Theologe und Schriftsteller für die Versöhnung und den Dialog zwischen Juden und Christen ein und war ein bekannter Friedensaktivist.

Wohngeschosse gebaut, den klassizistischen Eingang ließ Herzog Karl Eugen Ende des 18. Jahrhunderts anfertigen.

Betritt man den Innenhof des Stifts, sollte man innehalten. Es ist einer der schönsten Plätze Tübingens, ein magischer Ort mit einer unglaublich stimmungsvollen Atmosphäre. Deutlich erkennbar ist noch der frühgotische Kreuzgang des ehemaligen Klosters. Auf einer Seite befindet sich über dem Kreuzgang eine Art Loggia, Altane genannt. Diese Altane ist durch das großzügige Treppenhaus zu erreichen und auch Besuchern zugänglich. An den Wänden hängen Plaketten berühmter ehemaliger Stiftler. Die Aufnahme in das Evangelische Stift hing zu allen Zeiten ausschließlich von der Begabung der Kandidaten und nicht vom Geldbeutel ihrer Eltern ab. Deshalb fanden (und finden!) sich hier ausgesprochen viele talentierte, offene und auch kritische Geister, die in ihrem Leben, auch wenn es vielleicht etwas pathetisch klingt, der Welt etwas gegeben haben.

Vorhof des Evangelischen Stifts

11 Die Burse

Wir verlassen das Stift und bummeln Richtung Burse. Das imposante rosafarbene Gebäude ist das erste, das für die neu gegründete Universität errichtet wurde. Die ersten Studenten konnten es bereits 1482 beziehen. Es war gleichzeitig Studentenwohnheim und Lehranstalt. An der sogenannten „Artistenfakultät", der Fakultät für die Studienanfänger, die von der Lateinschule kamen, wurden die „septem artes liberales" unterrichtet, eine Fächerkombination mit den Schwerpunkten Mathematik und Philosophie, die als Grundlage jedes weiteren akademischen Studiums galt. Die meisten der jungen „Artisten" erhielten ein Stipendium. Weil der lateinische Ausdruck hierfür „bursa" (= Beutel, Börse) ist, nannte man das ganze Gebäude die „Burse".

Der berühmteste Student der Tübinger Artistenfakultät war zweifelsohne Philipp Melanchthon. Der 1497 in Bretten geborene Sohn eines Rüstmeisters studierte in Heidelberg und Tübingen, wo er im Alter von 17 Jahren zum Magister promovierte und sofort mit einer intensiven Lehrtätigkeit begann, für die er ein besonderes Talent hatte. 1518 erhielt er den Lehrstuhl für griechische Literatur an der Wittenberger Universität und hatte dort ebenfalls großen Erfolg. Während seiner beruflichen Laufbahn hielt er zu jeder möglichen Thematik Vorlesungen und schrieb Lehrbücher. Deshalb nannte man ihn auch „praeceptor germaniae", Lehrer Deutschlands. Gleichzeitig

Die Burse

studierte er Theologie, wurde ein Freund und Vertrauter Martin Luthers und trat immer wieder als Verhandlungsführer der protestantischen Seite auf Reichstagen und bei Religionsgesprächen auf. Neben Martin Luther wurde er als Reformator eine treibende Kraft der deutschen und europäischen kirchenpolitischen Reformation. 1560 starb er in Wittenberg.

1804 baute man die Burse um und verwandelte das spätmittelalterliche Haus in ein klassizistisches Gebäude. Das spitzgiebelige Dach wurde durch ein Walmdach mit Ziergiebel ersetzt, die Fenster wurden vervielfacht, das ganze Haus verputzt und in modischem Rosa gestrichen. Anschließend öffnete hier das erste Universitätsklinikum unter Leitung von Prof. Dr. Johann Autenrieth. Es hatte zwar noch keinen Operationssaal, aber immerhin bereits 12 Zimmer für Kranke und Schwangere, darunter auch das „Narrenzimmer", in dem man 1806 erfolglos versuchte, den schwer erkrankten Friedrich Hölderlin zu heilen.

Mit dem Bau der großen Kliniken außerhalb der Altstadt verließen immer mehr medizinische Fächer die Burse. Zuletzt zog 1972 die Zahnmedizin aus und das Gebäude wurde nach einem gründlichen Umbau den Fakultäten für Philosophie und Kunstgeschichte überlassen. Es gehört zum unvergleichlichen Charme Tübingens, dass alle alten Universitätsgebäude nicht nur Denkmal und Museum sind, sondern seit ihren Anfangszeiten ununterbrochen für Lehre und Forschung genutzt werden.

12 Der Hölderlinturm

Wir gehen weiter, steigen rechts die Treppen zum Neckar hinunter und stehen neben dem Hölderlinturm, dem bekanntesten und meistfotografiertesten Gebäude Tübingens. Der Turm aller Türme, ein magischer Ort, eine Pilgerstätte für Lyrikenthusiasten und Verliebte. Gäbe es ihn nicht, man müsste ihn erfinden.

Friedrich Hölderlin wurde 1770 in Lauffen am Neckar geboren. Er studierte am Evangelischen Stift in Tübingen Theologie. Nach dem Examen ging er jedoch nicht in den Pfarrdienst, sondern lebte als freier Schriftsteller und verdiente seinen Lebensunterhalt als Hauslehrer. Nach einem kurzen Aufenthalt in Frankreich und dem Tod seiner Geliebten, der Bankiersfrau Susette Gontard, deren Kinder Hölderlin betreut hatte, litt er immer wieder unter nervlichen Erschöpfungszuständen. 1806 wurde er von Freunden nach Tübingen in die Klinik gebracht, wo man versuchte, ihn zu heilen, nach neunmonatiger Behandlung jedoch aufgab und Hölderlin für unheilbar krank erklärte. Hölderlin verbrachte daraufhin den Rest seines Lebens in Privatpflege bei der Familie des Schreinermeisters Ernst Zimmer in dem Haus mit dem Turm am Neckarufer. Er starb 1843.

Hölderlins dichterisches Werk gehört unbestritten zu den Höhepunkten der deutschen Literatur und nimmt in der Zeit zwischen Weimarer Klassik und Frühromantik eine Sonderstellung ein. Seine Werke – der Briefroman „Hyperion", Dramenfragmente und Gedichte – sind von außergewöhnlicher sprachlicher Schönheit und thematischer Dichte.

Zwar finden sich in Tübingen viele Orte, die es mit dem Flair des Hölderlinturms aufnehmen können, aber dieses Haus am Fluss, das nicht einmal mehr das Original ist, das 1875 fast völlig abbrannte und durch einen Neubau ersetzt wurde, wird zum Wahrzeichen für Tübingens atmosphärische Gestimmtheit. Steht nicht kaum etwas einer Universitätsstadt so gut zu Gesicht wie ein wahnsinniger, aber genialer Dichter? Dass ausgerechnet dieser hochbegabte, schöne junge Mann, der auszieht, sich die Welt zu erobern, in diesem Turmzimmer landen muss und trotzdem der Nachwelt etwas Einzigartiges überliefert: "Nur einen Sommer gönnt, ihr Gewaltigen, und einen

Hölderlinturm innen

Stocherkahn auf dem Neckar

Herbst zu reifem Gesange mir...“ berührt und fasziniert noch immer. Man kann es ausprobieren: In das Zimmer im ersten Stock gehen und aus dem Fenster schauen 3. Sich frühmorgens(!) ans Ufer setzen und den Schwänen zusehen, die „ihr Haupt trunken von Küssen ins heilignüchterne Wasser tauchen“. Und dabei natürlich: Hölderlin lesen. Es wirkt.

Nach unserem Abstecher an den Neckar steigen wir die Treppen wieder hoch, wenden uns nach rechts und gehen weiter bis zum Zimmertheater. Ziemlich genau gegenüber befindet sich eine weitere Treppe, die zur Stiftskirche empor führt. Oben angekommen, stehen wir auf dem ehemaligen Kirchhof an der Südseite der Kirche. Da, wo die Kopfplatanen stehen, befand sich die erste Mädchenschule der Stadt. Heute benutzt eine Grundschule den Platz als Pausenhof.

13 Die Stiftskirche

Mit dem Bau der Stiftskirche wurde 1470 begonnen. Die romanische Pfarrkirche, die an diesem Platz gestanden hatte, riss man ab. An der Südwestecke des heutigen Baus wurden jedoch zwei Schmucksteine mit Fabelwesen aus dem alten Kirchenbau eingearbeitet. Der spätgotische Bau mit dem etwas zu kurz geratenen Turm wurde im Hinblick auf die Universitätsgründung 1475 zur Stiftskirche, als das St. Martin-Chorherrenstift aus Sindelfingen hierher verlegt wurde. Ursprünglich war die Kirche dem heiligen Georg geweiht, dem Schutzpatron des Hauses Württemberg, der deshalb nicht nur neben dem heiligen Martin und der Jungfrau Maria in den Langhausfenstern auf der Nordseite der Kirche zu sehen ist: Insgesamt finden sich in und um die Kirche herum neun Bildnisse und Skulpturen des heiligen Georg. Die berühmteste Skulptur ist die in dem runden Fenster auf der Nordseite: Hier sieht man ihn nicht als den glanzvollen Drachentöter, sondern aufs Rad geflochten sein Martyrium ertragen.

Dem Kirchenraum ist anzumerken, dass sich hier seit über 500 Jahren lebendiges Gemeindeleben abspielt und die Kirche immer wieder den Bedürfnissen dieser Gemeinde angepasst wurde. Ein hohes Mittelschiff wird von zehn Stützpfeilerbündeln getragen und von den Seitenschiffen getrennt. Zwischen Chor und Schiff steht, ungewöhnlich genug für eine protestantische Kirche, ein wunderschön gestalteter spätgotischer Lettner. Diese Chorschranke, die im Mittelalter dafür sorgte, dass die Laien den Chorraum nicht betreten konnten, in dem die Priester und Mönche die Messe feierten, hätte eigentlich den reformatorischen Bilderstürmern zum Opfer fallen müssen. So war es jedenfalls in anderen Kirchen Württembergs. In Tübingen richtete Herzog Ulrich jedoch im Chor der Stiftskirche die Grablege der württembergischen Grafen und Herzöge ein. Die sterblichen Überreste von Graf Eberhard und seinen Eltern, Graf Ludwig von Württemberg und Mechthild von

Die Stiftskirche

der Pfalz, wurden sogar hierher überführt. Aus dem sakralen Raum wurde so ein Ort weltlicher herrschaftlicher Repräsentation. Gottesdienste feierte man im Kirchenschiff, der Lettner konnte also stehen bleiben.

Der Chorraum ist der älteste Teil der Kirche und diente nach der Universitätsgründung nicht nur zu liturgischen Zwecken, sondern wurde auch als Hör- und Festsaal genutzt. Besonders kostbar sind die über 500 Jahre alten Glasfenster, von denen das mittlere vollständig erhalten ist (die beiden anderen sind „Puzzles" aus den Scheiben, die noch aus den insgesamt sieben Fenstern verwendet werden konnten). Die Farben haben eine außergewöhnliche Strahlkraft. Sie leuchten selbst dann noch, wenn es draußen regnet. Das Mittelfenster ist wie der Lettner ein Relikt aus vorreformatorischen Zeiten. Es erzählt die Lebensgeschichte der Jungfrau Maria bis zur Geburt Jesu. Nur die untere Bildleiste gehört nicht zu dieser Marienlegende. Hier sieht man links und rechts den Grafen Eberhard im Barte, wie er unter einem Palmbaum vor dem heiligen Georg kniet und seine Frau, Barbara von Mantua, die in die Lektüre eines Buches vertieft ist. Ein Page trägt eine Fahne mit dem Wappen Württembergs, dazu einen Schild mit dem Wappen der Pfalzgrafen von Tübingen, das gleichzeitig das Stadtwappen ist. Das Selbstbewusstsein, mit dem sich das Herrscherpaar an dieser zentralen Stelle der Kirche mit allen möglichen Accessoires seiner weltlichen Macht darstellt, ist typisch für die Mentalität der Frühen Neuzeit, die im Gegensatz zum Mittelalter die Persönlichkeit des Menschen und seine individuelle Leistung zu betonen beginnt. „Attempto!" – „Ich wage es!" war die Devise des Universitätsgründers Eberhard. Das „Porträt" im Chorfenster passt dazu.

Über den Gläubigen im Kirchenschiff wölbt sich ein 18 Meter hoher Sternenhimmel. Dieser stammt nicht aus der Erbauungszeit der Kirche, die damals mit einer flachen Holzdecke abschloss, sondern wurde erst 1866 von Christian Friedrich Leins gebaut. Wie man an den Diensten der Säulen erkennen kann, war ursprünglich eine Einwölbung der Decke vorgesehen. Wohl aus Kostengründen wurde sie nicht fertiggestellt, sodass das neugotische Sterngewölbe keine neue Idee, sondern eine Art Vollendung des geplanten Kirchenraumes darstellt.

Die Alte Aula

Die letzte große Renovierung der Kirche fand zu Beginn der 1960er-Jahre statt. Das in seiner Bildersprache besonders anrührende Altartriptychon von Leonhard Schäufelin, einem Dürer-Schüler, wurde aus dem Chorraum unter den Lettner gebracht. Die Kanzel, mit der Madonna auf dem Halbmond und den vier Kirchenvätern ebenfalls ein vorreformatorisches Kunstwerk, hängte man eine Säule weiter nach vorne. Vor dem Lettner fand ein moderner Altar seinen Platz, daneben der Taufstein. Auf diese Weise entstand ein liturgischer Ort, der modernen Gottesdienstansprüchen gerecht wird. Die einfachen Fensterscheiben im Kirchenschiff wurden durch Fenster zeitgenössischer Vitralisten ersetzt. Die Stiftskirche ist kein statischer, unveränderbarer Raum, sondern ein lebendiges Gotteshaus, das sich mit seiner Gemeinde ständig in Bewegung befindet.

14 Die Alte Aula

Vor der Stiftskirche stehen wichtige Universitätsgebäude. Am beeindruckendsten ist die Alte Aula, die bis 1845 das Hauptgebäude der Universität war. Das fünfstöckige, geschickt in den Hang hineingebaute Fachwerkhaus wurde 1547 errichtet, nachdem zwei Vorgängerbauten, die „Sapienz“ und ein „Lectorium“ abgebrannt waren. In den Obergeschossen befanden sich ein „Saal zu Feierlichkeiten“, und Sitzungsräume. Hier tagte der Senat, hier hatten Kanzler und Rektor ihre Amtsstuben und hier wohnte der Pedell. In den Untergeschossen waren Archive, Hörsäle und die Bibliothek untergebracht, auf dem geräumigen Dachboden lagerte man die Getreidevorräte der Universität. 1777 ließ Herzog Karl Eugen das Haus zum 300-jährigen Bestehen der Universität von Reinhard Heinrich Fischer grundlegend umbauen und erweitern. Das spitzgieblige Fachwerkhaus bekam ein modernes Mansarddach mit einem Giebelfeld, das mit dem württembergischen Wappen geschmückt wurde, darunter ein Säulenbalkon mit schmiedeeisernem Gitter, auf dem das Wappen der Universität, zwei gekreuzte Zepter zum Zeichen der Regierungshoheit, zu sehen ist. Dieses Wappen findet sich übrigens auch an dem barocken Treppengeländer, wenn Sie in das Gebäude hineingehen, was Sie unbedingt tun sollten, wenn die Tür offen ist: Die Alte Aula wurde von 2007 bis 2012 komplett saniert und ist mittlerweile eines der schönsten Universitätsgebäude der Stadt.

Das Haus hatte im Lauf der Jahrhunderte seine Tragfähigkeit verloren und drohte am Hang abzurutschen. Jahrzehntelang hatte man es hauptsächlich als Bibliothek für verschiedene Institute genutzt und mit Abertausenden von Büchern komplett überlastet. Mit teilweise extrem aufwändigen Maßnahmen wurden das tragende Holzskelett, die Fundamente, Außenwände, Dach und Untergeschosse einer gründlichen, aber behutsamen Verjüngungskur unterworfen. Dabei wurde der größte Teil der alten Bausubstanz erhalten. Anstatt alte Balken zu entfernen, unterstützte man sie mit Stahlkonstruktionen, die wunderschöne Täferdecke von 1547 im Festsaal wurde freigelegt und restauriert, aber nicht rekonstruiert. Entstanden ist ein Schmuckstück, das wieder völlig zu Recht als „Mutterhaus“ der Universität gelten kann. Genutzt wird es hauptsächlich vom Institut für Erziehungswissenschaften, das in seiner Präsenzbibliothek allerdings nur noch etwa 60.000 Bände duldet. Der „Saal zu Feierlichkeiten", von dem aus man einen fantastischen Blick auf den Neckar hat, wird als repräsentativer Raum für akademische Feiern, Tagungen oder festliche Veranstaltungen genutzt. Das Haus erfüllt mittlerweile alle Ansprüche, die man an ein modernes (geistes-)wissenschaftliches Institut stellt, es ist behindertengerecht und barrierefrei, hat aber nichts vom Charme vergangener Zeiten verloren.

15 Das Martinianum

Gegenüber steht das Martinianum, Tübingens ältestes Studentenwohnheim. 1509 gründete der Gelehrte Dr. Martin Plantsch eine Stiftung, die Studenten der Uni Tübingen unterstützte, die für ihr Studium und ihren Unterhalt nicht genügend Geld aufbringen konnten. Sie erhielten freie Kost und Logis im Wohnheim der Stiftung. Der gegenwärtige Bau stammt aus den 60er-Jahren des 17. Jahrhunderts und ist, was in der Altstadt ziemlich selten ist, kein Fachwerkhaus, sondern eines aus Bruch- und Backsteinmauerwerk. In den 1970er-Jahren verzierten die studentischen Bewohner die Fassade mit einem Holzschildchen, auf dem „Hier kotzte Goethe" steht, und machten sich damit erfolgreich über die bildungsbürgerliche „Vertäfelungswut" der 1960er-Jahre lustig, als fast an jedem Haus der Innenstadt eine Tafel angebracht wurde, auf der stand, welche Geistesgröße hier gewohnt oder gewirkt hatte.

16 Das Cotta-Haus

Die üppigste Tafel dieser Art gebührte dabei natürlich dem Dichterfürsten Johann Wolfgang von Goethe, der im September des Jahres 1797 auf seiner Reise in die Schweiz ein paar Tage bei Johann Friedrich Cotta Station gemacht hatte. Der wohnte im Haus nebenan, in der Münzgasse 15, und sein Verlag war im 18. Jahrhundert eine der wichtigsten Medienzentralen deutschen Geistes. Der Verlag existierte bereits seit 1659. Johann Friedrich Cotta kaufte ihn 1787 seiner Familie ab und schaffte es, ihn zu einem Unternehmen zu entwickeln, das in besonderer Vielfalt und Sorgfalt nicht nur schöne Literatur, sondern auch Fachbücher, Almanache und Kalender sowie die erste überregionale deutsche Tageszeitung, die „Allgemeine Zeitung", herausgab. Eines seiner Flaggschiffe war sicherlich Goethe, aber er verlegte auch Schiller, Wieland, Humboldt, Hegel, Uhland, Kleist und viele andere mehr, sodass er nicht zuletzt als Verleger der deutschen Klassik in die Geschichte einging. Warum das Cotta-Haus nur anlässlich des Besuchs Goethes mit einer riesigen Marmortafel geschmückt wurde, hingegen über den innovativen und brillanten Gastgeber und Hausherren kein Wort verliert, bleibt ein Geheimnis.

Heute hebt sich das Haus von den Tübinger Fachwerkhäusern durch seine barockisierende Fassadenbemalung ab. Bei seiner Renovierung 1986 fanden sich Reste früherer Fassadenbemalungen. Man musste sich entscheiden, ob man nur die Reste sichern oder die Bemalung wiederherstellen sollte. Nachdem es sich bei den Malereiresten um Barockdekorationen handelte, wie sie bisher in der Tübinger Altstadt noch nirgends gefunden worden waren, entschied man sich für den Versuch einer Wiederherstellung. Die Rekonstruktion zerstörter Architekturformen ist immer problematisch, weil man zwar den Originalzustand halbwegs wiederherstellen kann, aber gleichzeitig so tut, als hätte sich seit damals nichts verändert. Auch bei der Renovierung des Cotta-Hauses lässt sich diskutieren, ob es sich um Denkmalpflege oder fantasierende Neuschöpfung handelt.

17 Der Holzmarkt

Wir überqueren jetzt den Holzmarkt mit dem Georgsbrunnen, an dem wir beobachten können, wie der Heilige mit ruhigem Blick und fast schon kontemplativer Gebärde dem Drachen den Garaus macht. Die Skulptur ist eine Replik der gotischen Brunnenfigur von 1523, die zunächst verloren gegangen war. Kurz vor dem Ersten Weltkrieg tauchte sie im wahrsten Sinn des Wortes wieder auf: Sie wurde in einem Garten am Neckarufer gefunden, der Fluss hatte sie angespült. Als 1976 der Holzmarkt zur Fußgängerzone zurückgebaut wurde, rekonstruierte der Bildhauer Eduard Döttin-

Die Buchhandlung Heckenhauer am Holzmarkt

ger auch den „Jörgenbrunnen", der in den 1960er-Jahren zwei Autostellplätzen weichen musste.

In der Buchhandlung Heckenhauer, dem schönen himbeerfarbenen Fachwerkhaus in der Mitte des Holzmarkts, war Hermann Hesse von 1895 bis 1899 als Lehrling und zweiter Sortimentsgehilfe angestellt. Im Lager des Antiquariats, dessen einzigartige Salonatmosphäre nach wie vor bezaubert, finden sich immer noch Bücher, die von dem mittlerweile meistübersetzten deutschsprachigen Schriftsteller mit einer Inventarnummer versehen ins Regal geräumt wurden. In Teilen des Antiquariats ist seit 2013 ein Hesse-Kabinett eingerichtet. Mehr auf S. 265.

Am Ende des Holzmarktes geht es links die Neue Straße **18** hinunter. Die Häuser sehen anders aus als die der übrigen Altstadt, handelt es sich hier doch um eine Art „Neubaugebiet": Im September des Jahres 1789 brannte dieser Teil der Stadt ab. Der Hofbaumeister des Herzogs Karl Eugen, Johann Adam Groß, wurde mit dem Wiederaufbau des Stadtviertels beauftragt. Er teilte das gesamte Brandgebiet völlig neu auf, ließ schnurgerade Straßen anlegen und regelte das Aussehen der Häuser bis ins kleinste Detail: Es entstand so ein in sich geschlossenes frühklassizistisches Stadtquartier.

19 Der Bebenhäuser Pfleghof

Das einzige Gebäude im Viertel, das den Brand überlebte, war der Bebenhäuser Pfleghof, auf den wir jetzt zugehen. Die schöne Schaufassade mit der Schutzpatronin des Klosters, der Jungfrau Maria, die gelassen über die Stadt hinwegblickt, und die mit reichem Maßwerk geschmückten Kapellenfenstern repäsentieren den Reichtum und die Macht des Klosters. Das Zisterzienserkloster in Bebenhausen verfügte im Mittelalter über einen riesigen Grundbesitz. Fast alle Weinberge, Weide- und Ackerflächen im Umland waren in klostereigenem Besitz und wurden verpachtet. Die fälligen Steuern und Abgaben zahlten die Pächter meist in Naturalien. All diese Agrarprodukte wurden auf dem Pfleghof gelagert, verwaltet und vermarktet. In der großen Halle im Erdgeschoss, die wir sehen, wenn wir in den Innenhof hineingehen, stand auch ein Kelterbaum. Alle Weingärtner, die die klostereigenen Weinberge bewirtschafteten, waren verpflichtet, ihre Trauben dort zu keltern. Es gibt in Tübingen noch drei weitere Pfleghöfe: In der Münzgasse bewirtschaftete das Kloster Blaubeuren, dessen Abt Heinrich Fabri als päpstlicher Legat mit der Gründung der Tübinger Universität befasst war, einen Pfleghof, der 1505 in ein ehemaliges Augustinerinnenkloster in der Hafengasse umzog. Ein weiterer Pfleghof befand sich in der Kirchgasse und gehörte dem Zisterzienserinnenkloster Gutenzell, das als Reichsabtei mit Sitz und Stimme auf dem Reichstag vertreten war. Aber keiner dieser Pfleghöfe war so großzügig dimensioniert wie der in Bebenhausen.

Der Bebenhäuser Pfleghof

 Karte auf Seite 53

20 Am Lustnauer Tor

Wir gehen natürlich nicht, ohne vorher einen Blick in den Hof des Pfleghofs zu werfen, in dem heute das Musikwissenschaftliche Institut, die Polizeiwache und ein Studentenwohnheim untergebracht sind, durch die Pfleghofstraße hindurch und achten auf die bizarren Winkel, die die Häuser Ecke Pfleghofstraße-Hafengasse einnehmen mussten, um dem rechtwinkligen Straßenideal des Landesbaumeisters Johann Adam Groß entsprechen zu können. Die Straßenkreuzung, die wir erreichen, heißt Am Lustnauer Tor. Hier stand bis zu Beginn des 19. Jahrhunderts eines der fünf Stadttore. Wir verlassen also die eigentliche Altstadt und begeben uns auf die Wilhelmstraße Richtung Uni, auch „akademische Rennstrecke“ oder „Grußmeile“ genannt.

Wenn wir auf der rechten Straßenseite sind, kommen wir an der Buchhandlung Osiander vorbei, die 1596 gegründet wurde und damit eine der ältesten Buchhandlungen Deutschlands ist. Bis in die 1970er-Jahre wurden hier nur wissenschaftliche Bücher verkauft, dann begann man auch das allgemeine Sortiment zu pflegen. Mit mittlerweile 30 Filialen in Süddeutschland ist Osiander das zweitgrößte familiengeführte Buchhandelsunternehmen in Deutschland.

21 Die Neue Aula

Auf der linken Straßenseite befindet sich mit der Neuen Aula das 1845 eingeweihte Zentrum eines neuen, außerhalb der Stadt liegenden Universitätsviertels. Der dreigeschossige klassizistische „Prachtbau“ von Baumeister Georg Gottlieb Barth besteht aus unverputzten Sandsteinblöcken. Vor dem Haupteingang an der vollständig symmetrisch angelegten Frontseite rahmen zwei Brunnen ein Pflastermosaik ein, das die Palme aus dem Tübinger Universitätswappen zeigt. Graf Eberhard im Barte war nach Jerusalem gepilgert und trug seitdem nicht nur den für einen Adligen damals untypischen Vollbart, der ihm seinen Beinamen einbrachte, sondern führte auch eine Palme in seinem Wappen. 1977 schuf der Bildhauer HAP Grieshaber in Anlehnung an dieses Palmenwappen eines, das seitdem das „Logo“ der Universi-

Die Neue Aula

tät ist. Oberhalb der zweiten Etage kann man in großen goldenen Buchstaben das Motto der Universität lesen: "Attempto!" - „Ich wage es!"

Heute befinden sich in der Neuen Aula die juristische Fakultät, der Festsaal, große Hörsäle und die Universitätsleitung – die Zimmer von Kanzler und Rektor, der Große und der Kleine Senat.

Clubhaus und Mensa

Zwischen den anderen spätklassizistischen Gebäuden in der Wilhelmstraße, die diese zu Tübingens nobelstem Straßenzug machten, nimmt sich der rote Backsteinbau gegenüber der Neuen Aula ungewöhnlich aus. Es handelt sich um das Clubhaus, das in den 1950er-Jahren als Verkörperung einer fortschrittlichen Moderne gebaut wurde. Ein Bruch mit den veralteten Traditionen der Studentenverbindungen und deren exklusivem Korpsgeist und neuer Mut zur Offenheit sollten die Atmosphäre des Hauses prägen, das von den Architekten Rolf Gutbrod und Bernhard Binder errichtet wurde. Auch wenn es etwas in die Jahre gekommen ist und mittlerweile deutliche Gebrauchsspuren aufweist, dient es nach wie vor dem kulturellen und sozialen studentischen Leben. Es gibt eine Cafeteria und vom Treffen eines politischen Arbeitskreises bis zur rauschenden Party findet hier alles Mögliche statt.

Ebenso betont fortschrittlich ist die Mensa mit den großen Glasfronten, die 1965 Paul Baumgarten als einer der wenigen kompromisslosen modernen Bauten der Nachkriegszeit errichtete. In einer Zeit, als die meisten Studierenden noch in winzigen und oft dunklen Zimmern zur Untermiete „hausten", war diese weite, lichtdurchflutete Halle wirklich etwas Besonderes, heute ist sie ein Stück lebendige Architekturgeschichte. In den nächsten Jahren soll der sogenannte Zentralcampus der Universität in der Wilhelmsvorstadt neu geordnet werden. Im Rahmen dieser städtebaulichen Entwicklungsmaßnahme wird, so sehen es zumindest die gegenwärtigen Pläne vor, eine neue Mensa in der Sigwartstraße gebaut und die Baumgarten-Mensa umgewidmet. Im Gespräch ist die Nutzung durch die juristische Fakultät.

22 Die Universitätsbibliothek

Der Mensa gegenüber befindet sich die Universitätsbibliothek mit all ihren Erweiterungsbauten. Den ältesten errichtete noch vor dem Ersten Weltkrieg der Architekt Paul Bonatz, das Hauptgebäude kam 1963 hinzu. Auch das genügte den immer weiter steigenden Anforderungen bald nicht mehr, immerhin verfügt die Universitätsbibliothek über mehr als 3,5 Mio. Medien, die verliehen und verwaltet werden wollen. Im Jahre 2002 wurde ein weiterer Erweiterungsbau bezogen. Dieser rote Klinkerbau jenseits der Ammer ist ein ästhetisch ansprechendes Gebäude geworden, das man über einen freitragenden Glasgang vom Hauptgebäude aus erreicht. Im Jahr 2011 wurde auch das Hauptgebäude gründlich renoviert und bietet seitdem mit einer Cafeteria und vielen Arbeits-

Historischer Lesesaal

räumen für Gruppen und Individualisten, Laut- und Leiselernern jetzt viel Aufenthaltsqualität.

Glanzstück aus vergangenen Zeiten ist der Historische Lesesaal mit seiner ehrwürdigen Eichenholzvertäfelung und einem halbrunden Wandgemälde, auf dem in wunderschöner Jugendstilmanier Odysseus die Schatten der Unterwelt begrüßt: „Und aus dem Erebos stiegen herauf die Seelen der abgeschiedenen Toten“. Hier herrscht richtige Bibliotheksstille, die nur vom Rascheln der Seiten unterbrochen wird. Wer wirklich ungestört arbeiten oder lesen will, die nicht gerade ergonomischen grünen Polstersessel mit den viel zu hohen Tischen erträgt und keine Wasserflasche auf dem Schreibtisch braucht, kann hier Augenblicke inspirierender Bibliotheksglückseligkeit genießen.

 Map see page 53

Upper town

The foundation of the university made the Upper Town the "Academic District" of the town, being home to the oldest institutional buildings and some fine houses. The tour will take you through the section of the old town along the banks of the Neckar and into Wilhelmstrasse, the university district of the 19th and 20th Centuries.

1 Market Square

There are many highly decorated mid-16th Century houses around the Market Square. The town hall was built in 1435 and redesigned several times. The astronomical clock has shown signs of the zodiac and eclipses of the sun and moon since 1511. The paintings on the facade were completed in 1876 and are a fine example of the art of the German Empire which harked back to days of yore. The central figure is Count Eberhard im Bart who founded the university of Tübingen in 1477.

By 2015, the City Hall will have have been fully renovated, both within and without, in order to bring together the charm of the civic pride of yesteryear and the requirements of a modern administrative building.

The figure of Neptune on the Market Fountain is a replica of the original sculpture, dating back to the 17th Century. It was made in 1948 from the remains of weapons in a project instigated by the Lord Mayor of Tübingen and the Head of the French occupying force.

5 Castle

The lower gateway to the castle, erected in 1604, looks like a Roman triumphal arch and demonstrates political power and fighting strength in a impressive way.

Hohentübingen castle is a symmetrical, four-sided complex dating back to the 16th Century and was primarily a military facility. The military occupation of the castle ended in 1710 and the buildings were given to the university a few years later. Firstly, the astronomical and chemical institutes were housed here, whilst today various institutes for cultural sciences are locates here.

From the North Bastion, you get a fine view of the Lower Town with St. James' Church, the hospital and the former ducal grainstore, and of the northern part of the town with its clinics, which sprung up there from the end of the 19th Century onwards. There are also wine terraces to be seen on the western edge of the town.

9 Münzgasse

Münzgasse connects the Protestant canonry with the Collegiate Church and was, up to the beginning of the 19th Century, the real university quarter: The professors lived here and most of the institutes were locates here. In the medieval era, the mint (or Münze) of the Tübingen Counts Palatinate was located in the vicinity of Münzgasse 6. The so-called "Tübingen Penny" which was minted here played a decisive role in the formation of a market and thus to the urbanisation of Tübingen.

10 Protestant Canonry

An Augustinian friary was erected on the edge of the town in 1264 and, after the Reformation of 1536, it became a training college for Protestant canons. The courtyard of the college, the former monastic cloister, is one of the most attractive places in Tübingen. It is magical and exudes a truly unique atmosphere.

11 Bourse

This imposing pink building was the first edifice of the newly-founded university. From 1482 onwards, the students of the so-called Faculty of Arts learned the "septem artes liberales", a mixture of mathematics and philosophy. Most of the students received a scholarship. The Latin word for this is "bursa", which gave the building the name. When the building was altered in 1804, the late-Medieval building was converted to the Classical style and was home to the first university clinic. This had over 80 beds, but no operating theatre! The Faculties of Philosophy and the History of Art have been housed here since the 1970s, meaning that the building has been the home of teaching and research for over 500 years.

12 Hölderlin Tower

The Hölderlin Tower on the banks of the River Neckar is surely the most well-known building in the town. The poet Friedrich Hölderlin, whose works are undoubtedly amongst the high points of German literature, lived here between 1806 and his death in 1843. He suffered from severe mental illness for this entire time. As a figurehead for a university town could scarcely be better than a mad yet brilliant poet, the house with the tower, seemingly a prison and watchtower in one, has become a symbol of Tübingen's spirit.

13 Collegiate Church

The construction of the Collegiate Church was started in 1470. It replaced a smaller Romanesque church which had stood on the same site as the main parish church. It was consecrated to St. George but when, during the foundation of the university, the Sindelfingen Canonry College was moved to Tübingen, it was given the title of Collegiate Church. This late-Gothic church still contains a pre-Reformation rood screen, a chancel preventing laymen from entering the choir which was reserved for the priests and monks. After the Reformation, the choir became the mausoleum for the Counts and Dukes of Württemberg. The Tübingen rood screen was left intact, whilst many others in Württemberg were destroyed by protestant iconoclasts. Of particular note are the over 500 year-old windows in the choir, offering extraordinarily bright colours, and the altar triptych by Leonhard Schäufelin, a pupil of Albrecht Dürer.

14 Alte Aula

The Alte Aula was, until 1845, the main building of the university, containing important meeting rooms, the offices of the rector and chancellor, auditoriums, archives and the library. The house was renovates around 1777, giving it its early-Classical appearance with a modern mansard roof and columned balcony.

After comprehensive renovation work (2012), during which much of the old structure could be preserved, the Alte Aula is one of the most attractive university buildings of the town and, once again, can rightly call itself the "home" of the university. It is primarily used by the Institute of Education Science, whilst the "Saal der Feierlichkeiten" (Ceremonial Room) is used for academic ceremonies or conferences. These days, the building meets all the requirements placed on a modern (social) scientific institute, has disabled access, but still has not lost any of the charm of bygone days.

16 Cotta House

From 1787 onwards, Johann Friedrich Cotta ran one of the larger and most important publishing houses in Münzgasse 15. Cotta, who took over the family company which had been in existence since 1659, published not only countles German writers, in particular Goethe and Schiller, but also published the first national German daily newspaper and also invented the paperback book. The publisher was one of the most brilliant and innovative entrepreneurs of his time, dedicated himself to copyright law and press' freedom and, around 1800, his publishing house was a media centre of German thought.

Burse

17 Holzmarkt

This square has only been pedestrianised since 1976. The originally late-Gothic St. George's Fountain was reconstructed to mark the occasion. Hermann Hesse, the most famous German writer of the 20th Century, worked in the Buchhandlung Heckenhauer as a

 Map see page 53

trainee and assistant between 1895 and 1899. In the antiques' shop, which still exists, there is a museum to Hesse's years in Tübingen and the beginning of his career as an author.

18 Neue Straße

Much of this part of the town burned down in 1789 and was completely rebuilt with early-Classical buildings and straight roads.

19 Bebenhäuser Pfleghof

In the Middle Ages, this building belonged to the Cistercian monastery of Bebenhausen, located not far from the town. The monastery owned vast areas of land, which were rented out. The rental payments of tenants, given in kind, were collected and sold here. The tenants were also obliged to press their grapes in the hall on the ground floor. Today, the building is home to the Institute of Music, the police station and a student dormitory.

The refectory

20 Lustnau Gate

One of the five town gates stood here until the beginning of the 19th Century. All the town walls and gates were pulled down around this time, in order to allow the town to grow.

21 Neue Aula

Since 1845, the New Hall has been the centre of the new university district, locates outside the town centre. Today, it houses the Faculty of Law, the ballroom, large auditoriums and the university administration.

Clubhouse and Refectory

The red brick building opposite the New Hall was built in the 1950s specifically as a progressive, modern building. It belongs to the Student's Union and is used for cultural and social student activities. The refectory was built in 1965 and is one of the more uncompromising post-war buildings in Tübingen. Today, the vast, well-lit hall is almost a piece of architectural history.

22 University Library

The three library buildings, dating from 1912, 1963 and 2002, lend and manage more than 3.5 million items of media. The historic Reading Room is still particularly attractive, containing venerable oak panelling and an Art Deco wall painting.

La ville haute

Grâce à la fondation de l'université, la ville haute devenait le quartier universitaire de la ville avec les immeubles universitaires les plus anciens et des maisons élégantes de la haute bourgeoisie. La promenade vous conduira à travers la partie du centre ville historique située au bord du Neckar et la Wilhelmstraße, le quartier universitaire du 19ème et 20ème siècle.

1 La place du marché

Les maisons luxueuses sur la place du marché datent du milieu du 16ème siècle. L'hôtel de ville a été construit en 1435 et modifié plusieurs fois. L'horloge astronomique indique depuis 1511 les signes du zodiaque ainsi que les éclipses du soleil et de la lune. La peinture de la façade date de 1876. Elle est un bon exemple de l'historicisme, le style architectural favori de l'Empire allemand. Le personnage central représente le duc Eberhard I qui a fondé l'université en 1477.

Le Neptune sur la fontaine de la place du marché est une réplique de la sculpture originale du 17ème siècle. Elle a été fabriquée à l'initiative du maire de Tübingen et du commandant en chef de l'occupant français à partir du métal d'armes de la Seconde Guerre mondiale.

5 Le château

Le portail inférieur du château ressemble à un arc de triomphe romain et il est un symbole fort du pouvoir politique et militaire. Le château de Hohentübingen est un édifice qui comporte quatre ailes datant du 16ème siècle. Il servait surtout à des fins militaires. En 1710, la force occupante quitta le château qui fut attribué à l'université. Il a d'abord abrité les instituts d'astronomie et de chimie, aujourd'hui il accueille plusieurs instituts des sciences culturelles.

Du bastion nord on jouit d'une vue magnifique sur la ville basse avec l'église Saint Jacques, L'Hôpital et la Grange ducale ainsi que sur le nord de la ville avec les centres universitaires hospitaliers qu'on a construits à partir du 19ème siècle. A la périphérie de la ville, à l'ouest, on peut encore apercevoir quelques terrasses de vignobles.

9 Münzgasse

La Münzgasse relie le Séminaire de Théologie Protestante à l'Eglise Collégiale. Cette rue était jusqu'au 19ème siècle le quartier universitaire: Ici résidaient la plupart des professeurs et ici se trouvaient presque tous les instituts. Au numéro 6 de la Münzgasse, on battait monnaie au Moyen-Age, un privilège que les comtes palatins de Tübingen avaient obtenu de l'empereur allemand. Le „Tübinger Pfennig" a fortement contribué à l'émergence d'un marché et ainsi au développement de la ville de Tübingen.

10 Le Séminaire de Théologie protestante

En 1264, on a construit à la périphérie de la ville un monastère des moines augustins qui

La place du marché

Hölderlinturm

fut transformé après la réforme en 1535 en centre de formation pour des futurs pasteurs protestants. La cour intérieure du Séminaire, l'ancien cloître, est un des plus beaux lieux de Tübingen, un endroit vraiment magiqe avec une atmosphère très poétique.

11 La Bourse

Cet édifice impressionant situé au bord du Neckar fut le premier bâtiment construit pour la nouvelle université. A partir de 1482, les étudiants apprenaient à la Faculté des Arts les soi-disant sept arts libéraux, un mélange de mathématique et de philosophie. La plupart des étudiants obtenait une bourse d'études, pour cette raison on appelle le bâtiment aujourd'hui encore la Bourse. En 1804, des travaux de rénovation ont transformé la maison médiévale en un édifice de style néo-classique où l'on a installé le premier centre universitaire hospitalier, avec plus de 80 lits mais sans salle d'opération. Depuis les années 70, le bâtiment abrite les facultés de philosophie et d'histoire de l'art, depuis plus que 500 ans, il a donc été voué sans interruption à l'enseignement et la recherche.

12 Hölderlinturm

La petite tour au bord du Neckar est sans aucun doute le bâtiment le plus connu de la ville. Ici vécut le poète Frédéric Hölderlin, dont l'œuvre est un des sommets de la littérature allemande, depuis 1806 jusqu'à sa mort en 1843. Il souffrait d'une maladie mentale dont il ne se remit jamais. La tour, prison et mirador à la fois, le refuge du poéte fou, mais génial, est devenu un symbole de l'état d'esprit de cette ville.

13 L'Eglise Collégiale

En 1470, on détruisit la petite église romane qui se trouvait à cet endroit pour construire une église plus grande et plus représentative, adaptée aux besoins besoins de la nouvelle université. Elle était dédiée à Saint Georges. Au cours de la fondation de l'université, un Collège de chanoines fut transféré de Sindelfingen à Tübingen et depuis on l'appelle Eglise Collégiale. Dans l'église de style gothique flamboyant se trouve toujours un jubé datant de la Préréforme, qui refusait aux laïques d'entrer dans le chœur, celui-ci étant réservé aux prêtres et aux moines. Après la Réforme, le duc Ulrich installa dans le chœur la sépulture des comtes et des ducs du Wurtemberg et transforma ainsi le lieu de culte en espace de représentation seigneuriale. C'est pourquoi le jubé a été préservé alors que dans toutes les autres églises du Wurtemberg les jubés furent détruits par les iconoclastes. Regardez aussi les vitraux magnifiques du chœur avec leurs couleurs d'une brillance éclatante et le triptyque de l'autel, une œuvre de Leonhard Schäufelein qui travaillait dans l'atelier d'Albrecht Dürer.

14 Les Anciennes Facultés

Jusqu'en 1845 les Anciennes Facultés constituaient le bâtiment principal de l'université avec toutes les salles de séance importantes, les bureaux du chancellier et du recteur, les salles de conférence, les archives et la bibliothèque. Autour de 1777, la maison fut renovée dans le style néo-classique avec son toit mansardé et son balcon sur piliers.

Aprés une rénovation importante en 2012 qui savait garder la plus grande partie des constructions anciennes, les Anciennes Facultés sont redevenues un des plus beaux bâtiments universitaires de la ville qui porte bien son nom de maison mère de l'université. La maison sert surtout à l'institut de pédagogie, l'ancienne salle des fêtes est devenue un lieu représentatif pour des fêtes académiques et pour des congrès. Elle satisfait à tous les exigences d'un institut de sciences humaines, elle est adapté aux besoins des handicapés et sans barrières, mais elle n'a pas perdu de son charme d'antan.

16 La Maison Cotta

En face de l'Eglise Collégiale Jean Frédéric Cotta a dirigé l'une des plus grandes et des plus importantes maisons d'édition européennes. Cotta, qui avait repris l'entreprise familiale fondée en 1659, n'édita pas seulement de nombreux écrivains allemands célèbres, surtout Goethe et Schiller. Il publia aussi le premier journal national d'Allemagne et inventa le livre de poche. L'éditeur, qu'on surnomma le „Napoléon des libraires" fut un des entrepreneurs les plus brillants et innovateurs de son époque. Il s'engagea pour les droits d'auteur et pour la liberté de la presse, sa maison d'édition fut un centre intellectuel allemand autour de 1800.

17 Le marché au bois

C'est seulement à partir de 1976 que cet endroit est devenu une zone piétonne. La fontaine d'origine, de style gothique, avec la sculpture de Saint Georges tuant le dragon, a été reconstruite à cette occasion. Hermann Hesse, l'écrivain allemand du 20ème siècle le plus connu à l'étranger, travailla dans la librairie Heckenhauer comme apprenti. À l'antiquariat toujours existant se trouve un petit musée qui rappelle ses années passées à Tübingen et le debut de sa carrière d'écrivain.

18 Neue Straße

A partir de 1789, après une incendie dévastateur, dans cette partie du centre ville, les maisons furent reconstruites dans un style néo-classique et le plan des rues rectilingues a une forme d'échiquier.

19 Bebenhäuser Pfleghof

Ce bâtiment administratif était la dépendance d'un monastère cistercien qui possedait des terres à Tübingen. On y stockait des produits agricoles, dans le hall au rez-de-chaussée, il y avait un pressoir à vin. Aujourd'hui le bâtiment abrite la faculté de musicologie, la police et une cité universitaire.

20 Lustnauer Tor

Jusqu'au debut du 19ème siècle se trouvait ici l'un des cinq portes de la ville. A cette époque, tous les remparts et toutes les portes de la ville furent démolis pour que la ville puisse s'agrandir.

21 Les Nouvelles Facultés – Neue Aula

C'est le centre d'un nouveau quartier universitaire en dehors des anciens remparts de la ville inauguré en 1845. Aujourd'hui on y trouve la Faculté de Droit, la salle des fêtes, des grandes salles de conférence et la direction de l'université.

Clubhaus et restaurant universitaire

Dans les années 50 du 20ème siècle fut construit la maison en briques rouges en face de la „Neue Aula" comme bâtiment ostensiblement moderne et progressiste. Le Clubhaus appartient à la „CROUSS" et abrite maintes associations sociales et culturelles qui touchent la vie estudiantine. Le restaurant universitaire fut bâti en 1965 et passe pour un des très rares bâtiments vraiment modernes de l'après-guerre. Aujourd'hui ce hall spacieux et lumineux a marqué l'histoire architecturale de la ville.

22 La bibliothèque universitaire

Les trois bibliothèques de 1912, 1963 et 2002 gèrent plus de 3,7 millions de médias. Vous y trouverez une salle de lecture historique avec des étagères en chêne sculpté et une peinture murale de style Art Nouveau.

WEINHAUS
SCHMID

Unterwegs in der Unterstadt

Unterwegs in der Unterstadt

In der Unterstadt, in den schmalen und verwinkelten Gassen rund um die Jakobuskirche und entlang des Ammerkanals, wohnten früher vor allem die Handwerker und Weingärtner. Heute leben alteingesessene Tübinger hier ebenso wie „Reig'schmeckte", vor allem junge Familien, die die idyllische Atmosphäre und die kurzen Wege zu schätzen wissen. Bummeln Sie durch die „Untere Stadt" und entdecken Sie verträumte Winkel und Plätze voll umtriebiger Geschäftigkeit.

1 „Tübinger Rebmännle"

Wir beginnen unseren Rundgang auf dem Marktplatz 1 vor dem Rathaus 2. An der Südostecke am ersten Obergeschoss des Rathauses hängt eine kleine Skulptur, die das „Tübinger Rebmännle" genannt wird, obwohl es sich zweifellos um eine Person weiblichen Geschlechts handelt: eine Bacchantin, eine Anhängerin des Weingottes Bacchus. Sie wurde um 1600 dort angebracht und soll die Bedeutung des Weinbaus für Tübingen unterstreichen. Die Figur tanzt auf einer schönen vollen Traube, um ihren unbekleideten Körper ist eine Girlande aus Weinblättern geschlungen und auch der Umhang, den sie hinter sich zu werfen scheint, erinnert an ein Weinblatt. Die Plastik sagt einiges über das Kunstverständnis der Frühen Neuzeit aus: Nach den Heiligenfiguren des Mittelalters mit ihren ruhigen, selbst im Schmerz noch gelassenen Gesichtszügen und ihren langen Gewändern mit den schweren Falten, bot das in der Renaissance neu entdeckte Personal der antiken Götterwelt den Malern und Bildhauern völlig neue Möglichkeiten des künstlerischen Ausdrucks. Die Figuren brauchten nicht mehr unbedingt schön zu sein, ihnen durfte man ansehen, dass ein Mensch aus Fleisch und Blut zumindest als Inspiration, wenn nicht sogar als Modell gedient hatte. Auf einmal

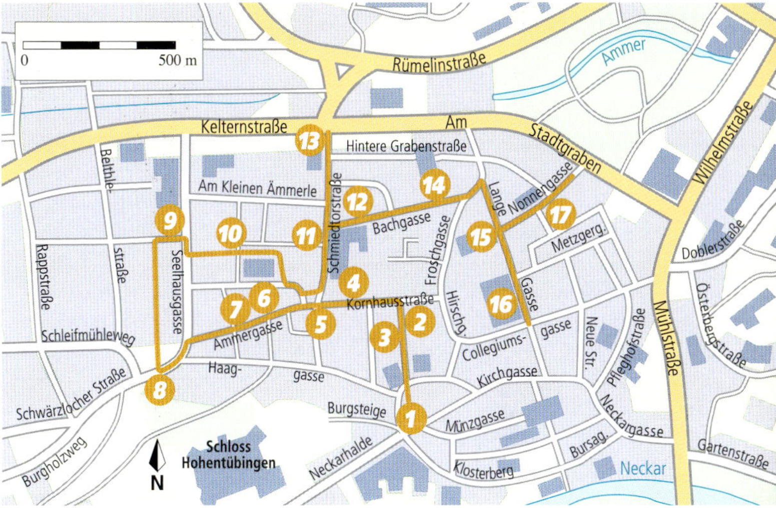

war es möglich, Muskelprotze wie den Neptun auf dem Marktbrunnen 3 darzustellen oder eben unsere Bacchantin: Mit ihren im Verhältnis zum Oberkörper etwas kurzen kräftigen Beinen, ihrem runden Bäuchlein und ihrem freundlich lachenden Gesicht, das aussieht, als hätte sie dem süßen Saft der Reben schon ausgiebig zugesprochen, wirkt sie ausgesprochen lebendig und individuell. Zudem ist sie nackt. Da die Gestalten der antiken Mythologie keine Christen waren, konnte man sich ihrer bedienen, um einen Akt in den öffentlichen Raum zu stellen, ohne die Gebote des Anstands und der Scham zu verletzen.

Dass unsere Bacchantin ausgerechnet an dieser Seite des Rathauses hängt, ist vermutlich kein Zufall. Auf diese Weise blickt sie direkt Richtung Münzgasse, wo sich das Universitätsviertel mit den Institutsgebäuden und den Professorenhäusern befand. Nichts gegen die Büchergelehrsamkeit der Studenten und Professoren – aber war man mit dem Weinbau nicht auf der besseren Seite?

2 Das Stadtmuseum

Wir gehen die Marktgasse hinunter und stehen vor dem Stadtmuseum 8. Das Kornhaus ist eines der ältesten Häuser der Stadt, es wurde 1453 erbaut. Die Jahreszahl mit der gotischen vier – einer halben acht – ist auf dem Balken im ersten Stock zwischen Langhaus und Querhaus noch ziemlich gut zu erkennen. Es gehörte (und gehört!) zu den wichtigsten Repräsentationsbauten der Tübinger Bürgerschaft. Ursprünglich war im Haus der Kornmarkt, noch im 19. Jahrhundert wurde der Getreidehandel hier abgewickelt. Die großen Fenster im Erdgeschoss waren Toreinfahrten für Ochsenkarren und Pferdefuhrwerke, sie lagen einander gegenüber, sodass die Wagen, ohne wenden zu müssen, hinein- und wieder hinausfahren konnten. In den Obergeschossen, von denen das zweite erst später aufgestockt wurde, wie man am Wechsel der Fachwerktechnik deutlich erkennen kann, waren Räume, die die Tübinger für Theateraufführungen oder private Feiern nutzten. Auch gab es eine sogenannte Bürgerstube, eine Art Club, in dem man gegen einen Mitgliedsbeitrag in einem halböffentlichen Rahmen ein Glas Wein trinken, Karten spielen und „klüngeln“ konnte, den Weinstuben der Zünfte nicht unähnlich. Eine Zeitlang hatte die Universität hier ihren Fechtboden. 1681 zog die Volksschule, im Gegensatz zur Lateinschule „deutsche Knabenschule“ genannt, hier ein. Bis zu Beginn des 19. Jahrhunderts sollten sich Schule und Kornmarkt das Gebäude teilen, dann zogen immer wieder andere Vereine, Behörden und Schulen hier ein.

Die Baugeschichte

In den 1980er-Jahren wurde das Haus renoviert und zum Stadtmuseum umgestaltet. Entstanden ist eines der spannendsten Häuser der Stadt. Im Gegensatz zum Schlossinnenhof 5 riskierte man ein Sanierungskonzept, das die alte Bausubstanz, Reparaturen und neu Hinzugefügtes deutlich erkennbar voneinander unterscheidet. Damit sollte nicht nur die Geschichte des Hauses mit seinen vielen Nutzungsänderungen widergespiegelt, sondern auch deutlich gemacht werden, dass das Haus selbst das wichtigste Exponat des Museums ist, zu dem es eingerichtet wurde. Außen ist dies zum Beispiel daran zu erkennen, dass die neu ausgefertigten Gefache nicht so verputzt wurden, dass man denken könnte, dahinter verberge sich noch die

Stadtmuseum und „Löwen"

alte Strohlehme. Deutlich sieht man das neue Mauerwerk. Noch radikaler wurde mit den Neubauteilen umgegangen. Im Mittelalter waren Holz und Strohlehme die üblichen Baustoffe, heute sind es Stahl und Beton. Es ist also nur konsequent und entspricht der Idee, Neues auch als solches erkennbar zu machen, wenn man es nicht historisierend mit mittlerweile unüblichen Materialien gestaltet, sondern eben mit Stahl und Beton. Ursprünglich war sogar vorgesehen, für die Fenster im ersten Obergeschoss ein gegen die Fachwerkstruktur setzendes Fensterformat mit einer Teilung aus Stahl zu entwickeln. Damit konnte der Architekt sich jedoch nicht durchsetzen. Der Gemeinderat plädierte für eine weniger innovative, gefälligere Lösung aus Holz und erlaubte nur ein Musterfenster.

Im Inneren des Stadtmuseums wurde mit derselben Konsequenz vorgegangen. Alle Rohre und

 Karte auf Seite 99

Leitungen sind sichtbar, der Fahrstuhl hängt in einem Schacht aus Sichtbeton, während daneben der unverputzte Mörtel zu sehen ist, den Boden bedeckt nackter Estrich und neben den Resten des alten Putzes wurden die Wände einfach da geweißt, wo der alte Farbauftrag nicht mehr erhalten werden konnte. Der Versuch, Gegenwart und Vergangenheit mit allen Spannungen und Brüchen gleichberechtigt nebeneinander zu stellen, ist hier wirklich gelungen. Das Haus ist nicht nur ästhetisch ansprechend, sondern schafft auch die Voraussetzungen für einen lebendigen und differenzierten Museumsbetrieb.

3 Der „Löwen"

In dem rosafarbenen Gebäude schräg gegenüber vom Stadtmuseum war früher das Gasthaus zum Löwen, das auch eine eigene Bierbrauerei hatte. An der Längsfront sieht man das Zunftzeichen der Bierbrauer, das einem Davidstern ähnelt, weswegen das Haus fälschlicherweise manchmal für eine Synagoge gehalten wird. Hier traf sich Ober- und Unterstadt: Verbindungsstudenten „tagten" hier ebenso gerne wie der „Weingärtner Liederkranz", ein Gesangsverein, der 1845 seine erste Probe abhielt und heute noch besteht. Viele Jahre war im „Löwen" ein Kino untergebracht, das sich mit dem verstaubten Charme alter Samtvorhänge und plüschiger Klappsessel gegen Multiplex und DVD tapfer zur Wehr setzte. Mittlerweile hat ein kommunales Wohnungsunternehmen den „Löwen" gekauft, der vom Kulturamt der Stadt verwaltet wird. Das Zimmertheater nutzt ihn für Aufführungen und als Probenbühne, außerdem finden hier regelmäßig Konzerte, Kabarettabende und andere Kleinkunstveranstaltungen statt.

4 Krumme Brücke – 5 Judengasse

Wir laufen weiter durch die Kornhausstraße und kommen an einen Platz, der Krumme Brücke genannt wird, weil die Straße, die den Ammerkanal überbrückt, nicht in gerader Richtung weiter geführt wird. Hier befindet sich die „Wette", die früher als Viehtränke und Wagenwaschanlage genutzt wurde. Links könnten wir in die Judengasse abbiegen: Im Mittelalter war hier das Wohngebiet der Juden, die 1477 im Zuge der Universitätsgründung aus der Stadt vertrieben wurden. Sie hatten sich dort vermutlich bereits im 13. Jahrhundert angesiedelt und waren auf Grund guter Handelsbeziehungen und ihres Kapitals ursprünglich auch durchaus willkommene Mitbewohner. Die relative Nähe zum Marktplatz und die Halbhanglage der Straße, die Regenwasser und Dreck schnell abfließen lässt, war für damalige Verhältnisse eine komfortable Wohnlage. Aber die jüdischen Bürger hatten auch immer wieder unter antisemitischen Verfolgungen zu leiden, wie zum Beispiel während der großen europäischen Pestepidemie 1348. Dass die Juden alle in einer Straße zusammen lebten, war keine Ghettosituation, sondern entsprach der Gewohnheit, mit der Angehörige eines Berufsstandes oder einer sozialen Schicht meist in derselben Straße wohnten. So wie es eine Metzgergasse gab, gab es eben auch eine Judengasse. Nach der Vertreibung im 15. Jahrhundert zogen die Juden in die Dörfer der Umgebung. Erst Mitte des 19. Jahrhunderts kamen wieder Juden nach Tübingen, 1888 wurde eine jüdische Gemeinde gegründet und in der Gartenstraße eine Synagoge gebaut. Die Machtergreifung Hitlers setzte der relativen Integration der Juden in Tübingen – der Rechtsanwalt Simon Hayum saß immerhin als liberaler Kommunalpolitiker im Tübinger Gemeinderat und Mitglieder der Familie Hirsch, die in der Kronengasse ein Herrenmodengeschäft betrieb, bekleideten immer wieder Ämter in verschiedenen Vereinen der Stadt – rasch ein Ende. 1937 lebten nur noch 25 Mitglieder der jüdischen Gemeinde in Tübingen, von denen elf in letzter Minute die Ausreise nach Amerika gelang. Die anderen 14 wurden nach Riga, Auschwitz oder Theresienstadt deportiert, nur zwei von ihnen überlebten den Holocaust.

Nachdem man 1998 bei Bauarbeiten in der Gartenstraße auf die Fundamente der Tübinger Synagoge gestoßen war, beschloss man, an dieser Stelle ein Denkmal zu errichten, das in angemessener Weise an die Tübinger Juden erinnern und ein deutliches Zeichen gegen das Vergessen setzen soll.

6 Die Ammergasse

Wir folgen jedoch der Verlängerung der Kornhausstraße und durchqueren die Ammergasse, eine der nettesten „Flaniermeilen" der Altstadt. Bis ins 19. Jahrhundert hinein hieß diese Straße Gerbergasse. Hier hatten die Gerber und Färber ihre Wohnungen und Werkstätten. Das war kein Zufall. Durch diese Straße fließt der Ammerkanal 7, eines der wichtigsten technischen Bauwerke Tübingens. Bereits 1175 war ein Vorläufer dieses Kanals angelegt worden. Nach einem großen Stadtbrand im Jahre 1280 nutzte man den Wiederaufbau auch für eine Erweiterung des Kanals, der nicht nur die wirtschaftlichen Vorteile eines Mühl- und Gewerbekanals hatte, sondern auch als Brandschutzmaßnahme diente. Während der wirtschaftlichen Glanzzeiten, die Tübingen im 15. und 16. Jahrhundert erlebte, baute man den Kanal nochmals aus. In dieser Zeit entstanden der Mühlgraben im Bereich der heutigen Mühlstraße und der Oberlauf, der vom Haagtor bis zur Domäne Ammern bei Unterjesingen reichte. Jetzt hatte der Kanal eine Gesamtlänge von 4.420 Metern, kein anderes Bauwerk war wichtiger für die wirtschaftliche Entwicklung der Stadt. Er diente in erster Linie als Kraftwerk, mit dem zahlreiche Mühlen angetrieben wurden, war Brauchwasserlieferant für viele Handwerksbetriebe und natürlich Abwasserkanal! Zu Beginn des 20. Jahrhunderts gab man die meisten gewerblichen Nutzungen an seinen Ufern auf. Bis in die

Gerstenmühlstraße

Seelhausgasse

1970er-Jahre überlegte man immer wieder, ob man ihn einfach zuschütten sollte, um ihn dann aber als Gestaltungselement in das Stadtbild zu integrieren. Seine Wassermenge ist seitdem auf ein Minimum reduziert.

Zurzeit plant man, ihn wieder ein wenig zu reaktivieren. Von den vielen Mühlrädern, die es früher am Kanal gab, existieren noch zwei in der Gerstenmühlstraße. Eines davon soll wieder in Betrieb genommen werden, um aus der Wasserkraft Strom zu gewinnen. Diese neue Kleinwasserkraftanlage soll nicht nur zehn Haushalte mit Strom versorgen, sondern auch ein Anschauungsobjekt sein, mit dem gezeigt werden kann, wie sich umweltfreundlich aus Wasserkraft Strom erzeugen lässt.

8 Der Haagtorplatz

Am Ende der Straße liegt der Haagtorplatz. Das Stadttor wurde wie die anderen im 19. Jahrhundert abgerissen, aber man kann noch gut einen Rest der alten Stadtmauer entdecken. Der Mauerverlauf ist auch teilweise als Parkplatzabgrenzung wieder rekonstruiert worden. Die Häuserzeile auf der rechten Seite sitzt auf der rechten Stadtmauer auf, Gaisturm und Zwinger verdeutlichen noch gut die alte Mauersituation und lassen erkennen, wie stark befestigt Tübingen einmal gewesen sein muss. Heute beherbergt dieser lange und schmale Platz zwischen den beiden Mauerteilen einen der schönsten Kinderspielplätze der Innenstadt, der vor allem an heißen Tagen wegen eines Wasserspielgerätes besonders beliebt ist. Hier entfaltet sich wieder einmal der Charme dieser Stadt, in der es gelingt, historische Bausubstanz und moderne Lebensbedürfnisse mit erfrischender Nonchalance zu verbinden.

Wir verlassen das „Zwingerle“ und biegen vor dem Haagtorplatz in die Seelhausgasse 9 ein. In dieser Straße war bis zum 19. Jahrhundert das Seelhaus, eine soziale Einrichtung, die bereits im Mittelalter fremde Bettler und Pilger aufnahm.

Wir gehen nach rechts durch ein Sträßchen mit dem kuriosen Namen „Mordiogässle“ Richtung Jakobuskirche. Hier war von 1610 bis ins 19. Jahrhundert eine Brauerei mit Bierausschank. Da die Unterstadtbewohner alle eigenen Most und Wein im Keller hatten, bestand die Kundschaft dieser Bierschwemme hauptsächlich aus Studenten, die nachts lautstark auf der Straße randalierten, also „Mordio“ machten.

Zwischen Mordiogässle und Salzstadel hat der Tübinger Bildhauer Ugge Bärtle 7 1961 ein Denkmal 10 zu Ehren der vielen Weingärtner geschaffen, die bis zum 19. Jahrhundert um die Jakobuskirche herum in der Unterstadt wohnten und diesem Teil der Stadt ein fast dörfliches Aussehen verliehen. Wein hatte als Grundnahrungsmittel und Wirtschaftsfaktor eine herausragende Bedeutung. Die Anfänge des gewerblichen Weinbaus und Weinhandels fallen noch in die Stauferzeit. In der zweiten Hälfte des 10. Jahrhunderts entwickelte man den Terrassenanbau, der die Landschaft um Tübingen noch heute prägt. Bereits 1388 wird ein Weinmarkt in Tübingen erwähnt.

Weinbau

Weinbau und Weinhandel lagen überwiegend in den Händen der Klöster, die vor allem im Spätmittelalter die größten Grundherrschaften besaßen. Dank ihrer Sachkenntnis und sorgfältigen Überwachung der Qualitätskriterien bei der Arbeit erreichte die mittelalterliche Produktion ein hohes Niveau. Die klösterlichen Grundherrschaften bewirtschafteten die Rebflächen zunächst im Eigenbau mit Knechten und Tagelöhnern oder vergaben die Weinberge als Lehen auf Lebenszeit. Später wurden die Flächen verpachtet und die Pächter mussten Abgaben auf den Ertrag leisten. Vor allem die Kleinpächter, von denen viele ehemalige Tagelöhner waren, wurden zum „typisch schwäbischen Weingärtner“. Im Dreißigjährigen Krieg wurden natürlich viele der bis dahin so sorgfältig gepflegten Rebflächen verwüstet und die durch den Krieg und seine Folgen dezimierte Bevölkerung brauchte lange, bis sich das Land einigermaßen erholt hatte. Vor allem im 18. Jahrhundert wurde auf die Quantität des angebauten Weines mehr Wert gelegt als auf die Qualität. Klimatische Veränderungen und ein Wandel der Trinkgewohnheiten lassen den Tübinger Wein mehr und mehr in

Wengerter von Ugge Bärtle

Verruf geraten. Ein „Semsakrebsler“ sei er, also ein Wein, der im Schatten an der Hauswand emporwächst und so sauer ist, dass er Löcher in den Magen brennt. Der Weinbau verlor seine überregionale Bedeutung und die Weingärtner in Tübingen hatten größte Schwierigkeiten, über die Runden zu kommen. Die Arbeit war schwer und brachte wenig ein. Der ruppige und unfreundliche, wenngleich schlagfertige und witzige „Gôg“ wird zur Symbolfigur des harten Lebens in der unteren Stadt. Mittlerweile gibt es in Tübingen wieder eine ganze Reihe Weingärtner, die Wein anbauen, der wirklich besser ist als sein Ruf. Ausprobieren lohnt sich!

 Karte auf Seite 99

11 Die Jakobuskirche

Die Jakobuskirche ist die älteste erhaltene Kirche Tübingens, einige Bauelemente gehen auf die Zeit um 1200 zurück. Ursprünglich hatte man sie vor den Toren der Stadt errichtet, erst nach 1280 wurde das Gebiet in den erweiterten Mauerring einbezogen. Die Einrichtung des Jakobuspatroziniums steht im Zusammenhang mit dem Aufblühen der Pilgerreisen nach Santiago de Compostela. Nach der Schlacht bei Akkon 1291 war den Christen der Weg nach Jerusalem, das sich jetzt in muslimischer Hand befand, endgültig versperrt. Es galt, einen Wallfahrtsort zu finden, der ebenso spektakulär war wie Jerusalem, die Stadt, in der sich das Evangelium vollendet. Am besten geeignet war dafür Santiago de Compostela im äußersten Westen Spaniens. Dass hier die sterblichen Überreste des Apostels Jakobus bestattet waren, spielte vermutlich eine untergeordnete Rolle: In der mittelalterlichen Geografie lag hinter dem Horizont im Westen – nichts mehr. Hier war Finis terrae und man konnte nicht weiter gehen, als bis ans Ende der Welt. Santiago de Compostela avancierte damit zum beliebtesten Pilgerziel der Christenheit. Im Spätmittelalter gab es auch in Tübingen eine Jakobusbruderschaft und die durchreisenden Pilger konnten nur wenige Meter von der Jakobuskirche entfernt im Seelhaus Unterschlupf und eine Mahlzeit finden.

Um der Kirche im meterdicken Schlamm des Ammertals festen Halt zu geben, wurde sie auf 14 Meter langen Eichenpfählen gegründet. Diese Eichenpfähle sind, solange sie im Wasser stehen, hart wie Beton. Leider hat sich in den letzten Jahrzehnten, bedingt durch große Neubauten sowie sehr trockene Sommer, der Grundwasserpegel gesenkt und die Pfähle ragen jetzt etwa 20 Zentimeter aus dem Wasser heraus. Dadurch gelangt Sauerstoff an die Holzpfähle und die Festigkeit wird erheblich beeinträchtigt. Im Westgiebel der Kirche zeigen sich bereits deutliche Risse, deren Wachstum durch Messstreifen beobachtet wird.

Während der Frühjahrhochwasser stand die Kirche oft unter Wasser und so wurde sie um 1500 etwa 2,5 Meter hoch mit Erdreich aufgefüllt und auch die Umgebung entsprechend angehoben. Gleichzeitig riss man den romanischen Chor ab, die Kirche wurde nach Osten verlängert und ein neuer gotischer Chor angebaut.

All diese baulichen Veränderungen lassen sich gut erkennen: Im Wechsel der Quadertechnik etwa 50 Zentimeter über dem Scheitel der romanischen Rundbogenfenster an der Nordseite oder an der Baunaht an den westlichen Gewänden der Seitenportale. Außerdem finden sich zahlreiche romanische Spolien wie Rundbogennischen an der Chorbogenwand, Tierreliefs an den Wänden der Seitenschiffe oder ein Kruckenkreuz an der Ostwand des Chores.

Das Hähnchenwunder von Santo Domingo de la Calzada

An der Südseite findet man bei genauerem Hinsehen die Ritzzeichnung eines Hahns. Sie soll auf das Hähnchenwunder von Santo Domingo de la Calzada verweisen: Ein junger Mann, der zur besonderen Bedeutsamkeit der Geschichte natürlich aus Tübingen stammen muss, wurde auf seiner Pilgerreise nach Santiago zu Unrecht zum Tode verurteilt und gehängt. Glücklicherweise nahm der heilige Jakobus

Platz bei der Jakobuskirche

den Jüngling auf seine Schultern, sodass seine Angehörigen ihn nach drei Monaten wiederfinden und vom Galgen herunterholen konnten. Sie gingen mit ihm zum Bürgermeister der Stadt, um seine Rehabilitierung einzufordern. Dieser war gerade dabei, zwei gebratene Hühnchen zu verspeisen, tippte sich nach ihrem Bericht nur vielsagend an die Stirn und meinte, der junge Mann könne so wenig wieder lebendig werden wie das Federvieh auf seinem Teller, woraufhin dieses natürlich sofort mit den Flügeln schlug und laut gackernd davon flatterte. In Santo Domingo werden seitdem in der Kirche zwei Hühner in einem Käfig gehalten. Wieder in Tübingen, ritzte der junge Mann die Zeichnung in die Kirchenwand. Wem diese Geschichte zu fantastisch ist, der möge sich mit der prosaischeren Erklärung zufriedengeben, dass um die Jakobuskirche herum ein Markt war und die „Hühnerfrau" mit dieser Zeichnung ihren Stand markierte.

Sehr schön ist der gotische Chor mit seinem reichen Netzgewölbe und dem Fischblasenmaßwerk in den Fenstern. Die Fensterscheiben sind 1975 von der Vitralistin Gisela Dreher geschaffen worden. Konsequent nur in Grau- und Orangetönen gehalten, spielen zum Chor hin immer üppiger blühende Pfingstrosen auf das Pfingstwunder an.

Die Holzbalkendecke mit der Grisaillemalerei und die hellgrau verputzten Wände mit der künstlichen Quaderbemalung entsprechen weitgehend dem Renovierungszustand von 1624. Die flache Decke muss oft als Zeichen für die Armut der Bewohner der Unterstadt herhalten, aber man sollte nicht vergessen, dass auch die Stiftskirche 13 erst im 19. Jahrhundert ihre Gewölbedecke erhielt und die Jakobuskirche nur eine Filialkirche war – eine zweite Pfarrkirche hätten die wenigen Einwohner im 17. Jahrhundert gar nicht gebraucht.

Etwas Besonderes sind die drei Ornamentsteine an der Nordwand der Kirche. Sie wurden bei der Renovierung in den 1970er-Jahren, auf dem Kopf stehend eingemauert, unter dem Chor der Kirche gefunden, restauriert und in der zugemauerten Portalnische untergebracht. Die Kreise mit den erhobenen Armen sehen aus wie ein betender Mensch. Niemand weiß, wie alt die Steine tatsächlich sind, ob sie vielleicht sogar aus vorchristlichen Zeiten stammen, ob sie überhaupt zusammengehören.

Eine Paralleldarstellung ist in der gesamten christlichen Kunst unbekannt.

Wunderschön ist der Platz hinter der Jakobuskirche, der an schönen Sommertagen schon fast italienisches Flair aufweist. In den 1950er-Jahren fand hier der Saumarkt statt und an der Chorwand sieht man noch die Schleifspuren der frisch gewetzten Messer, die auf Markthandel und Handwerk hinweisen.

Die Jakobuskirche wird auch liebevoll die „Spittelkirch" genannt, weil sich das Spital, heute ein Alten- und Pflegeheim, das Bürgerheim, in unmittelbarer Nachbarschaft direkt an der Krummen Brücke befindet. Es wurde bereits 1283 urkundlich erwähnt, der Bau stammt aus dem Jahre 1530. Als ältestes Spital in Württemberg überhaupt hat es seine soziale Funktion bis auf den heutigen Tag weitgehend beibehalten und war immer entweder Altenheim, Armenhaus oder Waisenheim.

Die Kirche ist nicht immer geöffnet, aber es finden außer den Sonntagsgottesdiensten noch eine ganze Reihe weiterer Andachten und Veranstaltungen statt, zum Beispiel von Montag bis Freitag das Tagzeitengebet mittags von 12.15 bis 12.30 Uhr. Wer daran teilnimmt, hat eine gute Chance, diese Kirche nicht nur als Bauwerk, sondern auch als Ort spirituellen Lebens wahrzunehmen.

12 Der Fruchtkasten

Hinter dem Bürgerheim steht in der Schmiedtorstraße eines der ältesten und schönsten Fachwerkhäuser Tübingens. Es handelt sich um den ehemaligen herzoglichen Fruchtkasten, der um 1474 erbaut wurde. Der größte Teil des Gebäudes besteht aus Eichenholz, vermutlich musste man über 400 Bäume dafür fällen. Entstanden ist ein riesiges Haus mit sieben Stockwerken und einer sechs Meter hohen Halle im Erdgeschoss, in der früher vier Kelterbäume standen. Der Fruchtkasten diente der staatlichen Vorratshaltung von Naturalien, die hier natürlich in großer Menge gelagert werden konnten.

Der Fruchtkasten wurde im Gegensatz zu vielen anderen Fachwerkhäusern nie aufgestockt oder umgebaut, nur das Krüppelwalmdach zur Schmiedtorstraße ist später, etwa um 1800, entstanden. Er ist ein Paradebeispiel für mittelalterliche Fachwerkbauweise.

Bis 1909 blieb das Haus weitgehend im ursprünglichen Bauzustand. Dann wurde hier eine Schule eingerichtet und das Gebäude dementsprechend umgestaltet. In die Außenwände setzte man zusätzlich Fenster ein, die große Halle wurde durch einen Zwischenboden unterteilt. In den 1990er-Jahren zog die hier untergebrachte Albert-Schweitzer-Realschule in einen Neubau der Weststadt um. Auf diese Weise war es möglich, das Gebäude aufwändig und sorgfältig zu sanieren und den ursprünglichen Hallencharakter wieder freizulegen. Jetzt dient der herzogliche Fruchtkasten als Bürgeramt und beherbergt die Teile der Stadtverwaltung, die großen Publikumsverkehr haben, wie das Einwohnermeldeamt oder die Passstelle.

Das Bürgeramt im ehemaligen Fruchtkasten

Fachwerkbauweise

Fachwerk ist ein räumliches System und nicht nur eine Fassadendekoration. Im späten Mittelalter bevorzugte man die sogenannte Stockwerksbauweise, bei der jedes Geschoss eine in sich geschlossene Einheit bildet. Das war nicht nur besonders solide, sondern erlaubte auch, bauliche Veränderungen ohne allzu große Komplikationen durchzuführen. Beim spätmittelalterlichen oder alemannischen Fachwerk fällt besonders die weite Stellung der Pfosten auf. Sie erhalten durch die diagonalen Fuß- und Kopfbänder Standsicherheit. Diese werden mit den Pfosten verblattet und können deshalb sowohl auf Druck als auch auf Zug belastet werden. Auf den Pfosten liegt ein Balken auf, der Rähm genannt wird, weil er eine Art Rahmen für die gesamte Konstruktion bildet. Auf den Rähm kommen die Deckenbalken, die immer um etwa eine Balkenbreite auskragen. Auf die Deckenbalken baut man die Diele des nächsthöheren Stockwerks. Die Deckenbalken schließen vor allem aus statischen Gründen nicht mit dem Rähm ab. Außerdem war es so möglich, in den oberen Etagen etwas mehr Platz zu gewinnen und man hatte obendrein einen guten Fassadenschutz.
Diese Gebälkzone blieb meistens offen, wie es auch beim Fruchtkasten der Fall ist, manchmal wird sie zur besseren Wärmedämmung aber auch mit einem Hohlkehlgesims verblendet. Die Verbindung von Deckenbalken und Bundpfosten wird mit einer sogenannten Knagge verriegelt, damit der Deckenbalken sich nicht verschiebt. Diese Knagge erinnert entfernt an ein menschliches Profil. Die Kombination aus Pfosten und Bändern sieht aus wie ein Mensch, der die Arme in die Höhe reckt. Am Fruchtkasten überkreuzen sich Fuß- und Kopfbänder sogar, weswegen diese Bauform „Wilder Mann" genannt wird.

13 Die Tübinger Kelter

Am Ende der Schmiedtorstraße steht ein weiterer imposanter Fachwerkbau, der in der ersten Hälfte des 16. Jahrhunderts erbaut wurde. Ursprünglich war er das herrschaftliche Kornhaus, ab 1858 war hier die Kelter der Tübinger Weingärtnergenossenschaft, der ältesten Berufsgenossenschaft Deutschlands. Nachdem in den 80er-Jahren des 20. Jahrhunderts der Versuch missglückte, hier eine

 Karte auf Seite 99

Markthalle einzurichten, wurde das Haus sorgfältig renoviert. Dabei wurden die historische Bausubstanz und moderne Elemente so aufeinander abgestimmt, dass ein sehr stilvolles Ambiente entstand, das jetzt einem Restaurant und einer Bar eine ansprechende Atmosphäre verleiht.

14 „Am grünen Meer"

Wir bleiben in der Unterstadt und biegen in die Bachgasse mit ihren vielen kleinen Häusern ein. Hier floss bis Ende des 19. Jahrhunderts ein Seitenarm des Ammerkanals hindurch, der „Ämmerle" genannt wurde. Er diente nicht als Nutzgewässer, dafür war sein Gefälle zu niedrig, sondern der Straßenreinigung: Zunächst täglich, später nur noch ein- bis zweimal in der Woche, wurde der kleine Kanal geflutet, überschwemmte die Straßen und leitete den ganzen Schmutz durch einen kleinen Auslass in der Stadtmauer, der „Drecktörle" genannt wurde, in die Ammer weiter. Vor allem in der Bachgasse blieb das Wasser aber oft stehen, eutrophierte und bildete einen grünen Belag auf der Straße, weswegen dieser Teil der Unterstadt auch „Am grünen Meer" genannt wurde.

Von der Bachgasse gelangen wir zur Langen Gasse. Wir gehen rechts die Straße hinauf und stehen wenige Meter weiter vor dem neuesten Kirchenbau in der Tübinger Altstadt, der katholischen Kirche St. Johannes.

15 St. Johannes

Nach den Napoleonischen Kriegen wurde Württemberg Königreich, und es kamen viele Gebiete mit katholischen Einwohnern zum bis dahin protestantischen Württemberg. Das Religionsedikt von 1803 bescheinigte die Gleichberechtigung der Konfessionen, was die Gründung von katholischen Pfarreien in altwürttembergischen Gemeinden zur Folge hatte. 1807 feierte man den ersten katholischen Gottesdienst in der Jakobuskirche, in der die Gemeinde zunächst Gastrecht genoss. Dann wurde das alte Ballhaus des Collegium illustre zur Kirche umgebaut, die aber bald zu klein war. 1875 entstand unter der Leitung von Oberbaurat

St. Johannes

Joseph von Egle eine neue Kirche. Auch dieses Gotteshaus steht, wie die Jakobuskirche, wegen des schlammigen Untergrundes auf Pfählen. Es ist einer der wichtigsten neugotischen Bauten in Württemberg. Nachdem bereits zu Beginn des 19. Jahrhunderts ein regelrechter Mittelalter-Boom eine Hinwendung zur altdeutschen Kunst ausgelöst hatte, suchte man auch in der Architektur „Historisches" und „Poetisches". In Deutschland wurde die Gotik zur patriotischen Architektur schlechthin stilisiert und auch nachdem sich die Erkenntnis durchgesetzt hatte, dass die Gotik keineswegs deutschen Ursprungs sei, blieb sie zumindest als genuin „christlicher" Stil en vogue. An der gotischen Architektur bewunderte man das Naturhafte und verglich die gotische Kirche mit ihren vielen Säulen und Strebepfeilern mit einem Wald. Angeblich berührte sie das Gemüt auf besondere Weise, gab frommere Gedanken ein und lud zur Betrachtung des künftigen Lebens mehr ein als jeder andere Baustil es bisher vermocht hatte.

 Karte auf Seite 99

1959 beschloss man, die Kirche im Sinne der modernen Seelsorge zu renovieren. Helle Farben und höhere Chorfenster sollten vor allem die ursprüngliche Architektur wieder zur Geltung bringen. Die neuen Fenster des Ulmer Vitralisten Wilhelm Geyer zeigen wichtige Szenen der Heilsgeschichte und schaffen mit ihrer ungewöhnlichen Leuchtkraft eine anrührende Atmosphäre.

16 Collegium illustre – Wilhelmsstift

Oberhalb der Johanneskirche steht ein prunkvolles Renaissancegebäude, das sich inmitten der Straßenzüge voller Fachwerkhäuser ungewöhnlich ausnimmt. Es handelt sich um die bereits 1559 von Herzog Christoph gegründete, aber erst 1588 von Herzog Ludwig erbaute Ritterakademie, das Collegium illustre. Der vierflügelige Renaissancebau mit den zwei Rundtürmen war das weltliche Pendant zum Evangelischen Stift. Hier sollten Staats- und Verwaltungsbeamte ausgebildet werden. Das Gebäude entstand auf dem Areal des ehemaligen Franziskanerklosters in der damaligen Barfüßergasse. Bei der Grundsteinlegung wurde übrigens außer einer Kupferplatte mit Inschrift auch je ein Glas mit rotem und weißem Wein eingegraben, was die Bedeutung, die der Weinbau damals in Tübingen genoss, unterstreicht. Eigentlich sollte dieses Collegium jedermann frei stehen, aber schon bald nach der Eröffnung 1594 durch Herzog Friedrich wurde es zur Ritterakademie für den protestantischen Adel Europas. Hier lernte man Rechts-, Wirtschafts- und Kameralwissenschaften, moderne Fremdsprachen, um für die Kavalierstour durch Europa gerüstet zu sein und spielte Tennis.

Schon im 15. Jahrhundert spielte man das „jeu de paume“ - noch mit der Handfläche anstatt mit Schlägern - es war ein dem Adel vorbehaltenes Ballspiel, das vor allem vom französischen Königshof gefördert wurde. Im 16. und 17. Jahrhundert wurde das Tennisspiel, für das man jetzt Schläger benutzte, zur bevorzugten Freizeitbeschäftigung an englischen und französischen Höfen. Dass es in Tübingen gespielt wurde, spricht für die Weltläufigkeit der Einrichtung.

Ihre Blütezeit hatte die Ritterakademie zwischen 1594 und

1628, dann musste sie wegen des Dreißigjährigen Krieges geschlossen werden. Um 1600 beherbergte sie 11 Fürsten, 5 Grafen und 60 Herren von Adel, die natürlich einen ganzen Hofstaat von Dienern, Ritt- und Tanzmeistern, Privatlehrern und sonstigem Personal mitbrachten. Die Tübinger profitierten sehr von den adligen Herren, es entstanden teilweise ganz neue Gewerbe für Luxusgüter. Andererseits bedeutete das Collegium illustre für den Alltag in der Stadt wieder eine neue Gruppe mehr oder weniger arroganter junger Männer, die zu Pferde durch die Straßen preschten, zuviel tranken und die Mädchen belästigten.

1817 wurde die katholische Fakultät von Ellwangen nach Tübingen verlegt, seitdem dient das Wilhelmsstift als Ausbildungsstätte katholischer Theologen. Hier leben die Priesteramtskandidaten der Diözese Rottenburg-Stuttgart, außerdem können Studenten, Stipendiaten und Promovenden der Katholischen Fakultät als Langzeitgäste Unterkunft finden. Auch für Priester der Diözese ist das Wilhelmsstift ein geeigneter Ort des Rückzugs und der Inspiration.

Wilhelmsstift

Das Alte Schlachthaus

Gegenüber dem Wilhelmsstift führt eine schmale Passage zwischen den Häusern der Langen Gasse hindurch. Das Haus am Ammerkanal, in dem jetzt der Tübinger Künstlerbund eine Werkstatt für Drucktechniken und eine Galerie 9 betreibt, war im Mittelalter das Schlachthaus der genossenschaftlich organisierten Metzger. Das Gebäude aus dem 16. Jahrhundert hatte sogar einen eigenen Treppenabgang zum Ammerkanal, damit die Schlachtabfälle entsorgt werden konnten. Die an den Schlachthof anschließende Metzgergasse war die letzte Straße der Stadt. So mussten die Schlachtabfälle, die ja bekanntlich Ratten anziehen, die wiederum die Pest übertragen, nicht durch ganz Tübingen geführt werden.

17 Das Nonnenhaus

Auffällig ist das schön renovierte Nonnenhaus, nicht nur wegen seines über den Ammerkanal hinausragenden Aborterkers. Es wurde wie so viele repräsentative Häuser der Stadt in der zweiten Hälfte des 15. Jahrhunderts gebaut, als die Gründung der Universität in der zweiten Residenzstadt Württembergs einen regelrechten Bauboom auslöste. Lange Zeit hat man angenommen, dass das Haus einer Beginen-Sammlung zur Verfügung stand, einer religiösen Frauengemeinschaft, die keinem Orden angehörte. Beginen legten kein Gelübde ab und konnten die Sammlungen jederzeit wieder verlassen, lebten aber nach den evangelischen Räten. Die meisten Beginen-Sammlungen sicherten ihre wirtschaftliche Existenz durch handwerkliche Arbeit und karitative Tätigkeiten. Deshalb lebten sie auch nicht in Klausur. Bei der Renovierung des Hauses vor einigen Jahren stellte sich jedoch heraus, dass die frommen Frauen, die bis zur Reformation hier gelebt hatten, vermutlich doch Dominikanerinnen waren. Die Aufteilung des Hauses – im Erdgeschoss war ein großer, beheizbarer Raum, im ersten Stock ein langer Flur mit davon abgehenden schmalen Zimmern – und seine Lage lassen diesen Schluss zu. Die Stadtmauer, der Ammerkanal und die Mauer des Franziskanerklosters, das sich im Mittelalter dort befand, wo Ende des 16. Jahrhunderts das Collegium illustre gebaut wurde,

Nonnenhaus

schufen eine klare Abgrenzung zur Stadt, sodass von einem Klausurbereich gesprochen werden kann. Die Kapelle könnte sich im Haus nebenan befunden haben.

Die ersten Kürbisse und Kartoffeln in Europa

Nach der Reformation wurde das Haus dem Leiter der Medizinischen Fakultät, Dr. Leonhart Fuchs, als Dienstwohnung zur Verfügung gestellt. Fuchs schrieb Medizingeschichte, indem er den lange vernachlässigten Botanikunterricht für angehende Ärzte verbesserte. Nicht nur Bücherwissen sollten diese erwerben, sondern auch durch direkte Beobachtung und Analyse der Natur neue Erkenntnisse gewinnen. 1543 veröffentlichte Fuchs mit seinem „New Kreüterbuch“ einen nahezu vollständigen Überblick über die hier wachsen-

Ammerkanal

den Heilpflanzen. Die Holzschnitte, die die einzelnen Pflanzen abbilden, sind so perfekt, dass sie noch heute als Maßstab für eine gelungene botanische Buchillustration gelten. Um sein Haus herum hatte Fuchs seinen eigenen botanischen Garten angelegt, in dem er alle möglichen Heilpflanzen kultivierte. Auch ließ er sich von Missionaren und Forschungsreisenden den Samen von in Europa noch fremden Pflanzen mitbringen und experimentierte mit ihnen. So wuchsen in dem Garten am Ammerkanal, direkt neben dem Schlachthaus, zum ersten Mal in Europa Kürbisse und Kartoffeln.

Ein innovatives Sanierungskonzept

Vor einigen Jahren kaufte ein Ehepaar das Nonnenhaus und ließ es historiengetreu und aufwändig renovieren. Die bei der Sanierung zu Tage getretenen historischen Funde wie ein in Europa einmaliger Ziegelestrichboden oder einzelne Wandmalereien sind wieder sichtbar gemacht worden, die schmalen Treppen und verwinkelten Gänge wurden beibehalten. Den Eigentümern war es wichtig, den Charakter des Hauses zu erhalten und nicht einen Neubau mit historischer Hülle zu schaffen. Außerdem wurde bei der Renovierung sehr viel Wert auf altes Handwerk wie Lehmbauweise und historische Zimmermannstechniken gelegt, die obendrein den Vorteil haben, ökologisch besonders vertretbar zu sein und ein hervorragendes Raumklima zu schaffen. Gleichzeitig scheute man nicht vor den

Errungenschaften des 21. Jahrhunderts zurück und installierte einen Aufzug und ein modernes Heizungssystem sowie Badezimmer und Küchen, die auch heute gehobenen Ansprüchen genügen.

Handwerk und Gewerbe im Nonnenhaus

Um den wunderbaren Luxus perfekt zu machen, wurden die gewerblich genutzten Räume nicht an eine Optikerfiliale oder einen Handybetreiber vermietet: ein Geigenbauer, ein Buchhändler und eine Galerie für exklusives Kunsthandwerk haben in drei der acht Wohneinheiten Platz gefunden, die anderen werden als Mehrgenerationenhaus bewohnt. Vor dem Haus wurde in Erinnerung an Leonhart Fuchs ein Gärtchen angelegt, in dem ausschließlich das angepflanzt wird, was auch schon in dem Botanischen Garten der Frühen Neuzeit gewachsen ist.

Wie bei vielen anderen geschichtsträchtigen Gebäuden in der Altstadt gilt auch hier: Eine Stadt lebt nur, wenn man sie benutzt. Das erfordert ein hohes Maß an Sensibilität im Umgang mit der historischen Bausubstanz, aber auch eine gewisse Respektlosigkeit, ein „Anfassen ausdrücklich erlaubt". Das Beispiel macht mittlerweile Schule: In der Bachgasse 14 wurde ein Haus nach einem ähnlichen Konzept saniert, in der Haaggasse 5 hat jetzt eine Bauherrengemeinschaft ein großzügig dimensioniertes Professorenhaus aus dem 16. Jahrhundert erworben, aufwändig saniert und sieben barrierefrei erreichbare Eigentumswohnungen eingerichtet. Der Gewölbekeller soll als Veranstaltungsraum genutzt werden.

Dem Ammerkanal kann man jetzt noch ein Stück folgen, vorbei an italienischen Eisdielen und Cafés. Der kleine Platz mit einem Rest der alten Stadtmauer wird liebevoll „Affenfelsen" genannt – an schönen Sommertagen versteht jeder, warum. Ganz hinten findet sich eine witzige Skulptur: Der Fahrradkönig von der Tübinger Bildhauerin Suse Müller-Diefenbach. Kein leistungsbereiter Sportlertyp, sondern ein fröhlicher, charmanter Bummelant, der allen Bummelanten und Flaneuren ein guter Gesellschafter ist.

 Map see page 99

Lower town

The Lower Town, around St. James's Church and along the Ammer Canal, used to be the home of the craftsmen and winegrowers.

1 "Rebmännle"

The little sculpture on the south eastern corner of the town hall on the 1st floor shows a female drinker. It was put in place around 1600 and is intended to depict the significance of wine production for Tübingen.

2 Town museum

The former granary is one of the oldest buildings in the town an was built in 1453. Trading in grain still took place here in the 19th Century. The upper floors contained rooms which the citizens of Tübingen used for theatre performances, private parties and similar events. Various different schools were housed here between 1681 and the 20th Century. The building was turned into the town museum in the 1980s and renovated according to a plan, making a major distinction between old structures, repair work and new additions. The present and the past thus stand next to each other on equal terms.

3 "Löwen"

The pink building opposite the town museum used to be an inn and a brewery, in which fraternity students and choirs used to meet. Until a couple of years ago, there was a cinema here. Now the building is to serve as a cultural facility.

4 Krumme Brücke – 5 Judengasse

The Wette at Krumme Brücke was used for many purposes, animals drank from it and it was also a carriage washing facility .

In the Middle Ages, Judengasse was the home of the Jews of Tübingen, who had already settled here in the 13th Century and who were a welcome addition to the population, on account of their trading connections. They were banished from the town in 1477, because their presence was apparently not compatible with the new university. A new Jewish community was not set up in Tübingen until 1888 but then Hitler's rise to power meant that the relative integration of the Jews in Tübingen came to a rapid, radical end.

6 Ammergasse

Tanners and dyers had their houses and workshops along the Ammer Canal as late as the 19th Century. Traces of the Ammer Canal date back as far as 1175. The Ammer Canal supplied the town with water for industry, driving the mills and sweeping away the waste. During the renovation of the old town, the unused and hidden canal was integrated into the town as a idyllic design element.

8 Haagtorplatz

The Town Gate, which once stood here, was pulled down in the 19th Century. However, it is still possible to see the remains of the old town walls and the former keep is now a children playground.

The lanes between Haagtorplatz and St. James's Church pimarily used to be the home of the winegrowers. Even in the Middle Ages, wine had a key significance as a basic foodstuff and economic good. Originally, viticulture and the wine trade lay in the hands of the monasteries, who first worked the wine terraces themselves and then rented them out. These small-scale tenants became the typical Swabian winegrowers. For various reasons, the 19th Century saw viticulture tail off. The winegrowers of Tübingen experienced severe economical difficulties and the Lower Town became the home of the poor.

11 St. James's Church

St. James's Church is the oldest church in Tübingen, with parts of it dating back to around 1200. It is a stop on the route to Santiago de Compostela, and was founded on long oak poles to ensure that it remained stable in the metre-thick mud of the Ammer Valley. The church was extended eastwards around 1500 and a new Gothic choir was added. With its fan vaulting and herringbone tracery in the windows, the church ist quite beautiful.

Close to St. James's Church is the hospital, today a day care and old people's home. It was first mentioned officially in 1283 and

 Map see page 99

the building dates back to the year 1530. As the oldest hospital in Württemberg, it has managed to maintain its social function up to the present day.

12 Grainstore

The Citizen's Registration Office is located behind the almshouses in the former ducal grainstore, datin back to 1474. The huge half-timbered building with its seven storeys and a six metre-high hall on the ground floor was used for the storage of produce by the state. The grainstore, for which it is reckoned that over 400 oaks were used, is a perfect example for late-Medieval half-timbering.

13 Wine Press

This imposing half-timbered building was built in the first half of the 16th Century. The wine press of the Tübingen winegrowing co-operative, the first trade association in Germany, began business here in 1858. The building was carefully renovated a few years ago. Today, it is possible to dine in style here and enjoy wine and cocktails.

15 St. John's Church

After the Napoleonic Wars, Württemberg became a kingdom and was expanded to included areas with Catholic inhabitants. Thus Catholic parishes were founded in countless old Württemberg communities. The first Catholic service was celebrated in Tübingen in 1807 and the new church was built in 1875. It is one of the most important neo-Gothic buildings in Württemberg.

16 Collegium illustre

Today, trainee priests of the Diocese of Rottenburg-Stuttgart and the Faculty for Catholic Theology live and study at the Wilhelmstift, the former Collegium illustre. From 1588, state and administrative officials were trained in the impressive Renaissance building. At this "Knights' Academy" Europe's Protestant nobility was able to learn everything required for a career as a government official – from law to tennis.

Old Slaughterhouse 9

From the 16th Century onwards, butchers ran a communal slaughterhouse directly by the side of the

Ammer Canal. It had its own stairs to the Ammer Canal, allowing disposal of the waste.

17 Nonnenhaus

The beautiful building, with its noticable garderobe, was, like so many other fine houses in the town, built in the second half of the 15th century, when the foundation of the university triggered a boom in construction. Firstly, Dominican nuns lived in the building. Then, after the Reformation, it was made available to the medical professor Leonhard Fuchs. He cultivated many kinds of herbs in a botanical garden. He had researchers and missionaries collect seeds of plants as yet unknown in Europe and is likely to have been one of the first people in Europe to grow pumpkins and potatoes.

La ville basse

Dans la ville basse, autour de l'église Saint Jacques et le long du canal de l'Ammer, habitaient autrefois surtout des artisans et des vignerons.

1 L'Hôtel de ville

La petite sculpture à l'angle au sud-est du premier étage de l'hôtel de ville représente une bacchante. Elle y fut placée vers 1600 et souligne l'importance de la viticulture pour la ville de Tübingen.

2 Le musée de la ville

L'ancienne halle au grain est l'une des plus anciennes maisons de la ville; elle a été construite en 1453. Au 19ème siècle, on vendait et on achetait encore ici des céréales. Dans les étages supérieurs, il y avait des salles que les citoyens de Tübingen utilisaient pour des représentations théâtrales et des réceptions. De 1681 au 20ème siècle, ces salles ont abrité différentes écoles. Dans les années 80 du 20ème siècle, on a transformé la maison en musée. Le bâtiment a été restauré, mais on peut encore très bien distinguer les constructions anciennes des parties plus récentes. Le présent et le passé coexistent harmonieusement.

3 «Löwen»

Le bâtiment rose en face du musée de la ville était autrefois une brasserie et un restaurant ou se réunissaient les corporations étudiantes et les chorales. Puis, il „Löwen“ abritait un cinéma, maintenant il sert au Zimmertheater et d‘autres institutions culturelles comme salle de spectacle et scène de répétition.

4 Krumme Brücke – 5 Judengasse

Sur la petite place se trouve un bassin, l‘ancien abreuvoir de la ville basse.

Au Moyen Age, des Juifs vivaient dans la ruelle et l‘impasse s‘appelle donc la ruelle des Juifs „Judengasse“. Une communauté juive existait déjà au 13ème siècle. En raison de leurs contacts commerciaux, les Juifs étaient des habitants estimés. En 1477, ils furent chassés de la ville, parce qu‘on prétendait que la nouvelle université ne pouvait s‘accomoder de leur présence. Ce n‘est qu‘en 1888 qu‘une communauté juive s‘est reconstituée, mais la prise du pouvoir de Hitler a mis rapidement et radicalement fin à l‘intégration relative des Juifs à Tübingen.

6 Ammergasse

Le petit canal, qui part de la rivière Ammer, existait déjà en 1175. Au 19ème siècle, les tanneurs et les teinturiers avaient leurs ateliers directement au bord du canal. Celui-ci leur livrait l‘eau dont ils avaient besoin, faisait tourner des roues de moulins et servait de dépotoir. Dans le cadre de la rénovation urbaine, l‘ancien canal a été integré à un cadre vraiment idyllique.

7 Haagtorplatz

L‘ancienne porte de la ville fut démolie au 19ème siècle, mais des restes des vieux remparts subsistent. L‘ancien donjon sert aujourd‘hui comme terrain des jeux.

Les ruelles entre cette porte de la ville et l‘église Saint Jacques étaient le quartier des vignerons. Au Moyen Age, le vin jouait un rôle important dans l‘alimentation de base et c‘était un facteur économique considérable. A l‘origine, les monastères s‘occupaient de la viticulture et du commerce. Ils entretrenaient leurs vignobles eux-mêmes, puis ils les affermaient. Ces tenanciers sont devenus les vignerons typiques de

Canal Ammer

la région. Au 19ème siècle, la viticulture a été abandonnée pour des raisons diverses. Les vignerons de Tübingen ont rencontré de grandes difficultés économiques et la ville basse est devenue le quartier des pauvres.

11 L'Eglise Saint Jacques

L'église Saint Jacques est la plus vieille église de Tübingen, quelques éléments de la construction datent de 1200. Bien sûr, elle constitue une halte sur le chemin des pèlerins vers Saint Jacques de Compostelle en Espagne. Le fondement est fait de pilots de chêne comme ceux des maisons à Venise, parce que le sol est très instable. Vers 1500, on a agrandi l'église vers l'est et construit un nouveau chœur gothique. Il est d'une beauté extraordinaire avec sa voûte réticulée et ses memeaux gothiques en forme de bulles de poisson. A proximité de l'église Saint Jacques se trouve l'Hospice, aujourd'hui utilisé comme maison de retraite médicalisée. Elle a été mentionnée pour la première fois en 1283, le bâtiment date de 1530. C'est le plus ancien Hospice du Wurtemberg et il a conservé sa mission sociale jusqu'a aujourd'hui.

12 La Grange Ducale

Derrière l'hospice l'ancienne grange ducale accueille maintenant une partie de la mairie. Cette très grande maison à colombages a sept étages et une halle d'une hauteur de six mètres servait comme entrepôt pour des produits agricoles. On y stockait la dîme dû au duc du Wurtemberg. Pour la construction d'une grange aussi grande, on a dû abattre au moins 400 chênes. Aujourd'hui l'édifice est un exemple remarquable de construction à colombages du Moyen Âge tardif.

13 Le Pressoir

Cette impressionnante maison à colombages a été construite avant 1550. A partir de 1858, on y trouvait le pressoir de la coopérative des vignerons de Tübingen, la première coopérative professionnelle de toute l'Allemagne. Il y a quelques années, la maison fut profondément renovée. Aujourd'hui on y mange très bien dans une atmosphère stylée.

15 Eglise Saint Jean

Après les guerres napoléoniennes, le Wurtemberg est devenu un royaume et il a absorbé des régions de confession catholique. Beaucoup de communes ont alors créé des paroisses catholiques. En 1807, on célébra la premiére messe catholique à Tübingen. En 1875, la nouvelle église fut construite. Elle est un des exemples les plus remarquables d'architecture néogothique dans le Wurtemberg.

16 Collegium illustre

Aujourd'hui, les postulants du diocèse de Rottenburg-Stuttgart et des étudiants en théologie catholique habitent dans cet immeuble, qu'on appelle „Wilhelmstift" et qui était autrefois le „Collegium illustre". Dans ce bâtiment impressionant de la Renaissance, on formait les futurs fonctionnaires d'état. La jeune noblesse européenne apprenait ici tout ce qu'il fallait savoir pour envisager une carrière dans l'administration ministérielle: le Droit, mais aussi le tennis.

Les anciens Abattoirs 9

Juste au bord du canal, les bouchers avaient leur abattoir commun avec un petit escalier qui menait au canal pour pouvoir se débarrasser commodement des déchets de viande.

«Fahrradkönig» près du Nonnenhaus

17 Le Nonnenhaus

Comme beaucoup d'autres maisons représentatives de Tübingen, ce bâtiment soigneusement rénové a été construit durant la deuxième moitié du 15ème siécle. À cette époque, la fondation de l'université a déclenché un véritable boom architectural. Cette maison a d'abord été habitée par des religieuses de l'ordre dominicain. Après la Réforme, elle est devenue le domicile du professeur de médecine, Leonhard Fuchs. Il faisait pousser dans son jardin botanique toutes sortes de plantes médicinales. Des explorateurs et des missionaires lui fournissaient des semences de plantes encore inconnues en Europe. Ainsi, Leonhard Fuchs fut-il l'un des premiers en Europe à planter des citrouilles et des pommes de terre.

zu vermieten

Unterwegs im Süden

 Karte auf Seite 133

Unterwegs im Süden

1991 verließ die seit 1945 in Tübingen stationierte französische Garnison die Stadt: Einer der größten Militärstandorte in Deutschland wurde zu einer „Stadt der kurzen Wege“ umgewandelt: In einem gemischten Stadtquartier werden Wohnen und Arbeiten, Gewerbe und Kultur gleichzeitig und nebeneinander alltägliche Lebenswirklichkeit. Das ungewöhnliche städtebauliche Konzept findet längst große internationale Anerkennung und erhielt bereits mehrere Auszeichnungen. Mittlerweile gehören die Schlagworte „Nutzungsmischung“ und „Baugruppe“ zum Standardvokabular der Tübinger Stadtentwicklung, und es entstehen weiterhin größere und kleine interessante und inspirierende Bauprojekte, mit denen Tübingen einen Beitrag zur Zukunft lebenswerter Städte leistet. Es muss nicht immer Fachwerkromantik sein – spazieren Sie einmal durch den wilden Tübinger Süden!

Nach dem Zweiten Weltkrieg übernahmen die französischen Streitkräfte große Teile der Südstadt, eine Fläche von etwa 60 Hektar, auf der sich auch die drei großen Kasernen befanden. Die französische Garnison war lange Zeit eine Stadt in der Stadt mit einer eigenen Infrastruktur. Die Garnisonsangehörigen mit ihren Familien hatten nur wenig Kontakt zur Tübinger Bürgerschaft.

Aufgrund der vielen Barrieren und unzugänglichen Flächen wurde der Tübinger Süden zunehmend als „Jenseits“ empfunden, in dem alles untergebracht wurde, was man in der Altstadt und den attraktiven Halbhöhenlagen der Nordstadt nicht haben wollte: Mietskasernen mit Sozialwohnungen, Bau- und Einkaufsmärkte, die Stadtwerke und der Güterbahnhof. Als 1991 die französischen Truppen abzogen, galt das Gebiet als besonders unattraktiv, obendrein war es durch Bundesstraßen, Neckar und Eisenbahnlinie regelrecht vom Rest der Stadt abgeschnitten.

Das Baukonzept

Für die Stadt Tübingen war die Räumung des Quartiers ein Glücksfall, bot sich hier doch die

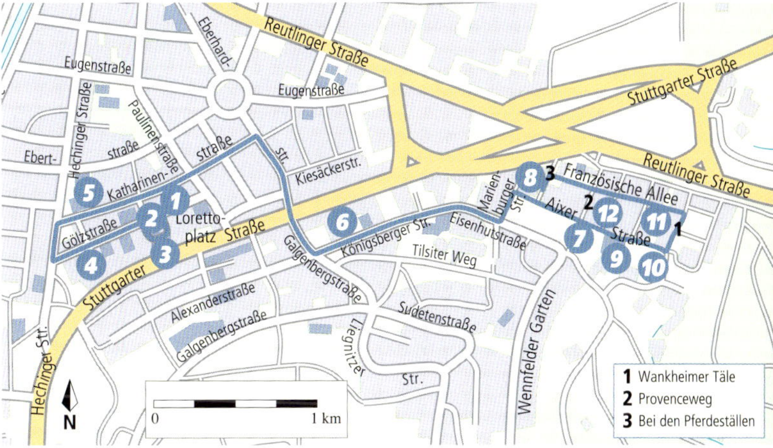

Chance, innerhalb der Stadtgrenzen dringend benötigten Wohnraum zu schaffen. Da eine Außenentwicklung, also das Bauen auf der grünen Wiese, in Tübingen aus ökologischen Gründen nicht favorisiert wird und geografisch ohnehin nur sehr eingeschränkt möglich ist, verliert die Stadt vor allem junge Familien, die in die Gemeinden der Umgebung ausweichen, wo der Wohnraum preiswerter ist. Dazu kommt in den letzten Jahren ein verstärkter Trend zum Wohnen in der Stadt: Wenn die Kinder aus dem Haus sind, verliert das Eigenheim im Grünen seinen Reiz und die Stadt mit ihren vielfältigen kulturellen und sozialen Angeboten gewinnt an Attraktivität. Um den Bedürfnissen dieser Bevölkerungsgruppen gerecht zu werden und dementsprechende Angebote zu schaffen, versucht man so viel und so gut wie möglich im Stadtgebiet selbst „nachzuverdichten". Das konnte jetzt im Süden geschehen. Die Stadt Tübingen kaufte die leer stehenden Kasernen und verkaufte sie an private Bauherren und das Studentenwerk weiter. Gleichzeitig wurde ein Wettbewerb ausgeschrieben, um das Areal städtebaulich zu erschließen. Der daraus entstandene Entwicklungsplan sah die Schaffung eines gemischten Stadtquartiers vor. Wie in der Altstadt sollte es auch im Tübinger Süden möglich gemacht werden, in ein und demselben Viertel zu wohnen, zu arbeiten, einzukaufen und auszugehen, sowie alle möglichen sozialen Dienstleitungen in Anspruch nehmen zu können. Auf keinen Fall wollte man ein weiteres Wohngebiet im Stil der 70er-Jahre, mit kleinen Mehrfamilienhäusern und einem Einkaufszentrum in der Mitte, sondern ein urbanes Gefüge, das sich durch Vielfalt und Dichte in Nutzung und Gestaltung auszeichnet, das kleinteilig und lebendig ist: eine „Stadt der kurzen Wege".

Bauen in der Gruppe

Die alten Militärgebäude sollten nicht abgerissen, sondern in das städtebauliche Konzept integriert werden, der öffentliche Raum nicht nur Verkehrsträger, sondern in erster Linie Aufenthaltsort für die Bewohner sein: Viele Freiflächen und Plätze sollten den Garten des Einfamilienhauses ersetzen und so künftigen Bewohnern das Wohnen in Mehrfamilienhäusern schmackhaft machen.

Besonders innovativ war die Idee, die Häuser nicht von Investoren bauen zu lassen, die die fertigen Wohnungen anschließend verkaufen oder vermieten, sondern von privaten Baugemeinschaften, eine „Erfindung", die wirklich typisch für Tübingen ist: Menschen – Singles, Familien, Junge, Alte, Urschwaben und Menschen mit Migrationshintergrund – finden sich zusammen, um gemeinsam „ihr Haus" nach eigenen Vorstellungen zu planen und zu realisieren. Dieses Bauen in der Gruppe hat viele Vorteile: Zum einen ist es viel kostengünstiger, da kein Investor daran verdienen muss. Zum anderen kann der Wohnraum so gestaltet werden, dass er den Bedürfnissen der Bewohner auch wirklich entspricht. Das gemeinsame Bauen ermöglicht die Einrichtung von gemeinsam genutzten „Luxuseinrichtungen" wie einem Gemeinschaftsraum oder einem Gästeappartement, die sich ein privater Bauherr alleine gar nicht leisten könnte. Und schließlich identifiziert man sich mit dem Haus oder der Hausgemeinschaft natürlich viel mehr, wenn man gemeinsam an der Gestaltung des zukünftigen Lebensraumes mitgewirkt hat. Die Erfahrung zeigt, dass sich dieses besondere Bauherrenmodell bewährt und durchaus auch flexible Möglichkeiten bietet. Mittlerweile ist auf einer ehemaligen Industriebrache im Stadtteil Derendingen das „Mühlenviertel" entstanden, ein ästhetisch ausgesprochen gelungenes Wohnquartier mit einigen Gewerbeeinheiten, das sich perfekt in die eher dörfliche Struktur des Stadtteils einpasst und für viele junge Familien einen guten Kompromiss zwischen dem Einfamilienhaus und der Stadtwohnung bietet. Im Norden der Stadt entsteht direkt am Neckar auf dem Gelände einer alten Frottierweberei ein weiteres Stadtquartier, aber auch kleinere Innenstadtbrachen werden mittlerweile mit Baugruppenhäusern bebaut. Auf dem Gelände des alten Güterbahnhofs ist ein Baugruppenprojekt in Kooperation mit einem öffentlichen Investor geplant, in der Innenstadt hat sich eine Baugruppe die Sanierung eines historischen Gebäudes zugetraut. Bauen in Gruppen gehört in Tübingen längst zum Normalfall und hat im Lauf der Jahre immer mehr an Professionalität und Routine gewonnen. Architekten, Baubetreuer und Banken haben sich auf diese besondere Klientel spezialisiert. Längst sind die spöttischen Stimmen verstummt, die behaupteten, dass dieses Baukonzept nur im studentisch geprägten Tübingen möglich sei: Wer jahrelang in seiner WG darüber diskutiert hätte, wer den Abwasch erledigt

Französisches Viertel

oder das Bad putzt, könne als Häuslebauer auch über die Wahl der Treppenfliesen diskutieren oder über den Einbau eines Aufzugs. Stattdessen wird jetzt öfter kritisiert, dass der „Kommunardengeist“ aus den Baugemeinschaften verschwunden sei und sie nichts anderes mehr seien, als eine besonders günstige und pragmatische Form privater Bauherrschaft.

Sicher ist, dass das Wohnen in solchen urbanen und verdichteten Strukturen die Bereitschaft voraussetzt, sich auf seine Nachbarn einzulassen, ein gewisses Maß an Toleranz gegenüber anderen Lebensmodellen und Wertesystemen aufzubringen und es nicht nur zu akzeptieren, dass jeder jedem „in die Suppe spucken kann“, sondern sogar Vorteile darin zu sehen. Wer gerne mit anderen Menschen zusammenlebt, seinen Alltag möglichst einfach und vielleicht sogar ohne Auto organisieren sowie seine Kinder zum Spielen einfach auf die Straße schicken können möchte, der findet hier das lebendige und attraktive Gegenmodell zum Städtebau der letzten fünfzig Jahre und eine Vision vom Städtebau der Zukunft.

1 Die Volkshochschule

Dieser Spaziergang beginnt in der Cafeteria der Volkshochschule in der Katharinenstraße am Lorettoplatz. Von 1945 bis 1991 waren französische Soldaten hier untergebracht. 1998 zog die Volkshochschule in die ehemalige Kaserne, die zwischen 1914 und 1916 gebaut und „Neue Kaserne“ genannt wurde. 1938 machte man sie zur Loretto-Kaserne, in Erinnerung an die Loretto-Schlacht im Ersten Weltkrieg, in der unzählige junge Männer für minimale Frontverschiebungen ihr Leben lassen mussten.

In der Cafeteria kann man an einem Modell gut die Einbettung der beiden neuen Quartiere in die Stadt verfolgen: Das Loretto-Areal und das Französische Viertel wurden relativ zeitgleich und mit demselben Urbanisierungskonzept entwickelt, bilden aber nur einen losen Zusammenhang. Das Loretto-Viertel ist aufgrund seiner größeren Nähe zur Innenstadt und durch die bessere Anbindung an die umliegenden Wohngebiete viel mehr in das städtische Gesamtbild eingebunden als das Französische Viertel, das durch die Stuttgarter und die Reutlinger Straße mit ihren großen Einkaufsmärkten abgegrenzter und eigenständiger wirkt.

2 Der Lorettoplatz

Der Lorettoplatz, der ehemalige Exerzierplatz, ist zum Treffpunkt und Kinderspielplatz geworden. Die Erdgeschosse der umliegenden Neubauten wie auch aller anderen Häuser werden hier wie im Französischen Viertel gewerblich genutzt. Das war eine Vorgabe bei der gesamten Südstadtentwicklung: Um eine lebendige städtische Kultur zu erreichen und das Viertel durchgängig belebt und attraktiv zu machen, wird hier nicht nur gewohnt, sondern auch gearbeitet. Bis 2007 sind im Süden etwa 1200 neue Arbeitsplätze entstanden.

In jedem Haus findet sich ein Laden, ein Büro, eine Werkstatt oder eine kulturelle oder soziale Einrichtung. Etwa die Hälfte der Betriebe arbeitet im Dienstleistungssektor, jeweils 20 Prozent im Handwerk oder im soziokulturellen Bereich und 10 Prozent im Einzelhandel. Die öffentlichen Einrichtungen, wie zum Beispiel die Volkshochschule im „Loretto" oder das Werkstadthaus im Französischen Viertel, werden dabei von den Bewohnern der ganzen Stadt genutzt. Das bedeu-

Lorettoplatz

 Karte auf Seite 133

tet, dass man in der Südstadt nicht unter sich bleibt, sondern dass ständig Leute von außerhalb hierher kommen, anders, als es in reinen Siedlungsgebieten der Fall ist. Angesichts der Einrichtungen auf dem Lorettoplatz bekommt die Absicht, die ganze Bandbreite menschlichen Lebens in einem Stadtviertel zusammenzufassen, fast symbolischen Charakter: Neben dem Familienzentrum „elkiko" mit Angeboten für Familien mit kleinen Kindern, befindet sich ein Bestattungsunternehmen.

3 Lilli-Zapf-Straße

Die Häuser im Loretto-Areal sind besonders unterschiedlich: Das Amt für Stadtentwicklung machte den Bauherren so wenig Gestaltungsvorgaben wie möglich, um Spielräume für individuelle Wohnbedürfnisse zu schaffen. Dadurch entstand eine große Vielfalt an Wohnformen und Architekturkonzepten. Vorgeschrieben war eigentlich nur, dass es sich bei den Neubauten um 3- bis 5-geschossige Stadthäuser in geschlossener Blockrandbebauung handeln müsse, die eine bestimmte Traufhöhe nicht überschreiten durften. Die einzuhaltenden Energiestandards wurden bewusst niedrig gehalten, um es auch Menschen mit geringem Einkommen zu ermöglichen, Wohneigentum zu schaffen, ohne an teuren ökologischen Standards zu scheitern. Innerhalb dieser Grenzen konnten sich die Bauherren „austoben". Im Loretto-Areal, wo die ersten Baugemeinschaften die ersten Häuser bauten, haben sie dies auch getan: Gute Beispiele für extrem individuelle ästhetische Konzepte sind das Haus in der Lilli-Zapf-Straße mit seiner eigenwilligen Fassadenbegrünung oder der sehr fantasievolle Umgang mit Dach- und Balkonformen.

4 Gölzstraße

Die Blockrandbebauung ermöglicht die Einrichtung von Innenhöfen, die von den Hausbewohnern gemeinsam gestaltet und genutzt werden. Wie das aussehen kann, lässt sich im Hof des Hauses Gölzstraße 12 beobachten: Die Baugemeinschaft bestand aus neun privaten Bauherren und der Stadt Tübingen als Träger eines

Kinderhauses, das in dem Gebäude untergebracht ist. Der Innenhof wird von dem Kinderhaus und den einzelnen Anwohnern gemeinsam genutzt. Es ist den einzelnen Gruppen gelungen, ihre unterschiedlichen Bedürfnisse in ein ansprechendes Gestaltungskonzept zu integrieren.

Spannung aus Alt und Neu

Das ehemalige Arsenal des Kasernengeländes wird heute für Kinder- und Jugendarbeit genutzt, vor allem für asiatische Kampfsportvereine, die hier ihre „Dojos" haben. Im Hafermagazin ist ein Architekturbüro untergekommen, das Dachgeschoss wurde durch außergewöhnlich schöne Loftwohnungen erweitert. Auch das gehört zum Programm der Südstadtentwicklung: Die Altbauten aus der militärischen Nutzung sind teilweise erhalten geblieben und wurden zu „friedlicheren" Zwecken umgebaut. Das Viertel ist also kein reines Neubaugebiet, sondern durch die Altbauten entsteht eine gewisse „Patina" und atmosphärische Dichte. Man vergisst nicht, dass man auf einem ehemaligen Militärgelände unterwegs ist, aber man erkennt, dass es vollkommen umfunktioniert wurde. Am deutlichsten wird das bereits beim Namen: Sollte „Loretto" einmal an eine blutige Schlacht erinnern und den Wehrmachtssoldaten der 30er-Jahre Lust auf „Revanche" machen, so verbindet man mit dem italienischen Namen mittlerweile eher mediterranes Flair und südländische Lebensqualität.

Ein besonders interessantes und mutiges Bauprojekt ist das „Modul 25" in der Gölzstraße 3. Hier sind drei Loftwohnungen mit offenen Raumzonen entstanden, die individuelles Wohnen auf flexiblen Grundrissen ermöglichen. So kann man die Wohnung wechselnden Lebenssituationen anpassen, entweder, weil sich das Leben einer Familie ändert und neue Wohnmöglichkeiten erforderlich macht oder weil die Wohnung von unterschiedlichen Menschen bewohnt wird, die unterschiedliche Ansprüche an den individuellen Lebensraum stellen. Gerade in einer Stadt wie Tübingen mit ihrer hohen Mobilität ist so ein Hausmodell zukunftsweisend.

 Karte auf Seite 133

5 Katharinenstraße

Um vom Loretto-Areal ins Französische Viertel zu gelangen, geht man am besten zu Fuß. Man braucht dafür etwa eine Viertelstunde und bekommt einen guten Überblick über den „Rest" des Tübinger Südens, der ja aus weit mehr besteht als dem Loretto und dem Französischen Viertel: Die schönen Villen aus dem 19. Jahrhundert in der Katharinenstraße und Paulinenstraße hatten ursprünglich noch größere Gärten. Diese wurden in den 1930er-Jahren mit den für diese Zeit typischen zweistöckigen Häusern bebaut. Von diesem ruhigen und bürgerlichen Wohngebiet kommt man auf die Stuttgarter Straße, eine Bundesstraße, über die Tag und Nacht der Schwerlastverkehr fährt. Sie ist laut und gefährlich und markiert einen regelrechten Schnitt durch die Südstadt. Hier standen große Mietskasernen für die Soldaten, die mit ihren Familien „en permanence" in Tübingen lebten. Nach dem Abzug der Franzosen wurden dort Sozialwohnungen und Asylbewerberquartiere eingerichtet, und die Stuttgarter Straße verwandelte sich in einen sozialen Brennpunkt mit ganz schlechter Adresse. Dank eines umfangreichen Entwicklungskonzeptes ist davon nichts mehr zu sehen: Die Altbauten wurden umfassend saniert und umgebaut, wobei einige Wohnungen privatisiert wurden. Es entstanden Neubauten mit individuell gestalteten Eigentumswohnungen, die Autos verschwanden aus den Innenhöfen, die jetzt als teilweise private Gartenanlagen Erholung bieten. Die Mischung aus Bürgerbeteiligung, Teilprivatisierung und kostengünstiger Sanierung hatte Erfolg: Mittlerweile ist hier preiswerter und lebenswerter Wohnraum für viele Menschen unterschiedlichster Herkunft und mit unterschiedlichen Bedürfnissen entstanden, und die Stuttgarter Straße hat ihren Brennpunktcharakter vollständig verloren.

6 Königsberger Straße

Auch der Baubestand der Königsberger Straße stammt hauptsächlich aus den Nachkriegsjahren: Von den 12 Millionen Flüchtlingen und Vertriebenen, die nach dem Zweiten Weltkrieg in den Westen kamen, fanden einige in Tübingen Aufnahme. Es war nötig, schnell ausreichenden und günstigen Wohnraum zu schaffen und so baute man zahlreiche Mehrfamilienwohnblocks mit Rasenflächen und den typischen Teppichklopfstangen dazwischen. Die Straßennamen erinnern noch heute an die ursprünglichen Bewohner, die hier eine neue Heimat finden sollten. Die Häuser werden in den nächsten Jahren ebenfalls umfassend saniert oder durch Neubauten ersetzt. In der Eisenhutstraße ist auch der Sitz der Stadtwerke, die in den 1980er-Jahren aus der Innenstadt hierher verlegt wurden. Außerdem prägt der Blick auf riesige Einkaufsmärkte diesen Teil der Stadt.

7 Aixer Straße

Von der Eisenhutstraße biegen wir links in die Marienburger Straße ein und dann rechts in die Aixer Straße, die Hauptstraße des Französischen Viertels. Das „Projekt 14“, die größte Baugemeinschaft des Viertels, hat einen Gebäudekomplex geschaffen, der fast die ganze Straßenlänge einnimmt und eine zentrale Rolle im Quartier spielt. Hier sind einige Läden untergebracht, ein Friseur, der Geldautomat, eine Kneipe und die „Kirch am Eck“. Das ist eine ökumenische Einrichtung der evangelischen und katholischen Pfarrgemeinden der Südstadt, in der Gottesdienste gefeiert werden und Gemeindeveranstaltungen vom Frauenfrühstück bis zum Seniorenkreis stattfinden. Damit wurde die Möglichkeit geschaffen, im Viertel selbst ein eigenes

Aixer Straße

christliches Gemeindeleben zu entwickeln, das natürlich ebenfalls zum Zusammengehörigkeitsgefühl und zur Identifikation mit dem Lebensraum beiträgt.

Außerdem befindet sich in dem Haus in der Aixer Straße auch ein Handwerksbetrieb: Eine Maschinenbaufirma fertigt seit 1995 sehr erfolgreich Nabendynamos für Fahrräder mit den dazugehörigen Scheinwerfern sowie Schleifmaschinen für das Schleifen der Blätter von Klarinetten und Saxofonen. Die ersten Gewerbetreibenden brauchten noch viel Mut, um sich in diesem neuen Viertel niederzulassen: Handwerk verursacht Lärm und Schmutz, benötigt aber auch eine gewisse Infrastruktur. Jahrzehntelang hatte man es als eine Verbesserung der Lebensqualität angesehen, nicht mehr da wohnen zu müssen, wo man arbeitete. Und jetzt sollte gerade das Teil fortschrittlicher Stadtplanung sein? Mittlerweile beschäftigt der Dynamobauer 28 Mitarbeiterinnen und Mitarbeiter. Es gibt noch einige sehr erfolgreiche Firmen im Viertel, darunter sogar einen Zimmermann und eine große Schreinerei.

Alles andere als Fachwerkidyll

8 Bei den Pferdeställen

Auf der anderen Straßenseite liegen die ehemaligen Pferdeställe der französischen Garnison. Auch hier wurde die alte Bausubstanz weitgehend beibehalten und umgenutzt: Die Ställe, die von der französischen Kavallerie tatsächlich als solche genutzt wurden, wurden parzellenweise verkauft und von den neuen Besitzern individuell ausgebaut und deren Arbeits- und Lebensbedürfnissen angepasst. Es entstanden Künstlerateliers, Freiberuflerbüros und zwei Gaststätten. In der Tapas-Bar „La Mancha" sind noch einige Futtertröge zu sehen und im Bistro „Latour" die in der Wand eingelassenen Befestigungen für die Ringe, an denen die Pferde angebunden wurden.

9 Panzerhalle

Am Ende der Aixer Straße befindet sich ein großer Platz mit der Panzerhalle in der Mitte. Sie wurde 1934 gebaut und diente den Franzosen als Reparaturwerkstatt für Panzer. Man sanierte die gesamte Konstruktion, entfernte die Außen- und Innenwand und verwandelte das „martialischste" Element des ganzen Kasernengebietes in einen riesigen Pavillon. Auf diese Weise erhielt man einen überdachten Spiel-, Sport- und Festplatz. Das Dach schützt vor Regen oder Hitze, aber man kann trotzdem draußen sein. Vormittags gibt die Verkehrspolizei praktischen Verkehrsunterricht für Schulklassen, nachmittags spielen hier Kinder und abends wird es zum Treffpunkt für die Älteren. Innerhalb der extrem verdichteten Bebauung – hier wohnen und arbeiten 150 bis 200 Einwohner pro Hektar – spielt der öffentliche Raum eine besondere Rolle und muss dementsprechend großzügig gestaltet werden. Er ist Treffpunkt und Aufenthaltsbereich und ermöglicht vor allem Familien mit Kindern qualitätsvolles Wohnen in der Stadtwohnung, weil die Kinder „auf der Straße" spielen können. Alten Menschen wiederum vermitteln die belebten Straßen und Plätze spontane soziale Kontakte, auch wenn die eigene Mobilität bereits eingeschränkt ist. Und so trifft man sich im Französischen Viertel eben bei der Panzerhalle. Die bestehenden Strukturen werden neu erfahren und belebt, die militärische Vergangenheit des Ortes wird selbstverständlich in den Alltag integriert.

Naherholungsgebiet und Kinderspielplatz

Noch augenfälliger wird dieses Prinzip der „Vergangenheitsbewältigung“ am ehemaligen Schießplatz im „Wankheimer Täle“ hinter der Panzerhalle. Er war eines der größten Probleme bei der Entwicklung des Viertels. Nach Abzug der Franzosen wurden auf dem Gelände zahlreiche Altlasten festgestellt, vor allem Schwermetalle, Mineralöl und Explosivstoffe. Der Abbruch, die Erschließung und die Kampfmittelbeseitigung waren schwieriger und natürlich auch teurer als angenommen.

Der Schießplatz wurde zum Naherholungsgebiet und Kinderspielplatz, die bis dahin eingedolte Blaulach, ein kleines Bächlein, wurde wieder geöffnet. Es ist nahezu unvorstellbar, dass an dem Platz, an dem jetzt Kinder eine überlange Rutsche hinuntersausen, einmal Zielschießen geübt wurde – und doch ist es unvergessen.

---

10 Werkstadthaus

An der Ecke Aixer Straße – Wankheimer Täle steht das Werkstadthaus. Hier hat eine Baugemeinschaft ein Projekt realisiert, das typisch für den „Geist“ der Südstadtentwicklung ist. Mit hohem bürgerschaftlichen Engagement wird das Viertel nicht nur bewohnt, sondern auch aktiv gestaltet. So entstand hier Wohnraum für eine sozial gemischte, vielfältige Hausgemeinschaft. In 14 Wohnungen mit flexiblen Grundrissen, die an die individuellen Bedürfnisse der Bewohner angepasst sind, wohnen Alleinstehende, Familien und WGs.

Das Haus wurde in Niedrigenergiebauweise hergestellt, erfüllt hohe ökologische Standards und ist behindertengerecht konstruiert. Das ist im Französischen Viertel zwar keine Vorschrift, wird aber von vielen Baugemeinschaften realisiert. Bei der Vergabe der parzellierten Bauflächen konnte das Umweltbewusstsein einer

Baugemeinschaft durchaus eine Rolle spielen. Weil die Bewohner des Werkstadthauses nicht nur zusammen wohnen, sondern auch gemeinsam leben wollten, richteten sie zwei Dachterrassen, Gemeinschaftsräume und eine großzügige Außenanlage als gemeinsam benutzbare Flächen ein. Dazu kommt eine öffentliche Werkstatt mit 240 qm Fläche. In dieser Werkstatt stehen Räume und Werkzeug jedem gegen Gebühr zur Verfügung, der „werkeln“ will, sei es ganz allein, unter Anleitung oder in einem der zahlreichen Kurse, die dort angeboten werden. Man arbeitet mit Holz, Metall, Ton, Papier, repariert Fahrräder, kocht gemeinsam oder sitzt am Computer. So wird aus dieser Werkstatt auch ein sozialer und kultureller Treffpunkt, den die Hausgemeinschaft gerne mit dem Platz am Brunnen vergleicht, an dem man sich in früheren Zeiten getroffen hat, um sich auszutauschen.

11 Platz des Unbekannten Deserteurs

Die Kasernen im Französischen Viertel, die 1934 gebaut wurden, riss man ebenso wie die anderen militärischen Gebäude nicht ab, sondern richtete dort Studentenwohnheime und sehr preiswerte Wohnungen ein. Die zur Neubebauung vorgesehenen Flächen wurden ab 1995 schrittweise vermarktet und vor allem an Baugemeinschaften vergeben, die für den eigenen Bedarf bauen. Die Grundstückspreise waren von vornherein festgelegt, bei der Vergabe der Grundstücke war eher die Frage entscheidend, was ein bestimmtes Bauprojekt zur Qualität des gesamten Viertels beitragen kann. Auf diese Weise erreichte man eine hohe soziale und generationenübergreifende Durchmischung. Deutlich wird das am Platz des Unbekannten Deserteurs vor dem Mirabeauweg. Hier stehen ehemalige Kasernen neuen Häusern gegenüber, die mit viel Aufwand gefertigt worden sind: Das Projekt „Kunst und Wohnen“, dessen Fassade der Künstler Friso Hohberger gestaltet hat oder die sachlichen, eleganten Stadthäuser mit den französischen Fenstern und der mediterranen orange-gelben Farbgebung. Der Name des Platzes soll an Wehrmachtssoldaten erinnern, die noch in den letzten Tagen des Zweiten Weltkrieges hier als Deserteure erschossen wurden.

Wankheimer Täle – Allée des Chasseurs

Schräg gegenüber des Platzes an der Ecke Wankheimer Täle – Allée des Chasseurs, steht eine der Parkierungsanlagen des Viertels. Sie spielen eine zentrale Rolle für das Entwicklungskonzept der Südstadt. Der öffentliche Raum sollte hier nicht den Autos, sondern den Menschen zur Verfügung stehen. Natürlich ist es unmöglich, ein Gebiet mit einer so intensiven Nutzungsmischung zur autofreien Zone zu erklären. Trotzdem gibt es im Französischen Viertel nur noch eine konventionelle Straße mit zwei Autospuren und Gehwegen an den Seiten. In allen anderen Straßen ist diese Unterteilung abgeschafft, alle Verkehrsteilnehmer, vom Autofahrer bis zur Bobbycarpilotin, müssen sich gleichberechtigt miteinander arrangieren, was erstaunlich gut funktioniert.

Im gesamten Viertel herrscht Zonenhalteverbot, das bedeutet: Parken ist überall dort verboten, wo es nicht ausdrücklich erlaubt ist. Die Autos sollen nicht auf der Straße abgestellt werden, sondern im Parkhaus. Darüber hinaus wurde der Parkraum von den Baugrundstücken entkoppelt. Die Autos werden nicht mehr in der hauseigenen Garage abgestellt. Damit werden die Kosten fürs Parken von den Kosten fürs Wohnen unabhängig gemacht: Wer ein Auto hat, muss sich um einen Abstellplatz kümmern, wer keins hat, spart Geld, weil er nicht automatisch einen Autoabstellplatz mitmietet oder -kauft. Das bedeutet allerdings auch, dass Autonutzer vom Parkplatz ungefähr dieselbe Strecke zurücklegen müssen wie von der Bushaltestelle. Auf diese Weise sollten der Stadtbus oder das Carsharing attraktiver gemacht werden. Das Parkhaus funktioniert wie ein vollautomatisches Hochregallager: Man stellt sein Auto in einer Box ab und diese wird dann im Autosilo verräumt. So erreicht man eine bessere Parkplatzausnutzung, weil Parkplätze mehrfach genutzt werden können.

Leider hat dieses System nicht wirklich gut funktioniert. Die Parkierungsanlagen waren vor allem zu Beginn extrem störanfällig. Außerdem musste man schwere Einkäufe und Kinderwagen immer noch ein Stück weit tragen – was dazu führte, dass trotz Halteverbots auf den Straßen geparkt wurde. Und manchen Autofahrern nutzt der Verweis auf Busse oder Fahrräder gar nichts, weil ihr Arbeitsplatz zu weit

Urbaner „shared space“ und grünes Idyll

entfernt liegt oder sie das Auto für ihre Tätigkeit benötigen. Das System wurde nur sehr schlecht angenommen, sodass man bei der Erschließung weiterer Stadtquartiere wie dem Derendinger Mühlenviertel wieder dazu übergegangen ist, die Häuser mit Tiefgaragen auszustatten.

12 Provenceweg

Wir biegen vom Platz des Unbekanntes Deserteurs, entweder in den Provenceweg oder in die Allée des Chasseurs ein. Wie überall im Viertel stehen hier große alte Bäume, vor allem die prächtigen Walnussbäume fallen besonders auf. Nicht nur die Altbauten konnten stehen gelassen werden, die allmähliche Bebauung des Viertels machte auch das Fällen des Baumbestandes überflüssig. So lassen die großen Bäume fast vergessen, dass das Französische Viertel eigentlich ein Neubaugebiet ist. Sie sorgen nicht nur für gute Luft und Schatten, sondern auch für ein idyllisches Ambiente.

Auf dem Weg zurück in die Aixer Straße können wir noch in den einen oder anderen Innenhof hineinschauen. Die Häuserblocks sind immer direkt an die Straße gebaut. So entsteht auch eine Wechselwirkung zwischen Straße und Gewerbefläche. In den Erdgeschossen befinden sich nicht nur Ladenflächen, wie es in der Innenstadt der Fall ist, sondern auch Büros und Ateliers. Diese haben oft große Fenster und ermöglichen den Passanten, den Grafikern, Architekten, Handwerkern bei der Arbeit zuzuschauen. Der Außenbereich des Blocks soll als städtischer, belebter Bereich wahrgenommen werden. Der Innenhof hingegen ist der grüne, private Bereich. Die Höfe sind ruhige Rückzugsoasen in diesem lebhaften Quartier.

Ein besonders gelungenes Beispiel für die Durchdringung von außen und innen findet man in dem Haus gegenüber des Cafés „Latour“: Die einzelnen Geschosse des Treppenhauses sind in denselben unterschiedlichen Farben gestrichen wie die daneben liegenden Balkone, was immer dann für besondere Effekte sorgt, wenn abends jemand in diesem Treppenhaus das Licht einschaltet. Für die Gäste auf der Caféterrasse ergibt sich auf diese Weise ganz von selbst eine kleine, aber sehr reizvolle Farb- und Lichtinstallation.

Das Mühlenviertel und die Alte Weberei

Bei der Entwicklung des Loretto-Areals und des Französischen Viertels hat die Stadt Tübingen wirklich etwas gewagt, was bislang in der Stadtentwicklung als vollkommen unmöglich galt. Das Experiment ist gelungen: Das zeigen nicht nur die vielen Auszeichnungen, die die neuen Stadtquartiere bis jetzt erhalten haben, darunter den Europäischen Städtepreis 2007, und das große internationale Interesse. Den Beweis, dass Bauen in Gruppen und die Entwicklung (nutzungs-)gemischter Stadtquartiere nicht nur in ein paar besonders experimentierfreudigen Einzelfällen möglich ist, ist Tübingen längst selbst angetreten.

Das Mühlenviertel

Das Mühlenviertel entstand in der Rekordzeit von nur vier Jahren zwischen 2005 und 2009 auf dem Gelände eines ehemaligen Sägewerks im Stadtteil Derendingen. Auf vier Hektar wurde Wohnraum für insgesamt etwa 600 Bewohner geschaffen, 100 Menschen finden hier Arbeit. Im Gegensatz zu den Quartieren in der Südstadt verzichtete man hier auf die Verpflichtung, in jedem Haus eine Gewerbeeinheit zu realisieren, um

Mühlenviertel

vor allem den Bauherren ein Angebot zu machen, die normalerweise auf der Suche nach Reihen-, Doppel- oder Einfamilienhäusern sind. Trotzdem ist das Mühlenviertel kein reines Wohngebiet: Rund um den Magazinplatz, auf dem das ehemalige Maschinenmagazin des Sägewerks als Industriedenkmal stehen geblieben ist, finden sich ebenso Gewerbebetriebe wie im hinteren Bereich des Quartiers, in dem eine Ölmühle und verschiedene Dienstleistungseinrichtungen untergekommen sind.

Direkt am Magazinplatz steht ein Alten- und Pflegeheim mit angegliederten betreuten Wohnungen. Dessen Bewohnerinnen und Bewohner, von denen etwa 80 Prozent demenziell erkrankt sind, leben also am belebtesten und zentralsten Ort des Viertels. Der Aufenthaltsraum der Einrichtung öffnet sich zur Straße und kann für alle möglichen (kulturellen) Veranstaltungen gebucht werden. Außerdem bietet das Heim vor allem alten Menschen aus Derendingen die Möglichkeit, in ihrer vertrauten Umgebung bleiben zu können, wenn das Leben in den eigenen vier Wänden nicht mehr möglich ist.

Besonders auffällig ist die hohe ästhetische Qualität der Architektur, sowohl die der einzelnen Gebäude als auch die der

Gesamtplanung des Viertels. Während in den Südstadtquartieren noch ein ausgesprochen experimentierfreudiger Pioniergeist vorherrschte, ist es jetzt gelungen, eine große architektonische Vielfalt so zu gestalten, dass ein harmonisches Gesamtbild entstanden ist. Ein öffentlicher Grünzug mit dem offen gelegten und renaturierten Mühlbach sorgt ebenso wie die an das Viertel angrenzende Bahnlinie und das markante Maschinenmagazin dafür, dass eine urbane Landschaft entstanden ist und nicht nur ein paar neue Häuser gebaut wurden.

Die Alte Weberei

1920 wurde in Lustnau, einem im Norden von Tübingen gelegenen Dorf, das 1934 eingemeindet wurde und heute mit knapp 10.000 Einwohnern den größten Ortsteil der Universitätsstadt bildet, die Frottierwarenfabrik „Egeria" gegründet. Jahrzehntelang bildeten Bademäntel und Handtücher den wichtigsten Wirtschaftsfaktor des Ortes, die Weberei war einer der größten Arbeitgeber in Tübingen. In den 90er-Jahren meldete die Firma Konkurs an, 2003 wurde der Betrieb eingestellt. Fünf Jahre später kaufte die Wirtschaftsförderungsgesellschaft Tübingen, eine im Rahmen der Entwicklung des Mühlenviertels gegründete Tochtergesellschaft der Stadt Tübingen, die Industriebrache, um dort ein weiteres Stadtquartier entwickeln zu können.

Das sechs Hektar große Gelände liegt direkt am Neckar, die Innenstadt ist genauso bequem mit dem Fahrrad oder dem Bus erreichbar wie der Naturpark Schönbuch. Lustnau selbst ist ein Ortsteil mit einem idyllischen Dorfkern und einer gut ausgebauten Infrastruktur. Das sind beste Voraussetzungen für die Entstehung eines hochwertigen und lebendigen neuen Stadtviertels.

Den Architekturwettbewerb für den Rahmenplan gewannen das Tübinger Büro Hähnig und Gemmeke zusammen mit dem Landschaftsarchitekten Stefan Fromm, die auch schon für die Konzeption des Mühlenviertels verantwortlich gezeichnet hatten. Der Plan sieht sechs Höfe vor, die sich um einen zentralen Platz gruppieren, auf dem ein Teil des alten Fabrikgebäudes stehen bleibt und für kulturelle Zwecke genutzt werden wird. Neben mehrgeschossigen Stadthäusern werden auch klassische Reihen- und Doppelhäuser gebaut: Die unterschiedlichen Geschosshöhen ermöglichen möglichst vielen Menschen ein Leben mit Neckarblick.

Auch hier war bei der Grundstücksvergabe an die Baugruppen nicht der Preis das entscheidende Kriterium, der wurde wie bei den anderen Stadtvierteln auch jeweils vorher festgelegt. Stattdessen spielten soziale Aspekte, die Frage nach der Stimmigkeit der Projekte und deren positive Auswirkung auf das gesamte Quartier eine wichtige Rolle. Insgesamt konnten von den 150 Bewerbungen nur 41 berücksichtigt werden. Obwohl es natürlich schade ist, dass so viele potenzielle Baugruppen mit teilweise sehr guten Projekten letztendlich leer ausgingen, ist die hohe Bewerberzahl ein schöner Beweis dafür, dass diese Form des Städtebaus immer mehr Anhänger findet. Der gesamte Planungsprozess wurde vom „Runden Tisch Lustnau" begleitet, der sich aus Vertretern des Ortsbeirates und verschiedenen gesellschaftlichen Gruppen im Stadtteil zusammensetzt – eine Art Bürgerinitiative, die nicht als Protestbewegung gegen „von oben" beschlossene Tatsachen funktioniert, sondern als Schnittstelle zwischen Verwaltung und Bürgerschaft.

Seit Sommer 2012 wird in der Alten Weberei gebaut, Anfang 2014 sind die ersten Familien eingezogen.

Wohnen 2030

Wohnen im 21. Jahrhundert: urban und verdichtet, ökologisch sinnvoll und ästhetisch gelungen, eine lebendige Mischung aus Baum und Beton, drinnen und draußen. Ein städtebauliches Konzept, von dem man über 50 Jahre lang angenommen hatte, es könne gar nicht funktionieren, erweist sich als Wohn- und Lebensform, die immer attraktiver wird. Das große allgemeine Interesse hat dazu geführt, dass auch andere Städte ähnliche Quartiere entwickeln, das Vauban-Viertel in Freiburg gehört ebenso dazu wie der Prenzlauer Berg in Berlin. Anlass genug, in einem Stadtführer diese Neubauviertel vorzustellen und so auch einmal einen etwas anderen Blick auf eine Stadt zuzulassen.

Tipp:

Denken Sie bei Ihrem Bummel durch die neuen Quartiere daran, dass Sie trotz aller Lebendigkeit und Offenheit in einem Wohngebiet unterwegs sind und respektieren Sie beim Fotografieren bitte vor allem in den Innenhöfen die Privatsphäre der Bewohner.

The South

The French garrison, which had been stationed in Tübingen since 1945, left the town in 1991. One if the largest military bases in Germany wasturned into a compact, urban, mixes district, consisting od two parts separated by a federal highway: The Loretto-Areal and the French Quarter.

"Town of Short Distances"

When the French troops departed, the area in the south of the town was considered particularly unattractive: Tenement blocks with social housing, DIY stores and supermarkets, the Department of Works and a goods station formed a horrid "parallel town", separated from the rest of the town by the Neckar, a federal highway and the railway line.

Now, there was the chance to create living space within the town boundaries. It would prevent those primarily young families wanting a new home from having a look to the surrounding area where housing was cheaper. A competition was held to develop a mixed urban district. The aim was a "town of short distances". The south of Tübingen was to show that it was possible to live, work, shop and spend leisure time all in the same district. The district was also to provide all the necessary social services.

"Building By Groups"

The town of Tübingen bought the empty barracks and sold them to private developers and the Student's Union, who set up social housing and student dormitories. The areas intended for new buildings were sold off in stages from 1995 onwards and primarily handed over to co-operative housing associations who wanted to build for their own requirement. In this way, it was possible to achieve the greatest possible mixture of different social groups and generations.

Most of the new buildings were constructed by private co-operative housing associations, an innovative concept which avoided the need for a commercial investor. A group of people join forces to plan and build a house together and according to their own requirements. Such building by groups offers so many benefits that many other towns have since implemented such schemes. It is not only cheaper, but also offers a freedom for different designs and allows identification with the project being built. In addition, this makes it possible to create facilities used by all the residents which could not otherwise be afforded by a single property developer. The spectrum ranges from communally used guest rooms to a workshop building in the French Quarter, in which it is possible to do handicrafts, hobbies, perform repairs and much, much more for a small fee: An improvement for the whole district.

Loretto Quarter

The Adult Education Centre moved into the former Loretto barracks in 1998 1. This too was a part of the urban development plan: The new districts were to offer homes to those facilities important to all the citizens of the town, to ensure the district was open to everyone.

To achive a lively urban atmosphere and make the district continously alive and attractive, people not only live but also work here. Around 2000 new jobs were created in the south of Tübingen by 2012. Each building contains a

Arthouse Frido Hohberger

 Map see page 133

shop, office, workshop, cultural or social facility. Around half of all the business work in the service sector, 20% are maufacturers or socio-cultural business and 10% are retailers.

As the City Planning Department gave the property developers as few design specifications as possible, the new districts are home to a wide range of living and architectural concepts. This can be best seen in the Loretto-Areal, the project implemented first, in which there are some quite unusual buildings! However, over time, the building groups learned to create a better overall-concept by looking to their neighbours when designing a building.

The square groups of buildings, specified for all the new districts, have allowed the creation of courtyards designed and used communally by the individual groups.

Tension between Old an New

The old military buildings have almost all remained intact and have seen a change of use. This means that the districts are not totally new areas – the old buildings have created a "patina" and an atmospheric building density. The same applies to the plentiful trees, particularly in the French Quarter: As the district was built in stages, most of the old trees have remained, offering a pleasant environment and good air quality.

French Quarter

The largest project of the French Quarter is located in Aixer Straße 7. Here, the building complex takes up almost the length of the street and, with its different commercial facilities, a small church and a larger manufacturing business, plays a central role in the district. The first businesses required a lot of courage to settle in the new districts. These days, the area is home to many different companies.

The former Tank Shed in the French Quarter was turned into a covered playground, sports hall and festival ground. Within such a densely populated area (150-200 people per hectare), public spaces have a key role to play and must therefore be given plenty of space. If a street is a pleasant place to be, then living in an urban area can also be interesting to families with children.

People and cars

Public areas should not be solely given over to the motor car. For this reason, most of the divisions between road and pavement were removed and all road-users must interact in equal terms. Cars are left in car parks. The parking area was even moved away from the building plots and the houses and flats do not possess their own garages. The intention was to make doing without one's own private car and the use of public transport an attractive proposition. However, this system did not work very well and, when an additional area was built, the individual buildings were given their own underground car parks.

Multiple prizes

Thus, alternative housing and living concepts have been created in the south of Tübingen, which become ever more attractive: Urban and dense, socially and functionally-mixed, ecological and aesthetic. This is shown not only by the many prizes which the new districts in the south of the town have won, including the European Urban Development prize.

Tübingen has used the positive experience gained from the development of the southern part of the town to implement two further major urban planning projects. The Mühlenviertel was created on the site of a former sawmill in the record time of just four years, between 2005 and 2009. In the district, there is no obligation to house a commercial enterprise in each building, but there are commercial areas around Magazinplatz, which still possesses the old machine magazine from the industrial past, as well as in the rear sections of the district. The majority of the district is made up of apartment blocks, which have been erected by construction collectives or social housing projects. The high aesthetic quality of the architecture is of note. Along with the railway line running alongside the district and the noticeable machine magazine, a public open space, with the exposed, renaturalised Mühlbach stream, is a sign that a new urban landscape has been created, and not just a few houses.

In the northern part of the town, the empty terry goods factory "Egeria" offered an ideal location for a new district of 6 hectares, directly next to the River Neckar. The location is ideal and,

 Plan sur la page 133

as a result, the level of interest in an apartment in the district, upon which classic terraced and semi-detached houses are to fit in alongside multi-storey town houses around six courtyards, was appropriately high. However, land was not allocated as in other districts, coupled to the price, but was allocated according to countless other criteria, such as social aspects or the quality of the project and its contribution to the overall nature of the district. Of the 150 applications, only 41 could be taken into account. Construction began in the "Alte Weberei" in the summer of 2012 and the first families could move in their new appartments in January 2014.

Le Sud

En 1991 la garnison française, stationnée depuis 1945 à Tübingen, quitta la ville. Une des plus grandes bases militaires d'Allemagne s'est réconverti en quartier de ville urbain et mixte avec une forte densité de population. Le quartier se compose de deux parties qui sont séparés par une route nationale: le quartier Loretto et le Quartier Français.

„La ville des courts chemins"

Quand la garnison est partie, les secteurs situés au sud de la ville étaient considérées comme peu attrayants. Des immeubles des années 50 avec des HLM, des bric-o-marchés, des hypermarchés, des stations d'essence, les services techniques de la ville et la gare routière formaient un faubourg laid, qui de plus se retrouvait enclavé, séparé du reste de la ville par le Neckar, la route nationale et les voies de chemin de fer.

Maintenant la ville avait la chance unique de créer des zones d'habitation intra-muros pour empêcher que de plus en plus de jeunes familles n'aillent s'installer dans les communes de la région où elles trouvent des terrains à bâtir bon marché. Le plan de développement d'un nouveau quartier a fait l'objet d'un appel d'offre. Le but était de créer un quartier des courts chemins. Dans ces quartiers sud de Tübingen, on devait à la fois pouvoir loger, travailler, faire des couses, sortir et profiter de toutes sortes de services sociaux.

Les anciennes écuries hébegent aujour'hui des appartements et des atéliers

Construire en communauté

La ville de Tübingen acheta les casernes vides et les vendit à des investisseurs privés et à la CROUS qui ont construit des HLM et des cités universitaires. A partir de 1995, on a commencé à mettre les terrains prévus à la construction sur le marché. Ils ont été surtout vendus à des groupes de maître d'ouvrage qui ont entrepris ces travaux de construction pour leur propre compte. On a pu ainsi réaliser un maximum de mixité sociale et générationnelle. La plupart des nouvelles maisons ont été construits par ces groupes de construction, un concept novateur qui se passe des services d'un promoteur commercial. Plusieurs personnes se regroupent pour concevoir et réaliser en commun une maison ou un immeuble qui respectent leurs représentations de l'habitat. Ce procédé de partenariat de construction a beaucoup d'avantages et il est maintenant copié par bien d'autres villes. Il n'est pas seulement moins cher, mais offre beaucoup plus de liberté de conception et permet aux futurs acquéreurs de s'identifier davantage au projet à réaliser. De plus, il est possible de prévoir des équipements qui servent à tous, mais qui seraient trop chers pour un seul maître d'ouvrage. Il peut s'agir par exemple d'un appartement d'amis ou de fête qui peut être qui peu être utilisé par tous les propriétaires de l'immeuble. Dans le Quartier Français, un groupe de maîtres d'ouvrage a établi un grand atelier où l'on peut bricoler, faire de la couture, réparer des vélos, etc. en s'acquittant d'une petite somme d'argent. De telles initiatives enrichissent tout le quartier.

Le Quartier Loretto

L'ancienne caserne appelé „Loretto" a accueilli en 1998 l'université populaire 1. C'était aussi une partie du plan de développement urbain: les nouveaux quartiers devaient accueillir des institutions importantes pour tous les citoyens de Tübingen afin d'ouvrir le quartier sur l'extérieur.

Pour réaliser l'objectif d'une culture urbaine vivante et dynamiser le quartier, il ne fallait pas seulement y habiter, mais également y travailler. Jusqu'en 2012, 2000 nouveaux emplois ont été créés. Dans chaque immeuble se trouvent un magasin, des bureaux, un atelier ou un organisme culturel ou social. Plus que la moitié des entreprises travaillent dans le secteur tertiaire, 20% dans l'artisanat ou dans le domaine culturel et 10% dans le commerce de détail. Dans la mesure où le bureau du développement urbain a fait très peu de préconisations pour la réalisation de ces constructions, on trouve dans les quartiers des formes d'habitat et des conceptions architecturales très diverses. Surtout dans le quartier Loretto, le projet qui fut réalisé le premier, il y a des constructions très originales, mais au fur et à mesure du temps, les maîtres d'ouvrage ont appris à respecter l'environnement urbain pour parvenir à une esthétique plus harmonieuse.

La construction en blocs ou en îlots, imposé pour tous les quartiers, a eu pour conséquence la création de cours intérieures qui sont aménagées et utilisées par tous les co-propriétaires.

Bâtiments anciens et neufs

On a conservé et reconverti presque tous les anciens immeubles militaires. Les quartiers ne sont donc pas tout à fait neufs et grâce aux bâtiments anciens, on conserve une atmosphère agréable. Il en va de même pour les arbres, surtout dans le Quartier Français. Comme on a construit des immeubles de plusieurs étapes, la plupart des arbres ont pu être préservés et ils contribuent à l'embellissement du cadre de vie et à la pureté de l'air.

Le Quartier Français

Dans la „Aixer Straße" 7 se trouve la plus grande réalisation du quartier français. Le complexe occupe presque toute la longueur de la rue et joue un rôle central dans le quartier avec ses divers commerces de proximité, une petite salle pour les cultes religieux et une entreprise artisanale assez grande. Il fallait beaucoup de courage aux premiers commerçants et artisans pour venir s'installer dans les nouveaux quartiers. Mais maintenant on y trouve plusieurs entreprises.

L'ancien hangar des chars, la „Panzerhalle" du quartier français est devenu une aire de jeux, des fêtes et de sport. Dans ce quartier où la densité de population est trés élevée (150 à 200 personnes/hectare), l'espace public joue un rôle très important. Il doit donc être aménagé intelligemment.
Si la rue devient un véritable espace de vie, une famille nombreuse peut accepter d'habiter un appartement dans un immeuble collectif.

L'homme et l'automobile

Pour cette raison, il ne fallait pas laisser l'espace public aux voitures. On a donc renoncé le plus que possible à la division de la rue en trottoir et chaussée. Tous les usagers de la route doivent pouvoir cohabiter dans cet espace et jouir des mêmes droits. Les voitures sont stationnées dans des garages. Les places de parking ne sont parfois même pas attenantes aux terrains de construction et les appartement ne sont plus dotés automatiquement d'un garage. En prenant cette mesure, on espérait pouvoir convaincre les habitants de renoncer à une voiture particulière et d'utiliser les transports publics. Malheureusement, ce systéme n'a pas très bien fonctionné et l'aménagement d'un troisième quartier prévoit des garages souterrains reliés aux maisons.

 Plan sur la page 133

Nombreuses distinctions

Le sud de Tübingen a donc vu la réalisation de formes d'habitat et de vie alternatives qui ont connu un grand succès. Ces nouveaux quartiers sont fortement urbanisés, caractérisés par une densité de population élevée, une grande mixité sociale et fonctionnelle. De nombreuses distinctions, parmi elles le prix européen de développement urbain et régional en 2002, montrent le succés de ces réalisations.

Avec deux autres grands projets de développement urbain on a su renouer à Tübingen avec les bonnes expériences qu'on avait fait avec le développement du sud de la ville. Dans les délais les plus brefs on a construit le „Mühlenviertel" (le quartier aux moulins) entre 2005 et 2009 sur la friche d'une ancienne scierie. Ici, la ville a renoncé à l'obligation d'établir des activités professionnelles dans chaque maison, mais autour de la grande place avec l'ancien dépot des machines

Bei den Pferdeställen

comme monument industriel il y a quelques commerces et au bord du quartier se trouve une petite zone d'activités industrielles et artisanales. La plupart du quartier se compose de maisons à plusieurs étages qui sont toutes être réalisées par des groupes de maîtres d'ouvrage ou par des sociétés de construction à but non lucratif. La haute qualité esthétique de l'architecture des maisons et du quartier est particulièrement remarquable. L'ancien chenal dégagé et renaturé forme une jolie ceinture verte, le chemin de fer confinant le quartier et le dépot des machines imposant assurent la formation d'un paysage urbain au lieu d'une simple accumulation des maisons neuves.

Au nord de la ville le terrain de l'ancienne usine „Egeria", un fabricant de tissus d'éponge bien connu en Allemagne, offrit une place idéale pour un nouveau quartier urbain de 6 hectares directement au bord du Neckar. On an prévu de construire six îlots avec des maisons de plusieurs étages mais aussi des maisons alignées et des maisons jumelles classiques. La position du terrain est magnifique, pour cette raison la demande en appartements dans ce quartier excédait les offres. Selon le même principe qu'on a appliqué aux quartiers précédents, l'attribution des terrains ne dépendait pas du prix que les futurs maîtres d'ouvrage étaient prêts à payer, mais de beaucoup d'autres critères, par exemple des aspects sociaux ou la qualité du projet et sa contribution à l'ensemble du quartier. Enfin, 41 des 150 candidatures étaient prioritaires.

En été 2012 on a commencé à construire, en janvier 2014, les premières familles ont pu aménager.

Unterwegs zur Kunst

 Karte auf Seite 165

Unterwegs zur Kunst

Dieser Spaziergang ist nicht von morgens bis abends und von A bis Z zu schaffen und das ist auch gar nicht beabsichtigt. Entweder Sie bummeln durch die Stadt, lassen sich treiben und bleiben da hängen, wo es Ihnen gefällt – oder wo gerade geöffnet ist. Oder Sie gehen strategischer vor, suchen sich Schwerpunkte oder besondere Abschnitte heraus, verabreden Führungen oder Besichtigungstermine. Sie werden merken: Tübingen hat mehr zu bieten als Fachwerk und Stocherkahn und ist außerdem auch für Schlechtwettertage bestens geeignet.

1 Galerie Gottschick

Diesmal beginnen wir in der Uhlandstraße 10, wo Margot und Karl Friedrich Gottschick 1985 eine Galerie für moderne Kunst eingerichtet haben. Im Obergeschoss der schön gestalteten Räume mit angenehm privatem Flair werden Bilder gezeigt, die zum Bestand der Galerie gehören. Es sind hauptsächlich Arbeiten der klassischen Moderne und des Pop Art, unter anderem Werke von so berühmten Künstlern wie Erich Heckel oder Andy Warhol. Im Parterre kuratieren Gottschicks etwa alle sechs Wochen eine neue Ausstellung mit Werken von renommierten zeitgenössischen Künstlerinnen und Künstlern, die vorwiegend aus Deutschland und Österreich stammen. Zur Galerie gehören auch ein Innenhof und ein wunderschöner kleiner Skulpturengarten am Neckarufer, in

Galerie Gottschick

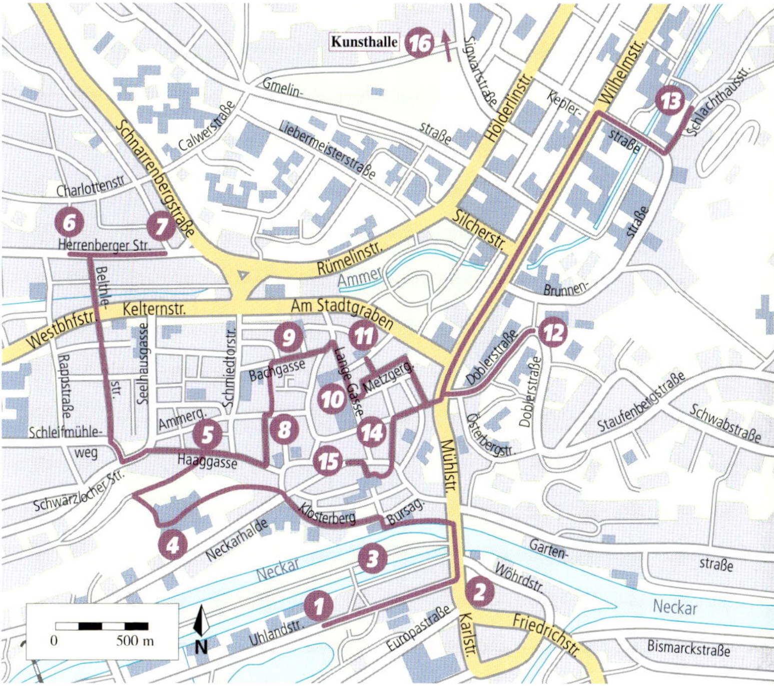

denen die überschlanken Bronzefiguren Roland Martins auf die kompakten Grundformen der Regenkelche und Zankäpfel aus Cortenstahlblech von Jörg Bach hinunterblicken.

2 Deutsch-Amerikanisches Institut

Unser Weg führt die Uhlandstraße am „Schwäbischen Tagblatt" entlang zur Neckarbrücke. Auf der anderen Seite der Brücke, in der Karlstraße 3, befindet sich das d.a.i., das Deutsch-Amerikanische Institut Tübingen. Es wurde 1952 als Amerika-Haus Tübingen gegründet, in einer Zeit, in der amerikanische Kultur in Deutschland noch etwas Besonderes und

 Karte auf Seite 165

heiß begehrt war. Heute ist es ein Forum für den deutsch-amerikanischen Kulturaustausch, das seinen Fokus auch auf Latein- und Mittelamerika ausgerichtet hat. Neben Sprachkursen und Vorträgen bietet das d.a.i. ein vielseitiges Kulturprogramm an, das ein differenziertes Amerikabild vermitteln möchte. Dazu gehören auch Ausstellungen. Im d.a.i. werden hauptsächlich Fotos gezeigt, Bilder von oft weltbekannten Fotografinnen und Fotografen, die sich mit dem Land und den Menschen, die darin leben, auf intensive und ungewöhnliche Weise auseinander setzen.

3 Der Hölderlinturm

Nach dem Ausflug ins ferne Amerika kehren wir zurück an den Neckar und zu seinem bekanntesten Tübinger Anwohner. Der Hölderlinturm 12 ist nicht nur Pilgerstätte und Wahrzeichen, sondern beherbergt auch ein Museum. Wer hofft, hier eine mehr oder weniger puppenstubenhafte Inszenierung von Hölderlins Leben im Turm finden zu können, der wird enttäuscht

werden. Das Museum informiert über das Leben des Dichters in Tübingen: Über seine Studienjahre im Evangelischen Stift 10, die schlimmen Monate im Universitätsklinikum in der Burse 11 sowie die Zeit, die Hölderlin bei der Schreinerfamilie Zimmer in dem Turm am Neckar verbrachte. Außerdem erfahren die Besucher einiges über das Schicksal von Hölderlins Werk und über seinen Einfluss auf die Literatur bis in die Gegenwart. Außerdem finden immer wieder Ausstellungen mit Künstlerinnen und Künstlern statt, die sich in ihrem Werk mit Hölderlins Texten auseinandersetzen. An den Wänden im Turmzimmer im ersten Stock, in dem Hölderlin gelebt hat, hängen vier der späten Gedichte, ansonsten ist der Raum bewusst leer gelassen worden. Hier kann man sich von der besonderen Atmosphäre dieses Ortes.

4 Museum Schloss Hohentübingen

Vom Hölderlinturm machen wir uns auf den Weg hinauf aufs Schloss 4 5 6 7. Für das Museum Schloss Hohentübingen sollte man sich Zeit nehmen: Auf etwa 2.000 qm kann man sich rund 4.600 Exponate anschauen. Zu sehen sind demnach Objekte aus den Lehrsammlungen der Institute für Ur- und Frühgeschichte, Ägyptologie, Altorientalistik und Ethnologie: etruskische Vasen oder indianische Töpferwaren. In Sonderausstellungen werden neue Forschungsergebnisse vorgestellt oder Teile der Sammlungen des Museums der Universität in ungewöhnlichen Zusammenhängen präsentiert.

Skulpturen im Rittersaal

Besonders schön ist die Abguss-Sammlung im Rittersaal. Im 19. Jahrhundert wurde es an deutschen Universitäten Mode, Kopien berühmter griechischer und römischer Skulpturen zu sammeln. In Tübingen begann man 1836 damit und trug eine beeindruckende Anzahl Plastiken zusammen, deren Originale in den berühmtesten Museen der Welt zu finden sind. Ursprünglich diente eine solche Sammlung den Altphilologen als Anschauungsmaterial. Auch heute ist sie weit mehr als ein dreidimensionaler Überblick über ein Jahrtausend griechischer und römischer Kunstgeschichte. Sie ist eine Schule des Sehens und Begreifens plastischer Ausdrucksweise, deren Ästhetik unsere Kultur bis heute nachhaltig beeinflusst hat. Die Statuen, Büsten, Porträts und Reliefs werden werden in ihrer harmonischen Auswirkung inszeniert. Sie strahlen wirklich *„edle Einfalt, stille Größe“* aus, auch wenn dieses Winckelmann-Zitat eher unsere Sehnsucht nach klassischer Erhabenheit beschreibt als die historische Realität jener Epoche. Ein wunderbarer Raum für eine Ruhepause!

„Eiszeit-Zoo“

Die berühmtesten Exponate des Museums sind kleine Skulpturen aus Mammutelfenbein: ein Pferdchen, ein Mammut, ein Löwe und einige mehr, liebevoll der „Eiszeit-Zoo“ genannt. Sie sind etwa 40.000 Jahre alt und stammen aus dem Lonetal auf der Schwäbischen Alb. Es handelt sich um nichts weniger als die vermutlich ältesten Kunstwerke der Menschheit. Vor Tausenden von Jahren, in der Kulturstufe des Aurignacien, verfügte man zum ersten Mal in der Geschichte der

Skulpturensammlung

Menschheit über ausreichend Zeit und Material, um etwas herzustellen, was nicht mehr dem unmittelbaren Überleben diente, was schön anzuschauen und anzufassen war. Noch immer rätseln Wissenschaftler, welche Funktion diese Tierfiguren gehabt haben könnten. Vielleicht liegt aber der besondere Zauber dieser Tiere darin, dass sie wirklich keine besondere Funktion hatten, außer der, ästhetischen Genuss zu verschaffen. In einer Zeit, in der die Notwendigkeit von Kunst und Kultur angesichts wirtschaftlicher Zwänge ständig in Frage gestellt wird, wären sie ein Beweis dafür, dass der Umgang mit Kunst ein menschliches Grundbedürfnis ist.

Anstatt wieder die Burgsteige hinunter zu gehen, können wir auch den Schlosshof überqueren, um durch die beiden „Geheimgänge“ zum rückwärtigen Teil des Schlosses mit dem Hasengraben zu gelangen, in dem bei schönem Wetter die „Castle Archers“ sich in der Kunst des Bogenschießens üben. Wieder in die Stadt hinunter führt dann der „Kapitänsweg“, benannt nach einem Tübinger Metzger, der angeblich immer eine Kapitänsmütze trug.

5 Antiquitätengeschäfte

In der Haaggasse 5 lohnt sich ein gemütlicher Schaufensterbummel durch die Antiquitätengeschäfte. Vom Trödel bis zum kostbaren Sammlerstück, von der stylischen Art-Deco-Lampe bis zur kuriosen Burschenschaftsdevotionalie, vom Jugendstil bis zum Gelsenkirchener Barock lässt sich hier so ziemlich alles finden, was alt oder wertvoll oder sogar beides ist. Jedes Jahr im Frühling lockt ein Antiquitätenmarkt Liebhaber von Kunst und Krempel in die Haaggasse, auf dem es auch Gelegenheit gibt, alte Objekte schätzen zu lassen.

6 „Marquardtei"

Ist man unten am Haagtorplatz angelangt, könnte man rechts die Belthlestraße zur Herrenberger Straße hochgehen. In der Herrenberger Straße 34, dem Gebäude der „Marquardtei", einer ehemaligen Brauerei, in der heute ein preiswertes Restaurant untergebracht ist, können Künstler in der Galerie H. Fischer ihre Werke ausstellen. H. Fischer war ein Tübinger Künstler. Nach dessen Tod im Jahre 2005 beschloss seine Erbin Elisabeth Barth, den Nachlass in der Galerie in der Herrenberger Straße auszustellen und mit dieser Galerie einen Ort zu schaffen, in dem nicht nur Ausstellungen, sondern auch Konzerte, Lesungen oder Kabarett stattfinden können.

7 Ugge Bärtle – Skulpturengarten und Atelierräume

In der Herrenberger Straße 12 lebte und arbeitete der Tübinger Bildhauer Ugge Bärtle (1907-1990). Außer dem „Wengerter" 10, der hinter der Jakobuskirche zu sehen ist, schuf der Künstler zahlreiche Lithografien, Holzschnitte, Radierungen, Skulpturen und Plastiken. Zu besichtigen ist nicht nur das kleine Museum mit den Atelierräumen, sondern vor allem der verwunschene Skulpturengarten, in dem die Stein- und Bronzeplastiken mit wild wucherndem Efeu unter einer riesigen Eiche eine organische Verbindung eingehen. Zu sehen sind hier vor allem Bärtles ruhige Figuren aus Stein oder Bronze, die in ihrer klaren Körpersprache an Gestalten aus der antiken Mythologie erinnern. Besonders faszinierten Bärtle Menschen zu Pferde: Reiterdarstellungen sind ein immer wiederkehrendes Motiv in seinem Werk, die Bewegung von Mensch und Tier auf das Notwendigste zu reduzieren.

Wer den Abstecher in die Herrenberger Straße auslassen möchte, geht entweder über den Marktplatz oder durch eine der kleinen Verbindungsgassen zwischen Haaggasse und Kornhausstraße zum Stadtmuseum 8 im Kornhaus 2.

 Karte auf Seite 165

8 Das Stadtmuseum

In den beiden oberen Ausstellungsetagen lassen sich die bereits auf der Straße erworbenen Kenntnisse über die Geschichte der Stadt Tübingen vertiefen. Vom Mittelalter bis ins 20. Jahrhundert spannt sich ein Bilderbogen, der das Leben der Tübingerinnen und Tübinger in ihrer Stadt illustriert: Wer wohnte wo? Auf welchen Straßen und Plätzen begegnete man sich? In welchen Vereinen engagierte sich die Bürgerschaft und wie lebten die Studenten? Welche Einflüsse hatte die „große Politik“ auf Tübingen und wie startete die Stadt ins 20. Jahrhundert? Die Objekte, unter ihnen so bemerkenswerte Stücke wie ein Porträt von Philipp Melanchthon aus der Werkstatt Lukas Cranachs, erzählen Geschichten und schaffen Verbindungen nach außen, in die Stadt.

Lotte Reiniger: Die Zauberflöte

Die Scherenschnittkünstlerin

„Die Welt in Licht und Schatten“ begegnet den Besuchern im ersten Stock, wenn sie mit dem großartigen Werk der Scherenschnittkünstlerin und Trickfilmerin Lotte Reiniger Bekanntschaft machen dürfen. Lotte Reiniger? Nie gehört? Und Scherenschnitte? Das Hobby altjüngferlicher Volksschullehrerinnen? Lassen Sie sich überraschen: Die Künstlerin beherrschte das Medium Scherenschnitt und Silhouette auf geniale Weise - witzig, detailverliebt, märchenhaft. Absolut hinreißend sind ihre Scherenschnitte zu den Opern von W.A. Mozart, deren hintergründige Leichtigkeit sie perfekt mit ihrer schwarzweißen Kunst illustrierte. Ein kleiner Film in der Ausstellung belegt eindrucksvoll, mit welcher Virtuosität Reiniger Schere und Papier zu handhaben wusste. Die Filmgeschichte verdankt Lotte Reiniger den ersten Animationsfilm: „Die Abenteuer des Prinzen Achmed“ – eine zauberhafte Geschichte nach Vorlagen aus „1001 Nacht“ – raffiniert, verträumt und sexy zugleich. Sie hat noch viele weitere

Lotte Reiniger (1899 – 1981)

wurde 1899 in Berlin geboren. Als junges Mädchen begeisterte sie sich für den Film und nahm eine Zeitlang Schauspielunterricht, aber bereits 1921 wurden ihre Silhouetten und Scherenschnitte als Trickfilmsequenzen in dem Film „Der verlorene Schatten" von Paul Wegener eingebaut. Sie war mit dem Regisseur und Kameramann Carl Koch verheiratet, mit dem sie von 1923 bis 1926 den ersten abendfüllenden Trickfilm der Filmgeschichte realisierte. In den 1920er-Jahren lebte sie in Berlin und war u.a. mit Bertolt Brecht, Jean Renoir, Carl Zuckmayer, Kurt Weill und Fritz Lang befreundet. Nach der Machtergreifung durch die Nationalsozialisten verließ sie mit ihrem Mann Deutschland und zog nach vielen Jahren des Umherreisens 1949 dauerhaft nach London. Sie fertigte unzählige Trickfilme für die BBC an, spielte mit großem Erfolg Schattentheater und illustrierte Bücher. 1981 ist sie in Dettenhausen bei Tübingen gestorben. Durch die Vermittlung eines mit ihr befreundeten Ehepaars aus der Schattentheaterszene gelangte ihr künstlerischer Nachlass nach Tübingen und wird vom Stadtmuseum betreut.

Filme gedreht, vor allem Märchen, für die der Silhouettenfilm ideal geeignet ist. Aber Lotte Reiniger fertigte nicht nur Scherenschnitte und Trickfilme an, sondern hat auch mit großer Begeisterung Schattentheater gespielt. Hier setzte sie ebenfalls neue Maßstäbe und verlieh den Figuren durch neue Techniken größere Lebendigkeit und Dynamik.

In konsequent schwarz-weiß gestalteten Räumlichkeiten mit wunderschönen Lichteffekten und vielen interaktiven Elementen zeigt das Stadtmuseum einen Querschnitt durch das Schaffen dieser außergewöhnlichen Künstlerin, deren Werk in den letzten Jahren eine immer größere Wertschätzung erfährt und in zahlreichen internationalen Ausstellungen gezeigt wird.

… und weitere Schätze

Im Erdgeschoss präsentiert das Stadtmuseum Wechselausstellungen zu den unterschiedlichsten Themen, die aber nahezu alle in irgendeiner Weise auf die Stadt Tübingen Bezug nehmen: Stadtansichten von der Zeitungskarikatur bis zur klassischen Vedute,

 Karte auf Seite 165

Reuchlin-Löwe im Stadtmuseum

Institutionen vom Cotta-Verlag bis zum Café. Hier können Seiten aus dem Tübinger Leben aufgeblättert werden, ohne museal einzustauben. Gemeinsam mit verschiedenen Kooperationspartnern aus Stadt und Uni entstehen lebendige, ideenreiche Ausstellungsprojekte mit immer neuen Sichtweisen auf die Stadt.

9 Galerie Dalmau

Verlassen Sie das Stadtmuseum ruhig einmal durch die Hintertür. Der idyllische Platz ist das älteste bekannte Grundstück der Stadt. Schon 1323 wird das Haus in einer Urkunde als „Stiefels, des Ledergerbers Gesäß" erwähnt. Wir gehen links und gleich wieder rechts durch die Straße „Bei der Fruchtschranne" – das ist ein anderer Name für Kornhaus – zur Bachgasse. In der Nummer 24 befindet sich die kleine Galerie Dalmau.

Molily Dalmau hatte die beiden kleinen Räume in der Bachgasse ursprünglich für einen Verein anmieten wollen. Als der die Räumlichkeiten doch nicht benötigte, fand die Spanierin sie so schön, dass sie sie nicht mehr hergeben wollte und richtete dort eine Galerie ein. Jetzt können Künstlerinnen und Künstler gegen eine Gebühr in einer angenehm intimen Atmosphäre ihre Werke präsentieren. Molily Dalmau, die

Vernissage in der Galerie Dalmau

Mathematik und Informatik studiert hat und von sich selbst sagt, sie wisse von Kunst eigentlich nur, dass sie ihr gefalle, sorgt mit ihrer Begeisterung und einem sicheren Gespür für Qualität dafür, dass die Werke ihren Weg zu den Betrachtern und Liebhabern finden. Unverkrampft, unprätentiös, aber dennoch professionell und voller Herzblut.

10 Der Tübinger Künstlerbund

Die nächste Station auf unserer Kunst-Tour ist das „Alte Schlachthaus“ in der Metzgergasse. Wo in früheren Zeiten Schweine und Rinder ihr Leben lassen mussten, ist jetzt der Treffpunkt der Mitglieder des Tübinger Künstlerbunds. Der Künstlerbund Tübingen besteht bereits seit 1971 und ist damit eine der beständigsten Künstlervereinigungen in Deutschland. In ihm haben sich Künstlerinnen und Künstler, die vorwiegend im Raum Tübingen zu Hause sind, zusammengeschlossen. Der Verein bietet seinen Mitgliedern ein effizientes Netzwerk und außerdem die Möglichkeit, in der eigenen Galerie in der Metzgergasse ihre Werke auszustellen. Hier finden auch immer wieder Künstlergespräche, Lesungen und Performances statt. Eine Vernissage am Samstagmorgen ist ein schöner Start ins Tübinger Wochenende.

Blatt des Monats

Weil es unter den Gründungsmitgliedern einige begeisterte Lithografen gab, wurde die Druckgrafik schnell zu einem Schwerpunkt des Künstlerbundes. Seit 1979 gibt es im „Alten Schlachthaus“ auch eine Werkstatt für Druckgrafik, in der man an verschiedenen Pressen arbeiten kann. Der Künstlerbund präsentiert sich auf Kunstmärkten, hält einen engen Kontakt zu den Partnerstädten Tübingens, kuratiert regelmäßig

Galerie Künstlerbund

Axel von Criegern, „Viel los!"

Gemeinschaftsausstellungen im Stadtmuseum, in der Kulturhalle oder anderswo und ist damit ein fester Bestandteil des Tübinger kulturellen Lebens. Wer mit dem Gedanken spielt, Kunst zu sammeln, aber nicht so richtig weiß, wie anfangen, hat die Möglichkeit, die Grafik-Edition „Blatt des Monats" zu abonnieren. Mit einer sehr niedrigen Auflage von dreißig Handabzügen pro Blatt, deren Qualität an Unikate heranreicht und einem ebenso niedrigen Preis, möchte der Künstlerbund dazu ermutigen, in das Kunstsammeln einzusteigen.

11 Kulturhalle

Ganz in der Nähe des Alten Schlachthauses, in der Nonnengasse 19, unterhält das Kulturamt der Stadt Tübingen die Kulturhalle im ehemaligen Trafohaus der Stadtwerke. Der Betrieb der Halle wird von ehrenamtlichen Mitarbeitern und der Stadt gemeinsam bewältigt, ein schönes Beispiel für die Verbindung von bürgerschaftlichem Engagement und städtischer Beteiligung. In meist monatlich wechselnden Ausstellungsprojekten können Künstlerinnen und Künstler aus der lokalen Kunstszene ihre Werke präsentieren. Außerdem gibt es immer wieder Ausstellungsobjekte, die in Zusammenarbeit mit Tübingens Partnerstädten entstehen. Dass mitten in der Tübinger Altstadt gleich zwei Einrichtungen existieren, die zeitgenössischen Künstlern aus der Region ein Forum bieten, spricht für die Lebendigkeit, Vielfalt und Fantasie der Tübinger Kunstszene.

12 Kunstamt

Aber damit ist es noch nicht genug. Seit Mail 2009 gibt es im ehemaligen Jugendamt in der Doblerstraße 21 das sogenannte „Kunstamt". Das Kunstamt ist ein Zusammenschluss von etwa 30 Tübinger Künstlerinnen und Künstlern, die die ehemaligen Bürogebäude als Ateliers nutzen. Ursprünglich suchten alle diese Künstler einfach nur Räume zum Arbeiten, erkannten aber schnell, dass die räumliche Nähe auch wunderbare Synergieeffekte freisetzte. Mittlerweile finden immer wieder Workshops, Performances, Musik und Präsentationen statt. Sehr schön sind die Samstage, an denen die Ateliers geöffnet sind und man völlig ungezwungen „Kunst gucken" und mit den Künstlern ins Gespräch kommen kann.

13 Und noch mal Schlachthaus: die Shedhalle

Und es gibt noch mehr! Etwas außerhalb der Altstadt, aber immer noch zu Fuß gut erreichbar, am Fuß des Tübinger Österbergs, hat der „Verein zur Förderung zeitgenössischer Künste" in der Shedhalle des ehemaligen Tübinger Schlachthofs einen weiteren Raum geschaffen, der zeitgenössischen Künstlerinnen und Künstlern als Forum und Plattform dient. Auf 1.400 qm Ausstellungsfläche präsentiert der Verein Ausstellungen der Gegenwartskunst, wobei klassische und neue Medien wirkungsvoll gemischt werden. Im Unterschied zu Kunstamt, Kulturhalle und Künstlerbund werden hier jedoch auch die Werke von Künstlerinnen und Künstlern aus dem ganzen Bundesgebiet und dem Ausland gezeigt. Die besondere Atmosphäre in der Shedhalle ist perfekt für die Auseinandersetzung mit oft sehr ungewöhnlichen Kunstprojekten geeignet. Da die Halle nicht geheizt werden kann, finden Ausstellungen allerdings nur in der Zeit von April bis Oktober statt.

Shedhalle

Galerie wenke kunst

14 Galerie Grießhaber und 15 wenke kunst

In der Altstadt, in der Hafengasse 9 und in der Kirchgasse 8, finden sich auch noch zwei Kunsthandlungen, die einen Abstecher lohnen. Dabei hat sich die Galerie Grießhaber 14 vor allem auf Künstler der „klassischen Moderne" und der Gegenwartskunst spezialisiert und bietet ein umfangreiches Repertoire an Originalgrafiken, Gemälden und Objekten von vielen bekannten Künstlern an. Diese können in einer eigenen Werkstatt auch professionell gerahmt werden – ursprünglich war die Galerie ein Buchbindermeisterbetrieb und Bilderrahmengeschäft. Darüber hinaus gibt es einen wunderschönen „Art Shop" mit jeder Menge verspielten Geschenken für sich selbst oder andere liebe Menschen: Schmuck, Spiele oder einfach nur netter Nippes.

Auch die Galerie wenke kunst 15 in der Kirchgasse 8 verfügt über eine große Auswahl an zeitgenössischen Grafiken und

Malereien internationaler Künstler, Sammlerobjekten und dekorativer Kunst. Hin und wieder werden in Einzelausstellungen Künstlerinnen und Künstler der Galerie vorgestellt oder es werden Arbeiten wichtiger Künstler der klassischen Moderne gezeigt. Auch der Nachlass von Gerhard Neumann, einem Künstler, der noch bei Fernand Léger in Paris studierte, wird über wenke kunst vertreten. Während des Umbrisch-Provenzalischen Marktes, der jedes Jahr im September stattfindet, hat wenke kunst einen französischen oder italienischen Künstler zu Gast, dem man bei seiner Arbeit über die Schulter schauen kann. Sie richten eine Wohnung, eine Praxis, ein Büro ein und wissen nicht, was für Gemälde, Grafiken oder Kunstreproduktionen an die Wände passen? Lassen Sie sich beraten und eine Lösung finden, die sowohl Ihrem persönlichen Kunstverständnis und Geschmack als auch den Räumlichkeiten entspricht, die Sie einrichten.

Natürlich können auch alle Bilder in der eigenen Werkstatt gerahmt werden.

16 Kunsthalle

Damit ist der Kunstbummel durch die Kernstadt beendet. Wir können jetzt mit der Buslinie 5 zur Kunsthalle auf die Wanne fahren. Sie wurde 1971 im Norden der Stadt in einem Neubauviertel erbaut, in dem Kinderbücherei und Kirche die einzigen sozialen Treffpunkte sind. Ihre Entstehung ist ebenfalls privatem Engagement zu verdanken. Die Töchter von Robert Bosch richteten sie im Gedenken an den Maler Georg Friedrich Zundel, den Ehemann von Boschs Tochter Paula, als dauerhafte Institution zur Bereicherung des Kunstangebots ein. Unter der Kuratel des ehemaligen Leiters der Kunsthalle, Dr. Götz

Kunsthalle von oben

Adriani, wurden sehr anspruchsvolle Ausstellungen gezeigt, die der Kunsthalle einen hervorragenden Ruf verschafften. In den späten 1990er-Jahren waren dies vor allem Ausstellungen zu französischen Malern der klassischen Moderne: Picasso, Cézanne, Renoir, Degas, Toulouse-Lautrec und Henri Rousseau lockten Hunderttausende Besucher in die Kunsthalle, die busweise herangekarrt wurden, vom Rest der Stadt aber leider nicht allzu viel zu sehen bekamen. Die Länge der Warteschlange vor der Kunsthalle avancierte zum Tübinger Dauergesprächsthema, angeblich sollen Studenten Geld als „Schlangesteher" verdient haben.

Diese Zeiten sind vorbei. Noch immer macht die Kunsthalle ein sehr anspruchsvolles und ambitioniertes Ausstellungsprogramm, zeigt die Werke wichtiger zeitge-

Ausstellung „Macht, Gewalt, Freiheit" in der Kunsthalle

nössischer, oft sehr junger Künstler, besondere Sammlungen oder kuratiert Ausstellungen zu Themen wie zum Beispiel Pop Art oder Fotorealismus. 2014 findet hier nach einer grundlegenden Renovierung eine große Schau zum Tübinger Vertrag von 1514 statt. Das Programm wird abgerundet durch ausgezeichnete kunstpädagogische Führungen und Vortragsreihen, Künstlergespräche und Kuratorenführungen. Aber es parken deutlich weniger Busse vor der Kunsthalle und längst ist es möglich, etwas länger vor einem Bild zu verweilen, bevor die Besuchermassen einen weiterschieben. Das ist kein Nachteil: Die Aufgabe der Kunsthallenstiftung ist schließlich nicht die Förderung des Massentourismus, sondern die eines differenzierten Verständnisses für moderne und zeitgenössische Kunst.

Museum der Universität Tübingen MUT

Die zum Teil über fünfhundert Jahre alten, von Kriegseinwirkungen verschonten und mit singulären wissenschafts- und kulturgeschichtlichen Objekten ausgestatteten Sammlungen der Eberhard Karls Universität Tübingen gehören zu den bedeutendsten Universitätssammlungen Europas. Diese vielfältigen Lehr-, Schau-, Kunst- und Gerätesammlungen sind unter dem Dach des MUT organisatorisch und konzeptionell vereint und für interessierte Besucher geöffnet.

Galerie, Museum, Kunsthandlung, öffentliche Einrichtung, Verein, Privatinitiative, Geschäftsunternehmen – in Tübingen gibt es eine erstaunliche Dichte an Möglichkeiten, sich mit Kunst auseinanderzusetzen. Ob es jetzt die international gefeierte Künstlerin oder der ambitionierte Kunsterzieher sind, die ihre Werke der Öffentlichkeit in einer der vielen Ausstellungseinrichtungen zugänglich machen: Sie alle, vom Sofabild bis zur viel beachteten Installation, tragen dazu bei, den Blick des Betrachters zu schärfen, seine Wahrnehmung zu vertiefen – und manchmal setzt das Gesehene noch mehr in Gang, Gefühle, Begegnungen, Gespräche … probieren Sie es aus!

 Map see page 165

Art

Tübingen possesses a large number of museums and galleries as well as public and private exhibition spaces.

1 Galerie Gottschick

Art in the classical modern and pop art styles is presented in attractiveliy designed rooms, with a pleasantly private ambiance, and a sculpture garden. In addition, every few weeks, the owners organise a new exhibition showing works by renowned photographers.

2 Deutsch-Amerikanisches Institut

In the forum for the cultural exchange between Germany and the United States of America, exhibitions form a part of varied cultural programme. In the main, works by world-renowned photographers are shown, which deal with the subject of America in a particular way.

3 Hölderlin Tower

The museum provides information on the life of the poet in Tübingen, his works and his influence on the world of literature. In addition, there are frequent exhibitions on artists who interpret Hölderlin‘s works in their art.

4 Museum Schloss Hohentübingen

The collections of the faculties housed in the castle present objects from pre- and early history, and deal with Egyptology, the ancient Orient and ethnology. A particular attraction is the collection of casts in the Knight‘s Room, an impressive number of sculptures, whose ancient originals can be found in the most famous museums of the world. However, the most well-known exhibits are the so-called Vogelherd Figures of the Swabian Jura, small sculptures made of mammoth ivory which are 40 000 years old and are considered to be the oldest work of art in human history.

Sammlung Schloss Hohentübingen

5 Haaggasse

In Haagasse and behind the Market Place, it's worth spending a while doing some window-shopping in front of the numerous antique shops, which can offer everything from bric-a-brac to valuable treasures.

6 Galerie H. Fischer

H. Fischer was a Tübingen artist who died in 2005. His estate can be seen in the gallery in Herrenberger Strasse, in which other artists are able to exhibit. The gallery can also be used as a space for concerts or readings.

7 Ugge Bärtle – Sculpture Garden and atelier

The Tübinger sculptor Ugge Bärtle (1907-1990) lived and worked in Herrenberger Strasse 12. His former workshop can be visited along with the little enchanted sculpture garden, in which some stone an bronze plastics join with the wild ivy under a huge oak tree to form an organic combination.

 Map see page 165

Vernissage im Künstlerbund

8 Town Museum

The top two floors are home to a permanent exhibition on the history of the town of Tübingen.

Visitors can experience "The World in Light and Shade" on the first floor. This is a chance to discover the astounding work of the silhouettist and cartoonist Lotte Reiniger: Amazing silhouettes, including those for the operas of W.A.Mozart, and the first ever animated film: "The Adventure of Prince Ahmed". Refined, funny, enchanting and sexy. A must!

On the ground floor, the museum presents temporary exhibitions on various different subjects, all of which relate to the town of Tübingen.

9 Galerie Dalmau

The small Galerie Dalmau is located in Bachgasse 24 and presents a new exhibition of contemporary art roughly every two weeks.

Here, artists can present their works in a pleasantly intimate atmosphere. The enthusiasm and sure-fire eye for quality of the Spanish gallery owner, Molily Dalmau, has ensured that the works, find their way to their viewers and lovers. Relaxed, unpretentious but professional and committed.

10 Tübingen Artists' Association

The Tübingen Artists' Association, founded in 1971, meets in the Altes Schlachthaus in Metzgergasse. The association can offer its members efficient neetworking and also the option of presenting their work in the association's own gallery in Metzgergasse. Artists' meetings, readings and performances often take place there.

11 Kulturhalle

The Cultural Office of the town of Tübingen runs the Kulturhalle in the former transformer building of the town's department of works. Exhibition projects, usually changing once a month, give local artists the opportunity to present their work.

12 Kunstamt

The Kunstamt is a group of around 30 Tübingen artists, who use old office buildings waiting for demolition as their studio. Originally, all these artists were simply for premises to work, but soon realised that spatial proximity also created wonderous synergie effects. Workshops, performances, music and presentations all now take place regularly.

13 Shedhalle

The „Association for the Promotion of Contemporary Art" present, from April to October, contemporary works on the 1000 m² of the Shedhalle of the former abattoir. The special atmosphere of the Shedhalle is perfect for getting to grips with some very unusual art projects.

14 Galerie Griesshaber and 15 wenke kunst

There are two other art dealers in the old town which are well worth a visit. Here it is possible to find not only a wide-ranging repertoire of graphics, paintings and objects but also "Art Shop" products to keep at home or to give away as presents. Both shops can also offer specialist framing services for pictures.

16 Kunsthalle

Built on a new estate in the north of the town in 1971, the Kunsthalle offers a very high-quality and ambitious programme of exhibition. It shows the works of important artists, presents special collections or hosts exhibitions or subjects such as the hyperrealism or interiors in art. The programme is completed by excellent artistic tours and lectures, discussions with artists and curator tours.

 Plan sur la page 165

Musées et galéries

La ville de Tübingen vous propose un grand nombre de musées, des galeries d'art et des salles d'exposition publiques et privées.

1 La galerie Gottschick

Dans de belles salles où règne l'atmosphère agréable d'un salon privé et dans le jardin aux sculptures, vous pouvez admirer des œuvres néo-classiques et pop-art. De plus, les propriétaires organisent régulièrement des expositions d'œuvres de peintres contemporains renommés.

2 L'institut culturel germano-américain

Les expositions constituent une partie importante du programme culturel très riche de cette plateforme pour les échanges culturels entre l'Allemagne et les États-Unis. On peut surtout voir des œuvres de photographes connus dans le monde entier qui montrent un visage singulier de l'Amérique.

3 La tour Hölderlin

Ce musée vous informe sur la vie du poète de Tübingen, son œuvre et son influence sur la littérature. Des expositions présentant des artistes qui ont abordé dans leurs œuvres les textes de Hölderlin sont organisées régulièrement et contribuent à l'atmosphère magique du lieu.

4 Le musée du château de Hohentübingen

Les collections des instituts de recherche universitaire exposées dans le châteu concernent des objets de la préhistore, de l'égyptologie, des sciences orientales classiques et de l'ethnologie. La collection des copies de sculptures de l'antiquité dans l'ancienne salle des chevaliers est particulièrement belle. Les objets les plus célèbres de tout le musée sont des petites sculptures en ivoire de mammouth qu'on a trouvé dans les cavernes du jura souabe et qui ont environ 40.000 ans. Probablement sont-elles les tout premiers objets d'art de l'humanité.

5 La Haaggasse

Derrière la place du marché il y a un endroit spécialement approprié aux amateurs d'antiquités. Vous y trouverez un grand choix qui va de la brocante jusqu'aux objets de collection de grande valeur.

6 La galerie H. Fischer

H. Fischer est un peintre de Tübingen qui est mort en 2005. La galerie située dans la Herrenberger Straße montre une partie de ses peintures, mais elle est également ouverte à d'autres artistes qui cherchent des salles d'exposition ainsi qu'aux concerts, soirées de lecture etc.

7 Ugge Bärtle – Atelier d'artiste et jardin aux sculptures

Dans la Herrenberger Straße 12 vivait et travaillait le sculpteur Ugge Bärtle (1907-1990). On peut visiter ses anciens ateliers et surtout le petit jardin aux sculptures, un lieu enchanté où, sous un chêne immense, les sculptures en pierre et en bronze se marient harmonieusement avec le lierre.

Le jardin aux sculptures de Ugge Bärtle

8 Stadtmuseum

Aux étages supérieurs, on peut voir une exposition permanente sur l'histoire de la ville de Tübingen. Au premier étage, les visiteurs peuvent découvrir l'œuvre unique du cinéaste et artiste Lotte Reiniger. Des magnifiques silhouettes illustrent par exemple les opéras de W.A. Mozart. En 1926 Lotte Reiniger, experte en ombres chinoises et pionnière du cinéma, a réalisé le premier film animé de l'histoire du cinéma „Les aventures du Prince Ahmed". Un monde tout en ombre et lumière: sexy, sophistiqué et drôle. A ne pas rater!

Au rez-de-chaussée, le musée présente des expositions qui font écho à la ville de Tübingen sous aspects les plus divers.

9 Galerie Dalmau

La petite galerie dans la Bachgasse 24 présente presque toutes les deux semaines une nouvelle exposition d'art contemporaine. Les artistes pevent présenter leurs œuvres dans un cadre intime et agréable. La galeriste espagnole Molily Dalmau, veille avec son enthousiasme et son goût affirmé à ce que les œuvres trouvent leurs amateurs. Sereine, simple, mais d'une manière vraiment professionnelle et avec beaucoup de passion.

10 Tübinger Künstlerbund

Dans l'ancien abattoir médiéval de la Metzgergasse se rencontrent depuis 1971 les membres de l'association des artistes de Tübingen. Ce cercle offre à ses membres un réseau de relations efficace et la possibilité d'exposer leurs œuvres dans la galerie du club où se déroulent également des discussions, des lectures et des performances artistiques.

11 Kulturhalle

Dans l'ancienne station électrique des services techniques de Tübingen, les services culturels de la ville ont aménagé une salle d'exposition pour les artistes locaux.

12 Kunstamt

Le „Kunstamt", „le bureau de l'art", est une association qui compte environ 30 artistes qui utilisent comme ateliers d'anciens immeubles de bureaux qui attendent leur démolition. A l'origine, tous ces artistes ne cherchaient que des salles pour pouvoir travailler, mais ils se sont très vite rendu compte, que le fait de travailler porte à porte crée des merveilleux effets de synergie. Maintenant, ils organisent aussi des ateliers, des performances artistiques, des concert et des représentations.

13 Shedhalle

Dans un espace de 1000 mètres carrés, une association des amis de l'art contemporain présent des œuvres d'art dans un hall des anciens abattoirs du 19ème siècle. Ce hall, dans lequel les animaux séjournaient avant d'être tués, se prête, avec son atmosphère particulière, trés bien à la confrontation avec des projets artistiques insolites.

14 Galerie Griesshaber et 15 wenke kunst

Au centre ville, vous trouvez deux magasins d'objets d'art qui valent une visite. Vous y trouvez un grand choix de peintures, de gravures et de sculptures, mais aussi des jolis bibelots originaux. Dans les deux magasins vous pourrez faire encadrer vos tableaux par des professionnels.

Exposition sur l'histoire des cafés de Tübingen dans le musée de la ville

16 Kunsthalle

Situé au nord de la ville depuis 1971, la Kunsthalle organise des expositions ambitieuses et de haut niveau. Des œuvres d'artistes contemporains importants, souvent encore très jeunes, ou des collections particulières sont exposées. On organise aussi des expositions thématiques comme par exemple le photoréalisme. Bien sûr, il y a aussi un vaste programme de visites guidées, de conférences et de débats.

Unterwegs im Grünen

 Karte auf Seite 191

Unterwegs im Grünen

Ein Sonntagsspaziergang! Nach vielem Pflastertreten ist dies eine ausgezeichnete Gelegenheit, die grünen Ecken Tübingens zu erkunden: Park und Allee, Waldrand und Friedhof. Sie werden merken, man braucht in Tübingen keine Viertelstunde zu Fuß zurückzulegen, um „draußen" zu sein, weg von Autos und engen Gassen, hin zu Bäumen und Vogelgezwitscher. Das funktioniert zu jeder Jahreszeit. Im Frühling sowieso. Und an einem verschneiten, glitzernden Januartag natürlich auch. Aber probieren Sie es einmal an einem heißen Augusttag, abends, wenn die Schatten länger werden und man spürt, dass der Sommer seinem Ende entgegengeht. Oder im November, wenn das Tageslicht die Konturen weichzeichnet und die Natur ganz neue, violette, graue, grüne Farbenspiele kreiert.

1 Der Tübinger Stadtfriedhof

Unser Spaziergang beginnt auf dem Stadtfriedhof. Dafür fährt man am besten mit der Buslinie 5 bis zur Haltestelle „Kliniken Tal" und geht dann über die Straße in den Friedhof hinein. Er wurde 1829 eingerichtet, das älteste noch erhaltene Grab stammt von 1830. Seit 1987 steht die Anlage unter Denkmalschutz. Viele Jahre konnten nur Ehrenbürger oder Menschen, die noch ein Familiengrab besaßen, dort bestattet werden. Eine Zeitlang wurde

Hölderlingrab

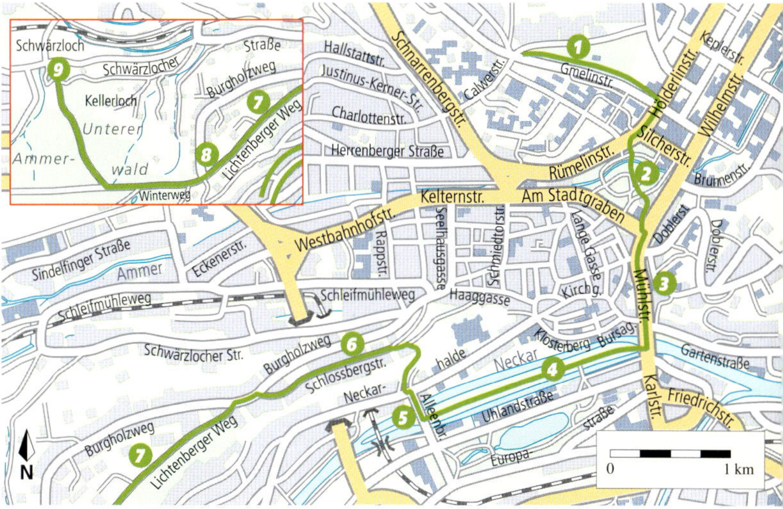

diskutiert, den Friedhof in einen ganz normalen Park umzuwandeln, weil die Pflege der Gräber der Stadt zu teuer wurde. Seit 2001 hat man eine in Deutschland einzigartige, einfache und geniale Lösung gefunden, den Friedhof zu erhalten: Er wird wieder benutzt. Wenn man eine Pflegepatenschaft für ein Grab übernimmt, erhält man das Recht, dort selbst einmal seine letzte Ruhestätte zu finden. Das ist wichtig, denn ein Friedhof ohne offene Erde und frische Gräber, auf dem keine Beerdigungen mehr stattfinden, wird nicht mehr als ein Ort der Besinnung wahrgenommen.

Der Tübinger Stadtfriedhof ist im besten Sinne des Wortes romantisch. Die Bäume, die Hecken, die die Gräberfelder in einzelne Abschnitte aufteilen, die vielen schönen alten Grabsteine mit trauernden Engeln und schmiedeeisernen Kreuzen, der Efeu und das Immergrün, das alles atmet Ruhe und Frieden. Unabhängig von Lichteinfall, Wetter und Jahreszeit ist die Atmosphäre dort eher freundlich als melancholisch und auf keinen Fall bedrückend. Der Stadtfriedhof ist eine gewachsene Erinnerungsstätte mit einem ganz eigenen Zauber. Hier sind viele „Tübinger

Köpfe“ begraben. Wer möchte, kann sich auf eine regelrechte „Promi-Tour“ begeben. Das Grab Hölderlins ist, ähnlich wie der Turm am Neckar, in dem er lebte, ein Wallfahrtsort. Aber auch viele andere prominente Persönlichkeiten, Schriftsteller, Professoren und Politiker, sind hier zu finden. Kleine Holzschildchen verweisen auf die entsprechenden Gräber.

Nachdenklich kann man im nördlichen Teil des Friedhofs werden, wo sich die Gedenkstätten aus dem Ersten Weltkrieg und das sogenannte Gräberfeld X befinden. Hier wurden in den Jahren 1939-1942 42 Tote aus Anstalten und Kliniken bestattet, größtenteils Opfer nationalsozialistischer Euthanasie-Programme.

200 Jahre Grabkultur verraten viel über unsere Auseinandersetzung mit Leben und Tod, über unseren Glauben an Gott und über das, was den Menschen über den Tod hinaus wichtig ist.

Wir verlassen den Friedhof durch die untere Pforte und gehen am Kupferbau, einem großen Hörsaalgebäude aus den 1960er-Jahren, vorbei die Gmelinstraße hinunter, hinunter und biegen rechts in die Hölderlinstraße ein. Auf dem Weg zum Alten Botanischen Garten 2 kommen wir an der Rückseite der Neuen Aula 21 vorbei, die von 1928 bis 1931 um die rückwärtigen Flügel erweitert wurde. Für die beiden laufenden Bronze-Epheben in neoklassizistischer Manier stand angeblich der sozialistische Arzt und Theaterschriftsteller Friedrich Wolf Modell, der Vater des späteren DDR-Spions Markus Wolf. Friedrich Wolf war in den 1920er-Jahren ein begeisterter Anhänger der Turn- und Freikörperkultur.

2 Der Alte Botanische Garten

Der Alte Botanische Garten wurde 1804 angelegt. In erster Linie war der Garten ein Ort wissenschaftlicher Betätigung. Im Jahr 1859 zählte man nicht weniger als 5.526 verschiedene Pflanzenarten. Mit seinem Bestand an exotischen Bäumen, dem Arboretum, diente er aber natürlich auch den Sonntagsspaziergängern als außergewöhnliche Flaniermeile. 1886 wurde ein Palmenhaus errichtet, ein richtiger Glaspalast, der mit seinem Café zu einem beliebten Aufenthalts- und Erholungsort

Im Alten Botanischen Garten

wurde. Nachdem 1967 der Botanische Garten auf der Wanne eingerichtet wurde, riss man das Palmenhaus ab und funktionierte den jetzt Alten Botanischen Garten zu einem Stadtpark um.

Heute ist der Alte Botanische Garten die wichtigste Naherholungszone für Studierende und für die meist balkon- und gartenlosen Bewohner der Altstadt. Auf dem Kinderspielplatz haben die meisten Altstadtkinder einen Großteil ihrer ersten Lebensjahre verbracht, auf den Wegen haben sie Fahrrad fahren gelernt. Die Rasenflächen sind an schönen Sommertagen voll besetzt: Hier wird gelesen, geredet, gespielt. Zwischen den Bäumen spannen Studenten ihre Slacklines auf, Frisbee-Scheiben fliegen über die Köpfe der Sonnenanbeter und der eine oder die andere versuchen sich stundenlang in der Kunst des Jonglierens. Der „Bota" ist alles andere als ein gepflegter Bummelpark. Er ist ein Bürgergarten, ein Studentenhinterhof, ein Liebespärchenasyl und eine Spielwiese mitten in der Stadt.

3 Über die Mühlstraße zur Neckarbrücke

Eine Fußgängerunterführung verbindet den Alten Botanischen Garten mit der Innenstadt. In den Espressobars und Eiscafés rund um den Markt am Nonnenhaus 17 können wir uns mit Cappuccino und Gelato stärken: Bei San Marco gibt es angeblich das beste Eis der Stadt und das Piccolo Sole d'Oro ist schon längst kein Geheimtipp mehr: Im Tübinger Volksmund wird es liebevoll-spöttisch „Café Wichtig" genannt – übrigens auch von den Stammgästen.

Gründerzeithäuser in der Mühlstraße

Eine kleine Brücke über den Ammerkanal 7 führt uns zum Lustnauer Tor 20, wo bis zu Beginn des 19. Jahrhunderts eines der fünf Stadttore stand. Wir gehen die Mühlstraße hinunter zur Neckarbrücke. Nachdem die Mühlen, die der Ammerkanal mit seinem hier besonders starken Gefälle angetrieben hatte, aufgegeben worden waren, baute man in dieser Straße ein paar eindrucksvolle Gründerzeitvillen im „Nürnberger Stil". Es sollte die schönste Straße Tübingens werden, die städtischste und großzügigste. Aber in der zweiten Hälfte des 20. Jahrhunderts wurde sie zur Durchfahrtsstraße unzähliger Autos und damit zur lautesten und schmutzigsten Straße der Altstadt. Selbst die einseitige Sperrung der Straße für den Individualverkehr zu Beginn der 1990er-Jahre konnte nicht verhindern, dass etwa 10.000 Pkws und 1.000 Busse am Tag hier hinauf- und hinunterrollten. Die Fußgänger hetzten durch einen tunnelartigen Straßenschlauch, in dem Wettbüros und ein „Erotik-Shop" im ersten Stock ihr Dasein fristeten. Diese Zeiten sind vorbei: Mit der Renovierung und Reinigung der Stützmauer, dem Abriss eines weit in die Straße hineinragenden Hauses und neuem Straßenbelag ist die Straße heller, freundlicher und offener geworden. Fußgänger und Radfahrer haben mehr Platz bekommen. Abends sorgt die wunderschön ausgeleuchtete Mauerfassade für Atmosphäre. Wer mag, kann einen ganz neuen Fußweg auf der Mauerkrone nutzen, um zwischen den Zinnen der historischen Stützmauer und den Schulberggärten zu flanieren und einen schönen Blick von oben auf die Mühlstraße und die Umgebung werfen zu können.

4 Die Neckarinsel

Von der Neckarbrücke steigen wir das „Blechtrepple" zur Neckarinsel hinunter. Sie entstand zu Beginn des 20. Jahrhunderts, als im Rahmen einer groß angelegten Neckarkorrektur der Flutkanal gezogen wurde, der helfen sollte, die katastrophalen Hochwasser zu verhindern, die eine Bebauung des Gebiets im Süden praktisch unmöglich machten. Das Wort „Neckar" stammt aus dem Keltischen und bedeutet so viel wie „wilder, Geselle", was angesichts des gemächlich dahinziehenden Wassers kaum zu glauben ist, aber daran erinnert, dass es Zeiten gegeben hat, in denen der Fluss für die Menschen in Tübingen durchaus auch gefährlich werden konnte. Auf dem begradigten Fluss konnte man außerdem dem bis dahin nur in den englischen Universitätsstädten Oxford und Cambridge bekannten Studentenvergnügen des Stocherkahnfahrens nachgehen. Mit etwa sechs Meter langen Stangen werden die länglichen Boote mit der raffinierten Sitzplatzkonstruktion, in denen bis zu 20 Personen Platz finden, um die Neckarinsel gestakt. Stocherkähne sind also etwas völlig anderes als Gondeln, die mit einem Ruder gerudert werden. Der Stocherkahnfahrer heißt Kapitän und nicht Gondoliere ... Zunächst waren nur Studentenverbindungen, das Evangelische Stift 10 und einige Studentenwohnheime stolze Besitzer eines solchen Kahns. Man musste über gute Beziehungen verfügen, um in den Genuss einer Stocherkahnfahrt zu kommen. Mittlerweile hat sich dieses typische Tübinger Sommervergnügen jedoch demokratisiert. Es gibt immer mehr Stocherkahnkapitäne, die Touristen um die Neckarinsel stochern, und eine Fahrt auf dem Stocherkahn gehört mit dem Altstadtbummel und einem schwäbischen Essen zum klassischen touristischen „Dreierschritt". Es ist übrigens ziemlich schwierig, den voll besetzten Kahn mit der langen Stange, die nicht gerade leichter wird, wenn sie sich mit Wasser vollgesogen hat, neckaraufwärts zu stochern, ohne allzu oft nähere Bekanntschaft mit den Trauerweiden am Ufer zu machen und die Stocherkahnfahrer gelten nicht zu Unrecht als extrem fitte Typen. Stocherkahn fahren als letzte Männerdomäne? Keineswegs! Mit Simone Gärtner gibt es in Tübingen die erste professionelle Stocherkahnfahrerin auf dem Neckar.

 Karte auf Seite 191

Stocherkahnrennen auf dem Neckar
Das legendäre Stocherkahnrennen findet jedes Jahr an Fronleichnam statt. 1956 wurde es von der Studentenverbindung Lichtenstein aus der Taufe gehoben. Die Mannschaften kommen in Verkleidung. Höhepunkte sind das Durchfahren des „Nadelöhrs" direkt vor der Neckarbrücke und nicht so sehr die Sieger-, sondern die „Verliererehrung": Um sich für das nächste Mal zu stärken, muss jeder aus der Mannschaft, die zuletzt das Ziel erreicht hat, unter dem begeisterten Gejohle des Publikums einen halben Liter Lebertran zu sich nehmen. Studentenulk oder Touristenattraktion? Stocherkahnfahren gehört mit zum Besten, was man im Sommer in Tübingen machen kann: Eine Übung in der Entdeckung der Langsamkeit, eine Stunde zum Träumen und Innehalten, ein entschleunigtes Vergnügen in einer oft viel zu hektischen Welt.

Ein Haus für die Tauben
Das Taubenhaus links auf der Insel ist einer der vielen Versuche, die die Stadt unternimmt, um der Taubenplage Einhalt zu gebieten. Das Fehlen natürlicher Feinde und

Stocherkahnrennen

ein überreichliches Nahrungsangebot haben dazu geführt, dass die Taubenpopulation in der Altstadt immer weiter zugenommen hat. Seit einigen Jahren siedelt man deshalb die Tauben in zwei Taubenhäusern regelrecht an. Die dort gelegten Eier werden entfernt und durch Gipseier ersetzt. Auf diese Weise soll der Taubenbestand nachhaltig dezimiert werden. Die Maßnahme ist anscheinend ziemlich erfolgreich und nimmt vor allem den Tierfreunden den Wind aus den Segeln, die gegen radikalere Methoden Sturm laufen würden.

Die Platanenallee

Im Jahr 1828 wurde auf dem linken Neckarufer die imposante Platanenallee gepflanzt, die angeblich die längste in Deutschland ist und längst den Rang eines ganz besonderen Naturdenkmals hat. Leider ist die Platanenallee mittlerweile ein Sorgenkind der Stadt: Schlechte Bodenverhältnisse und eine extrem invasive Baumchirurgie in den 1970er-Jahren haben den Bäumen sehr zu schaffen gemacht. Zurzeit unternimmt man große Anstrengungen, um die Allee so lange wie möglich erhalten zu können. Dabei hätte

Platanenallee

man die Platanenallee vor hundert Jahren beinahe gefällt. Zwischen Bahnhof und Neckar wurde immer mehr gebaut, man plante einen großen Güterbahnhof sowie den Bau einer Schlittschuhbahn, einer Badeanstalt, einer Schule und einer neuen Eisenbahntrasse von Tübingen nach Herrenberg – die heutige Ammertalbahn. Damit sollte die Industrialisierung im Neckartal Einzug halten und Tübingen den Ansprüchen und Anforderungen der damaligen Zeit angepasst werden.

Die Protestaktionen zum Erhalt der Platanenallee führten schließlich im März 1909 zur Gründung des Schwäbischen Heimatbundes. Jetzt erfüllt jeden anständigen Tübinger die Vorstellung mit Grausen, der Blick von der Neckarbrücke oder vom Schloss 4 + 5 könnte auf eine kahle Insel fallen, ohne Bäume, die im Sommer Liebespaaren und Boulespielern Schatten spenden und deren Laub jeden Herbstspaziergang zu einem raschelnden Vergnügen macht.

Das Friedrich-Silcher-Denkmal

Am Ende der Platanenallee steht ein Denkmal, das an den Komponisten und Musikdirektor der Tübinger Universität Friedrich Silcher (1789-1860) erinnern soll. Silcher hat unzählige Gedichte vertont und sich besonders um den Chorgesang verdient gemacht, in Tübingen gründete er die „Akademische Liedertafel“. Viele seiner Lieder sind fester Bestandteil jedes Gesangsvereinsrepertoires und gelten längst als Volkslieder: *„Ännchen von Tharau“*, *„Alle Jahre wieder“*, *„Der Mai ist gekommen“* und natürlich auch die Vertonung von Ludwig Uhlands *„Ich hatt' einen Kameraden“*.

Darauf spielt auch das Silcher-Denkmal an, das zwischen 1939 und 1941 von dem Bildhauer Julius Frick gefertigt wurde und ein Paradebeispiel für nationalsozialistische Propagandakunst ist: Sinnend sitzt der Komponist da, in monumentaler Geniedarstellung, die Beine übereinandergeschlagen, das Notenblatt in der Hand. Aus seinem Rücken wachsen verschiedene Figuren, angebliche Gestalten seiner Fantasie und Inspiration, die, dem unseligen Geist der Zeit gemäß, Opferbereitschaft und Heldentod verklären: Da nimmt der Soldat Abschied von seiner Braut, zieht heldenhaft in Kampf und Tod. Den Nationalsozialisten galten Silchers Lieder als *„lebendiger Ausdruck deutscher Volksgemeinschaft“* und der Platz mit dem

Denkmal war für dementsprechende kulturelle Feiern gedacht.

Ottilie Wildermuth

Der kleine Baumbestand hinter dem Silcherdenkmal hat den schönen Namen „Seufzerwäldchen". Hier lustwandelt man, allein oder zu zweit und seufzt – allein oder auch zu zweit. Das Seufzen hat dann jeweils einen anderen Grund ...

Hier steht das einzige Denkmal in Tübingen, das einer Frau gewidmet ist. Der Allgemeine Deutsche Frauenverein ließ es zu Ehren der Tübinger Schriftstellerin Ottilie Wildermuth errichten.

Wir können bis ans Ende der Neckarinsel, auf das sogenannte Bügeleisen, laufen und im Sommer bei schönem Wetter vielleicht sogar ausprobieren, wie sich das Neckarwasser an den nackten Füßen anfühlt, der Fluss ist hier nicht tief.

Ottilie Wildermuth (1817 – 1877)

Nicht zuletzt, um zum Lebensunterhalt ihrer Familie beizutragen, verfasste die Gattin eines Tübinger Gymnasiallehrers über 100 Erzählungen, Romane und Kinderbücher, mit denen sie einen sensationellen Erfolg hatte. Ottilie Wildermuths Bücher handeln hauptsächlich davon, wie eine Frau den an sie gestellten Anforderungen als Ehegattin und Mutter gerecht werden konnte und schufen so zahlreiche Identifikationsmöglichkeiten. Sie vermittelt ein ausgesprochen traditionelles Frauenbild voller Bescheidenheit, Fleiß und Verzicht. Ironie und Übertreibung zeigen dabei jedoch das eigene Unbehagen, was die Akzeptanz dieses Wertesystems angeht. Wildermuths besondere Begabung liegt in der präzisen Beobachtung und genauen Beschreibung, ihre scharfen und treffenden Milieuschilderungen machen sie zu einer Begründerin einer realistischen Heimatliteratur. (Angeblich beschwerten sich nach der Veröffentlichung der „Schwäbischen Pfarrhäuser" nicht weniger als elf Pfarrer, weil sie sich von dem Kapitel „Das geizige Pfarrhaus" persönlich angegriffen fühlten.)

5 Die Alleenbrücke

Unseren Spaziergang setzen wir jedoch fort, indem wir auf der Alleenbrücke den Neckar überqueren und neben dem Fahrradtunnel die Treppen des Schlossbergs in Angriff nehmen. Schon seit 1508 befand sich hier ein hölzerner Steg, der neben der steinernen Neckarbrücke eine zweite Möglichkeit bot, trockenen Fußes über den Fluss zu kommen. Erst 1895 kam man den Wünschen der Bewohner der Neckarhalde und der Derendinger Straße nach und baute eine wenigstens für zweirädrige Karren und Handwägelchen befahrbare Brücke. Diese wurde 1945 gesprengt und jahrelang musste man sich eines hölzernen Provisoriums bedienen, bis 1953 die neue Alleenbrücke in modernster Spannbetontechnik als erstes größeres öffentliches Bauwerk der Nachkriegszeit gebaut wurde.

6 Der Tübinger Schlossberg

Wenn wir die Treppen tapfer hinter uns gebracht haben – keine Angst, es wird nicht noch einmal so steil! – verstehen wir sofort, wie sinnvoll der Fahrradtunnel durch den Schlossberg für das tägliche Tübinger Leben ist. Jetzt stehen wir hinter dem Schloss und gehen nach links durch die Schlossbergstraße 6, mit den Verbindungshäusern der Igel, der Virtembergia und Derendingia und der Studentengemeinschaft Sachsenhaus. Das Verhältnis der Tübinger zu den über 30 Studentenverbindungen, zu denen seit 2012 auch zwei Damenverbindungen gehören, ist gespalten. Auf der einen Seite gibt es eine offene Ablehnung der als extrem konservativ eingestuften Burschenschaften mit ihren berüchtigten Trinkritualen, auf der anderen Seite prägen die oft schlossähnlichen Verbindungshäuser das Tübinger Stadtbild und Veranstaltungen wie das Stocherkahnrennen sind ohne die Studentenverbindungen kaum vorstellbar. Auch das Ideal lebenslanger Freundschaft ist anscheinend in einer von unverbindlichen facebook-Kontakten geprägten Welt nicht ohne Reiz.

7 Das Goethehäuschen

Von der Schlossbergstraße geht es weiter durch den Lichtenberger Weg 7. Hier stehen in attraktiver Höhenlage ebenso attraktive Wohnhäuser, ein schöner Querschnitt durch die Einfamilienhausarchitektur für besondere Ansprüche der letzten fünfzig Jahre. In dieser Straße kann man sich sein Traumhaus aussuchen und über das Schlossfräuleindasein nachsinnen. Auf der rechten Straßenseite sieht man ein originelles, kleines, sechseckiges Gartenhäuschen. Es wird Goethehäuschen genannt, weil Goethe hier am 7. September 1797 nach einem Abendspaziergang über den Schlossberg eingekehrt ist. Er wurde von dem Verleger Johann Friedrich Cotta 16, bei dem er zu Gast war, und dem Apotheker Christian Gmelin, dem das Gartenhäuschen damals gehörte, begleitet. Neben dem Goethehäuschen hat ein mutiger Architekt ein paar außergewöhnliche neue Häuser realisiert, die einen wohltuenden Kontrast zu Landhauscharme und Naturholzidylle bilden.

Am Jakobsweg entlang …

Wir befinden uns hier übrigens auf dem Jakobsweg, der uns, folgten wir den gelben Muscheln auf blauem Grund, über Rotten-

Goethehäuschen

 Karte auf Seite 191

burg und Horb immer weiter Richtung Santiago führen würde. Jetzt können wir uns an den Muschelzeichen orientieren, um links neben dem Lichtenberger Weg auf einem kleinen „Geheimpfad“ weiterzulaufen, von dem aus wir schöne Aussichten auf den Albrand genießen können.

8 Der Tübinger Bismarckturm

Am Ende des Lichtenberger Wegs, auf der rechten Seite, etwas abseits der Straße, steht der Bismarckturm. Von diesen Bismarcktürmen gibt es in Deutschland ungefähr 80, 47 von ihnen sehen so aus wie der in Tübingen. Sie wurden zu Ehren des ehemaligen Reichskanzlers Otto von Bismarck errichtet, sind aber auch Ausdruck einer neuen Freizeitkultur. Im Kaiserreich entdeckt das Bürgertum den Sonntagsspaziergang als Freizeitausgleich und Mittel vaterländischer Erbauung. Man ergeht sich im Grünen, erklimmt dabei gern eine Anhöhe, von der aus man möglichst weit in das nun endlich vereinte Deutsche Kaiserreich schauen kann und fühlt sich – national. Gesteigert werden konnte dieses Vergnügen, wenn auf der Anhöhe ein Turm stand, dem Andenken an Kanzler oder Kaiser gewidmet. 1899 schrieb die Deutsche Studentenschaft einen Architekturwettbewerb aus, der die Errichtung möglichst vieler solcher Türme anregen sollte. Sie waren nicht nur zur Verbesserung der Aussicht gedacht, sondern dienten auch als Feuersäulen, an denen zu Bismarcks Geburtstag und ähnlichen

Bismarckturm

patriotischen Feiertagen Feuer entzündet werden sollten. Der Architekt Wilhelm Kreis gewann mit seinem Modell „Götterdämmerung“ den Wettbewerb. 1907 wurde der Turm in Tübingen eingeweiht. Wer ihn besteigen möchte (was sich lohnt!), kann sich gegen die Zahlung einer Kaution beim Kulturamt der Stadt Tübingen einen Schlüssel ausleihen.

Vorbei an idyllischen „Gütle“ und „Stückle“ (private Gartengrundstücke) geht es bis zum Waldrand. Hier zweigt rechts der Weg ab, der nicht nur zum Schwärzloch führt, sondern auch zur Wurmlinger Kapelle und von dort weiter nach Rottenburg. Verlaufen ist unmöglich, man muss lediglich den Jakobswegmuscheln folgen und läuft so ein kleines Stück über den Spitzberg. Hier in der Nähe lag im Mittelalter die sagenumwobene Ödenburg. Nach verschiedenen Untersuchungen bestand diese ehemalige Burg aus der inneren Burg, dem inneren Graben und der Vorburg. Ein innerer Wall, ein Graben, ein äußerer Wall und ein weiterer Graben bildeten die Außenbefestigung. Ende des 13. Jahrhunderts war die Ödenburg längst untergegangen. Als im Jahre 1291 die Grafen Gottfried und Eberhard von Tübingen als Verbündete des Grafen Ulrich von Württemberg den Grafen Albrecht von Hohenberg bekriegten, wurde die verfallene Burg auf dem Sporn des Spitzberges aus Sicherheitsgründen wieder befestigt, doch bald darauf wieder aufgelassen. Sehen kann man davon allerdings nichts mehr. Aber es ist trotzdem ein „sagen“-hafter Ort, erinnert ein bisschen an Chamisso: *„(Die Burg)... ist nun verfallen, die Stätte wüst und leer, du fragest nach den Riesen, du findest sie nicht mehr.“*

9 Ins Ammertal nach Schwärzloch

Sobald wir den Wegweiser sehen, der rechts nach Schwärzloch 9 hinunterweist, biegen wir ab. Es geht jetzt ein ziemlich steiles Stück bergab, das teilweise über eine Streuobstwiese verläuft. Bei jedem Schritt gibt es einen neuen, herrlichen Ausblick auf das Ammertal, das sich vor unseren Augen ausbreitet - am schönsten im Frühling, wenn die zahllosen Obstbäume wie fedrige Wolken über den Wiesen zu schweben scheinen.

Am Schwärzlocher Hof angekommen, werden wir vielleicht

schon von einer Herde Graugänse oder den Pfauen begrüßt, die auf dem Hofgut leben, das zu den ältesten Wohnplätzen auf Tübinger Stadtgemarkung gehört. Es wird sogar früher urkundlich erwähnt als die Stadt Tübingen selbst: 1085 wurde es dem Kloster Blaubeuren geschenkt. Die seit langem profanierte Kapelle mit Chorapsis und romanischen Skulpturen, in der heute Gesellschaften stilvoll-rustikal speisen können, war vermutlich ursprünglich die Eigenkirche des dortigen Ortsadels. 1477 schenkte sie Abt Heinrich von Blaubeuren der Tübinger Stiftskirche 13 zur Universitätsgründung. Die Kirche wurde so zu einer Kapelle degradiert, die unter der Obhut der Tübinger Pfarrkirche stand. Seit dem 19. Jahrhundert wird die Domäne Schwärzloch von verschiedenen Besitzern als landwirtschaftlicher Betrieb geführt, häufig betreiben die Besitzer auch eine Gastwirtschaft, die immer regen Zulauf hat. Eduard Mörike 10, Ludwig Uhland 2, Justinus Kerner und Isolde Kurz waren wahrscheinlich hier zu Gast. 1886 kaufte der Bauer Kilian Schmid das Hofgut und erhielt endlich eine Konzession zum Ausschank von Wein und Bier und schließlich auch für Most. Auf den hofeigenen Streuobstwiesen gab es genügend Apfelbäume. Noch heute sind Most und Mostbowle – ein Mix aus Most und Zitronensprudel, äußerst lecker, aber mit gebotener Vorsicht zu genießen – die klassischen Schwärzlochdurstlöscher. Zuvor hatte es auf dem Hofgut keinen Alkohol gegeben. Man saß in der Kapelle und erfrischte sich mit einem Becher Milch, weswegen der Hofgutbetreiber im 19. Jahrhundert auch der „Milchkaplan" genannt wurde. Die Gaststätte ist das ganze Jahr über geöffnet und eines der beliebtesten Ausflugslokale.

Seit 1931 befindet sich Schwärzloch im Besitz der Familie Reichert, heute betreibt ein Geschwisterpaar die Gaststätte und die Landwirtschaft, zu der Mastrinder, Hühner und Schweine gehören.

Hier kann man sich in den Biergarten setzen und die Seele über dem Ammertal baumeln lassen. Hin und wieder fährt die rote Ammertalbahn wie ein Spielzeugzug durch die Wiesen und man hat einen schönen Blick über die terrassierten Weinberge – eine einzigartige Kulturlandschaft. *„Am wenigsten ein Jammertal ist die Welt im Ammertal"* heißt es. Bestellen Sie einen Steinkrug voll Mostbowle und einen Vesperteller mit dem legendären Bauernbrot – und glauben Sie es einfach!

Open spaces

In Tübingen, you scarcely need to walk ten minutes to find open spaces, away from cars and narrow lanes. Why not take a stroll?

1 Town Cemetery

The cemetery was founded in 1829 and is a memorial with its own special charm. 200 years of monumental architecture have much to reveal about how we have dealt with life and death, our belief in God and which people have considered to be important after death.

Many of Tübingen's most important citizens have their last resting place under beautiful old gravestones, with grieving angels and cast iron crosses covered in ivy and evergreens. It is possible to take what could be classed as an "all stars tour" here.

2 Old Botanic Garden

The park, which was laid out in 1804, was primarily a place of academic research with over 5,500 different types of plants. However, its wealth of exotic trees also made it a place to take an unusual and interesting stroll. When the new Botanic Garden was set up in the north of the town in 1967, the Old Botanic Garden was turned into a town park, which, today, is used primarily for fun and relaxation.

3 Mühlstrasse

After the mills, powered by the strong currents of the Ammer Canal, had been abandoned, several impressive villas in Historicism and Gründerzeit styles were built in this street. It was supposed to be the most attractive street in Tübingen, the most urbane and the most generously proportioned. But, in the second half of the 20th century, it became the through route for countless cars and thus the loudest and dirtiest street in the old town. Now, the renovation and cleaning of the supporting wall, more space for pedestrians and cyclists as well as a new road surface make the road brighter, friendlier and more open. If you fancy, follow the lovely new path above the coping and enjoy the view from above.

 Map see page 191

4 5 Neckar Island

The Neckar Island was formed at the beginning of the 20th Century, when a tideway was created as part of the correction of the flow of the River Neckar in order to relieve flooding. The flow speed and the depth of the Neckar were reduced, allowing the students to begin punting, just like their fellows in Cambridge. This summer pleasure, originally practiced only by students, is now enjoyed by all: These days, a trip on a punt is an integral part of the visit to Tübingen.

An impressive avenue of plane trees was planted of the left bank of the River Neckar at the beginning of the 19th Century. It is, apparently, the longest in Germany and is regarded as a very special natural monument. At the end of the avenue is a monument to the composer Friedrich Silcher. Silcher wrote countless songs, many of which have become well-known folk-songs. The monument was constructed between 1939 and 1941 and is a perfect example of National Socialist propaganda, incorporating sacrifice and the death of heroes. The trees behind the Silcher monument have the poetic name ”Grove of Sighs“.

This is the only monument in Tübingen to a woman – the Tübingen writer Ottilie Wildermuth. In the middle of the 19th Century, Wildermuth wrote countless novels for women, which were extremely successful.

6 7 Schlossberg

Schlossbergstrasse is the home to the student fraternities, of which Tübingen has about 30. The small hexagonal summerhouse in Lichtenberger Weg is called the ”Goethehäuschen“ due to the fact that Johann Wolfgang Goethe spent time here during a visit to the town in 1797.

The route is also part of the traditional Way of St. James to Santiago de Compostela in Spain, and it is now possible to follow the waymark of the yellow shell on a blue background.

8 The Bismarck Tower

At the end of the 19th Century mighty towers started to appear all over Germany. From these it was not only possible to look out over the finally unified German Empire, but upon which fires were to be lit on the birthday of, and as a sign of respect for, the Imperial Chancellor, Otto von Bismarck. The Tübingen Tower ist the result of an architectural competition. Out of a total of 80 towers in Germany, 47 are identical to this one.

Spitzberg

If you follow the waymark of the shells, you will walk across Spitzberg which was home to the so-called Ödenburg, which already lay in ruins by the 13th Century. The route leads directly to the Wurmlingen Chapel, a symbol of the District of Tübingen, and from there to Rottenburg.

9 Schwärzloch

Descending from the Spitzberg, the route runs on to the Schwärzlocher Hof, which is one of the oldest residential areas in the town of Tübingen. The long-deconsecrated chapel was probably the proprietary church of the local nobles. Today, the inn is one of the most popular excursion destinations in the area and agriculture is still practised. Cows, pigs, chicken and geese live on the farm along with several peacocks, who always delight the visitors. The estate orchards

View from Schwärzloch to Tübingen

possess sufficient apple trees for that classic gardener's drink: Cider.

Sous les arbres

A Tübingen, il ne vous faut même pas dix minutes à pied pour sortir de la ville, pour être loin des voitures et des rues étroites. Proposition d'une promenade dominicale:

1 Le cimetière de la ville

Ce cimétière a été aménagé en 1829. C'est un lieu de souvenir avec un charme tout particulier. 200 ans de culture mortuaire vous apprendront beaucoup sur notre attitude face à la vie et à la mort, notre foi chrétienne et surtout ce qui importe aux gens au-delà de la mort. Sous les belles pierres tombales ornées d'anges endeuillés et de croix en fer forgé, envahies par le lierre et les pervenches, de nombreux personnages importants et célèbres ont trouvé leur dernière demeure.

2 L'ancien jardin botanique

Ce parc, fondé en 1804, avait autrefois surtout une importance scientifique avec ses plus que 5500 plantes diverses. Mais avec ses arbres exotiques, il a toujours été un lieu de promenade extraordinaire. Après l'aménagement du nouveau jardin botanique au nord de la ville, l'ancien jardin a été reconverti en parc public et il est aujourd'hui essentiellement utilisé comme terrain de loisir et de jeu.

3 Mühlstraße

Autrefois, le canal de l'Ammer actionnait des moulins. A la fin du 19ème siècle, on cessa de l'utiliser comme source d'énergie. Les moulins ont éte détruits et on a construit dans cette rue des maisons très imposantes de style wilhelminien. C'était la rue la plus belle, la plus urbaine et la plus prospère de Tübingen. Mais au milieu du 20ème siècle, d'innombrables voitures ont commencé à l'emprunter et elle est devenue une des rues les plus bruyantes et les plus polluées de la ville. Avec la restauration et le nettoyage des remparts, plus d'espace pour les piétons et les cyclistes et un nouveau revêtement de la chaussée, la Mühlstraße est devenue plus claire, ouverte et accueillante. Si vous souhaitez, vous pouvez maintenant prendre un nouveau petit sentier au dessus des remparts et admirer la belle vue sur la rue et les alentours.

L'ancien jardin botanique

4 5 Neckarinsel

L'île sur le Neckar est une île artificielle: Au début du 20ème siècle, dans le cadre d'une modification du cours du Neckar, un canal fut construit pour éviter les crues. Le Neckar a alors perdu en courant et en profondeur, ce qui a donné aux étudiants la possibilité de faire de la barque à perche, comme leurs homologues de Cambridge et Oxford en Angleterre. Ce qui était autrefois uniquement réservé aux étudiants est maintenant devenue la plus grande attraction touristique de Tübingen.

Aux années 30 du 19ème siècle, on a planté l'imposante allée des platanes sur la rive gauche de la rivière. Il s'agit probablement de la plus longe allée des platanes d'Allemagne et c'est un patrimoine naturel extraordinaire.

Au bout de l'allée, un monument commémore le souvenir du compositeur Friedrich Silcher. Il a composé d'innombrables chansons dont beaucoup sont devenues des chansons populaires. La mise en musique d'un poème de

«Neckarkanal» et «Gartenstraße»

Ludwig Uhland sur la mort d'un soldat en champ de bataille a inspiré la conception de ce monument réalisé entre 1939 et 1941. Il s'agit d'un parfait exemple de la propagande nazie qui idéalise l'abnégation et la mort héroïque.

Les arbres situés derrière le monument portent le joli nom „le bosquet à soupirs". Ici, on vient se promener. Seul ou à deux – en soupirant.

Ici se trouve le seul monument à Tübingen dédié à une femme, l'écrivaine Ottilie Wildermuth. Au milieu du 19ème siècle, Wildermuth écrivit de nombreux romans pour un public féminin avec lesquels elle remporta beaucoup de succès.

6 7 Schlossberg

Dans la Schlossbergstraße, on peut encore voir les maisons de quatre corporations d'étudiants qui en comptent encore une trentaine à Tübingen. La petite gloriette hexagonale dans le „Lichtenberger Weg" est nommée „Goethehäuschen", depuis que l'écrivain Johann Wolfgang Goethe y a fait une halte lors d'un séjour à Tübingen.

Le chemin emprunte maintenant l'itinéraire de la route de Saint Jacques de Compostelle vers l'Espagne. Vous pouvez suivre dès maintenant son symbole, la coquille jaune sur fond bleu.

8 La tour Bismarck

A la fin du 19ème siècle, on a construit dans toute l'Allemagne ces tours imposantes desquelles on ne pouvait pas seulement jouir d'une belle vue sur l'Empire allemand enfin unifié, mais où on allumait aussi des grands feux pour fêter l'anniversaire du chancellier allemand Otto von Bismarck. La tour de Tübingen a été construit dans le cadre d'un concours architectural. En Allemagne, ils existent 47 tours tout à fait semblables. En tout, on en compte près de 80.

Spitzberg

En suivant le symbole de la coquille Saint Jacques, vous traversez le Spitzberg où se trouvait au Moyen Age la „Ödenburg" qui était déjà en ruines au 13ème siècle.Le chemin vous conduit directement à la chapelle de Wurmlingen, l'emblème de la région de Tübingen, et de là à Rottenburg.

9 Schwärzloch

Du Spitzberg vous descendez vers le domaine de „Schwärzloch" qui compte parmi les lieux les plus anciens du territoire de Tübingen. La chapelle, profanée depuis longtemps, était probablement l'église de la noblesse du lieu. A partir du 19ème siècle, le domaine est devenu une entreprise agricole. Les vergers du domaine fournissent les pommes qui servent à faire le cidre, la boisson traditionnelle proposée par le restaurant avec jardin qui est un lieu de restauration très aimé de la région. Le domaine est toujours une exploitation agricole: on y élève des bœufs, des cochons, des poules, des oies et, pour le plus grand plaisir des clients, quelques paons.

Extra-Touren

 Karte auf Seite 215

Unterwegs im Rollstuhl

„Die Stadt hat eine höchst unbequeme Lage auf einem Bergrücken, von beiden Seiten abhängig. Die Straßen sind daher äußerst uneben. Man muss schief herauf und herab gehen, oft mehrere Stufen steigen, ja in einigen Häusern steigt man von der Spitze des Dachs in eine andere Straße. Dazu kommt, dass die Straßen meist sehr eng, krumm und schlecht gepflastert sind."

So abschätzig äußerte sich 1781 der Berliner Reisende Friedrich Nicolai über Tübingen. Und noch heute werden ihm zumindest einige Menschen Recht geben: Für Menschen mit Behinderungen, für Alte, Versehrte oder Eltern mit Kinderwagen sind die vielen Treppen und heftigen Steigungen sowie das malerische, aber nicht gerade benutzerfreundliche Kopfsteinpflaster in der Tübinger Altstadt keine reine Freude. Dieser Spaziergang richtet sich also vor allem an all diejenigen, die aus welchen Gründen auch immer, schlecht zu Fuß sind. Aber er ist auch eine schöne Möglichkeit, die Tübinger Altstadt zu erkunden, wenn man nur wenig Zeit hat und trotzdem möglichst viel von der Stadt sehen möchte. Andrea Pfanner, eine sehr engagierte junge Frau, die einen Elektrorollstuhl nutzt, war maßgeblich an der Planung beteiligt und hat mich auf der Tour begleitet: Mit einem Elektrorollstuhl ist die Strecke problemlos zu bewältigen. Bei einem Schieberollstuhl braucht man etwas sportliche Kondition oder eine Hilfe. Wir haben einen Rundgang mit gleichem Start- und Zielpunkt erarbeitet, der natürlich an jeder beliebigen Stelle begonnen werden kann. Um Steigungen zu vermeiden, sollten Sie sich jedoch an die vorgeschlagene Richtung halten. Die Erklärungen zu den einzelnen Stationen und Sehenswürdigkeiten finden Sie unter den angegebenen farbigen Nummern in den entsprechenden Kapiteln.

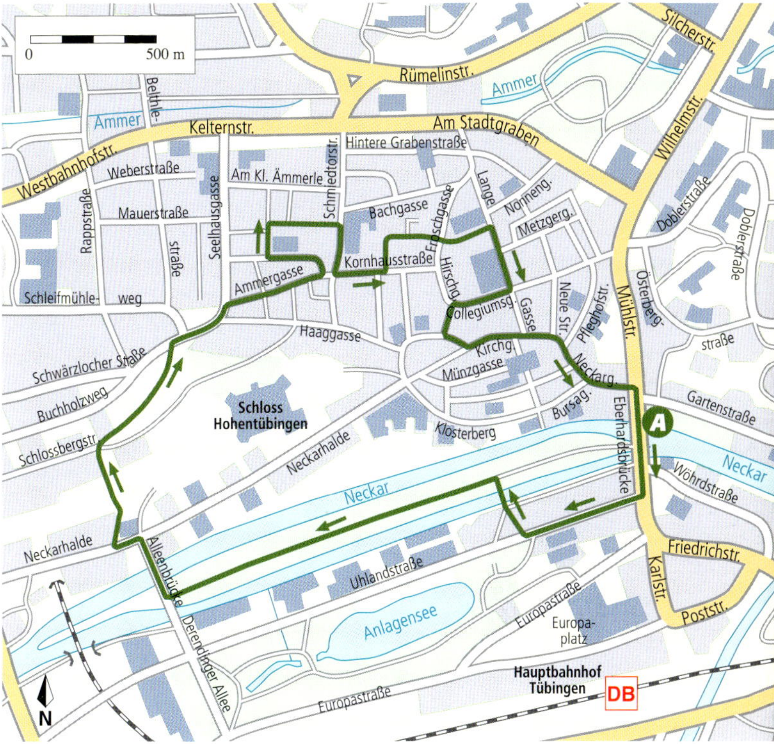

Wir beginnen unseren Spaziergang auf der Neckarbrücke, unweit des (Bus-)bahnhofs und dem Neckarparkhaus in der Wöhrdstraße. Wer von der Neckarbrücke auf die Platanenallee möchte und keine Treppe steigen kann oder keine Lust hat, den Kinderwagen wieder einmal zu tragen, überquert die Brücke, biegt links in die Uhland-Straße ein und fährt bis zum Platz der Stadt Monthey. Hier wird er von Ludwig Uhland begrüßt, der, von Gustav A. Kietz in Bronze gegossen, seit 1873 über die Stadt wacht. Der Politiker, Wissenschaftler und Dichter wurde als Freiheitskämpfer und Vordenker der nationalen Einheit im Kaiserreich so verehrt, dass es heute angeblich in jeder Stadt Deutschlands eine Uhlandstraße gibt. In Tübingen ist man dem großen Sohn der Stadt zuliebe noch einen Schritt weiter gegangen. Neben einer Uhlandstraße und einem Uhlanddenkmal gibt es noch ein Uhlandbad, eine Uhlandstube, ein Uhlandgymnasium und auch die Polizeiwagen sind nach ihm benannt: “Uhland zwo, bitte kommen!“

Über den Indianersteg gelangt man auf die Neckarinsel 4. Warum diese Brücke, die die Neckarinsel über dem Flutkanal mit dem Festland verbindet so heißt, weiß keiner genau. Vermutlich haben sie spielende Kinder so genannt und irgendwann stand der Name dann offiziell im Kataster.

Von der Neckarinsel aus hat man einen wunderschönen Blick auf die Neckarfront, die Schokoladenseite der Stadt – ebenso auf viele Sehenswürdigkeiten: Den Hölderlinturm 12 3 mit der Stocherkahnanlegestelle, die Burse 11, das Evangelische Stift 10 und das Schloss 5 4. Wir passieren das Silcherdenkmal, seufzen im Seufzerwäldchen und werfen einen Blick auf das Denkmal für die Tübinger Schriftstellerin Ottilie Wildermuth.

Von der Neckarinsel wieder herunter auf die Alleenbrücke 5, gelangt man nur über eine Treppe oder einen kurzen, aber steilen Anstieg, der zudem noch in einer Kurve liegt. Wer den Rollstuhl mit Muskelkraft bewegt, ist entweder richtig sportlich oder benötigt Hilfe. Mit einem Elektrorollstuhl, einer Gehhilfe oder einem Kinderwagen ist es jedoch kein Problem.

Wir passieren die Alleenbrücke, durchqueren den Fahrradtunnel unter dem Schlossberg und kommen so zum Haagtorplatz 8. Wenn man sich von dort Richtung Ammergasse bewegt, kann man hoch oben das Schloss erblicken. Durch die idyllische Ammergasse 6 gelangen wir zur Krummen Brücke 4 und biegen von dort links in die Schmiedtorstraße ein. Hinter dem Bürgerheim, dem ehemaligen Spital, das heute als Alten- und Pflegeheim genutzt wird, befindet sich der Herzogliche Fruchtkasten 12, eines der schönsten und größten Fachwerkhäuser der Stadt. Hier ist mit dem Bürgeramt ein Teil der Stadtverwaltung untergebracht. Ein in Sitzhöhe angebrachter Türöffner und ein mit dem übrigen Bodenbelag deutlich kontrastierender Blindenleitstreifen sollen möglichst vielen Menschen mit Behinderung den selbstständigen

Besuch des Bürgeramts ermöglichen.

Um die Jakobuskirche 11 von allen Seiten erleben zu können, biegt man am besten gegenüber vom Bürgeramt links in die Madergasse ein und umrundet die Kirche, sodass man schließlich wieder an der Krummen Brücke landet. Von dort geht es weiter durch die Kornhausstraße zum Stadtmuseum 2 8, das für RollstuhlfahrerInnen bequem zugänglich ist. Der wunderschöne kleine Platz hinter dem Stadtmuseum wird Stiefelhof genannt. Das Grundstück ist das älteste in Tübingen, das urkundlich erwähnt wird: 1323 ist bereits von einem Ledergerber namens Stiefel die Rede, der hier sein „Gesäß" hatte.

In den Gassen rund um Bürgeramt, Bürgerheim und Stadtmuseum, die vollständig mit Kopfsteinen gepflastert sind, wurden in den letzten Jahren Fahrstreifen für Rollstühle, Kinderwagen und alle diejenigen angelegt, die auf dem holperigen Kopfsteinpflaster nicht klar kommen – und das sind nicht nur Damen auf Stöckelschuhen!

Wir halten uns vom Stadtmuseum her kommend rechts Richtung Johanneskirche 15. Wer in die Kirche hinein möchte und

Fahrstreifen im Kopfsteinpflaster

keine Treppen steigen kann oder mag, findet links eine Rollstuhlrampe.

Weiter geht es jedoch rechts durch den schönen Durchgang zwischen Kirche und Wilhelmsstift 16. Es ist einer der vielen zauberhaften Orte in Tübingen, die mitten in der Stadt liegen und trotzdem vollkommen ruhig und verträumt sind: Im Sommer ist hier eine der besten Gelegenheiten, um während eines Stadtbummels ein Baby zu stillen. Statt der Betriebsamkeit eines Cafés bekommen Sie hier manchmal sogar ein bisschen Orgelmusik zu hören, wenn in der Kirche gerade jemand übt.

Unser Rundgang führt uns am Wilhelmsstift, dem ehemaligen Collegium illustre, vorbei die Lange Gasse hinauf und dann rechts in die Collegiumsgasse. Wenn man sich dann links hält, kommt man über die Hirschgasse auf den Marktplatz 1 mit Rathaus 2 und Neptunbrunnen 3. Leider machen die hohen Kantsteine, das grobe Kopfsteinpflaster und ein paar Treppenstufen vor dem Rathaus einen Bummel über den Wochenmarkt zu einem etwas umständlichen Vergnügen.

Vom Marktplatz geht es weiter durch die Kirchgasse auf den Holzmarkt 17. Der Aufgang zur Stiftskirche 13, am Cotta-Haus 16, Martinianum 15 und Alter Aula 14 vorbei, ist ebenfalls ziemlich steil, aber mit Elektrorollstuhl oder Schiebehilfe zu bewältigen.

Steil ist auch die Neckargasse, die „Hauptgeschäftsstraße" der Stadt, die jetzt vom Holzmarkt zum Neckar hinabführt. Sie avancierte durch den Bau der Mühlstraße im 19. Jahrhundert sozusagen zur verkehrsberuhigten Zone und war für wohlhabende Kaufleute und „bessere" Handwerker die Wohnlage der Wahl. Ein Zigarrenhändler setzte vor sein Haus einen Anbau, ließ ihn bunt bemalen und verpasste ihm ein goldenes Dach. Das sah hübsch aus und wirkte exklusiv und teuer. Heute sind die Ladenmieten hier so hoch wie nirgendwo sonst in Tübingen. Deshalb haben hier vor allem Ladenketten ihre Filialen. In einer Stadt, in der es noch sehr viele liebevoll gestaltete inhabergeführte Fachgeschäfte gibt, nimmt sich diese Straße deshalb vergleichsweise beliebig aus. Dafür verführen Bäckereien, Cafés und Eisdielen zu einem kulinarischen Abstecher.

Unten angelangt, stehen wir wieder auf der Neckarbrücke, dem Ausgangspunkt unseres Spaziergangs.

Tübingen für Menschen mit Behinderungen

Es gibt spezielle Tübingen-Stadtpläne für RollstuhlfahrerInnen und Menschen mit Sehbehinderung, die zum Beispiel im Tourist- und Ticketcenter des Bürger- und Verkehrsvereins an der Neckarbrücke erhältlich sind. Der Bürger- und Verkehrsverein bietet auch spezielle Führungen an: Die „Rolli-Tour" und „Tübingen erfassen" können Sie buchen unter:
▶ www.tuebingen-info.de

Behindertenparkplätze finden Sie unter:
▶ www.tuebingen.de, Stichwort: Behindertenparkplätze

Das Koordinationstreffen Tübinger Behindertengruppen, ein Arbeitsbereich des Sozialforums Tübingen hat eine Datenbank zur Barrierefreiheit von Ämtern, Geschäften, Cafés, Hotels und vielen anderen Einrichtungen eingerichtet, die Sie unter www.sozialforum-tuebingen.de finden. Den kompletten Stadtführer „Barrierefrei durch Tübingen" gibt es auch als PDF-Datei zum Download.
Er hat 332 Seiten und bietet eine Fülle an Informationen, die weit über das hinausgehen, was ein touristischer Stadtführer bieten kann. Sollten Sie dort eine gewünschte Information zu einer Einrichtung nicht finden, rufen Sie am besten direkt dort an.
▶ www.sozialforum-tuebingen.de/index.php?menuid=50.

Auskünfte über die Zugänglichkeit zentraler Universitätsgebäude oder die Gebäude der Fakultäten erhalten Sie bei der Beratungsstelle für behinderte und chronisch kranke Studierende der Universität Tübingen:
▶ www.uni-tuebingen.de/studium/beratung-und-information/studieren-mit-behinderung.html

Unterwegs in die Umgebung

Kloster Bebenhausen

Das ehemalige Zisterzienserkloster Bebenhausen liegt ein paar Kilometer außerhalb der Stadt im Schönbuch, direkt an der alten B 27. Man kann also sehr bequem einfach mit dem Auto oder Bus hinfahren. Es eignet sich aber auch hervorragend als Ziel für einen ausgedehnten Spaziergang. Dafür startet man entweder auf dem Sand (Bushaltestelle Drosselweg) oder in Tübingen-Lustnau an der Adlerkreuzung. Der Weg ist gut ausgeschildert, man kommt ohne Karte zurecht.

Kloster Bebenhausen

Die Bebenhäuser Zisterzienser waren im 14.Jahrhundert die reichsten Grundherren in der Region und das sieht man dem unglaublich schönen Kloster auch an: Das filigrane Fächergewölbe des Sommerrefektoriums scheint förmlich zu schweben, und im Kreuzgang sind die jeweils völlig unterschiedlichen Maßwerkfenster nicht nur ein Meisterwerk der Steinmetzkunst, sondern auch ein wundervolles Symbol für die Vielfalt von Gottes Schöpfung. Vermutlich wurde das Kloster 1183 von dem Tübinger Pfalzgrafen Rudolf gegründet, der zu diesem Zweck Zisterzienser aus Schönaich nach Tübingen holte. Mit dem Bau der Klosteranlage wurde bereits im 12. Jahrhundert begonnen. Die Anlage entspricht den klassischen Regeln zisterziensischer Klosterarchitektur, die Selbstbeschränkung, Zurückhaltung, Verzicht und Askese vorschreibt und gerade deshalb besonders harmonisch und ausgewogen ist.

Nach der Reformation wurde das Kloster als evangelische Klosterschule genutzt. 1806 ließ König Friedrich I. das ehemalige Abtshaus zum Jagdschloss umbauen. Vor allem König Wilhelm von Württemberg und seine Gemahlin, Königin Charlotte, beide passionierte Jäger, nutzten das Schloss im Schönbuch intensiv und zogen sich nach König Wilhelms Abdankung 1918 sogar dauerhaft dorthin zurück.

In den Jahren 1947 bis 1952 diente das Kloster als Sitz des Landtags von Württemberg-Hohenzollern, die Abgeordneten übernachteten oft in den eigens zu diesem Zweck umgebauten Zellen im Dormitorium, im Appartement des Königs waren die Fraktionszimmer untergebracht.

Die lange und vielfältige Nutzungsgeschichte der ursprünglichen Klosteranlage hat es natürlich mit sich gebracht, dass immer wieder einzelne Gebäudeteile umgebaut oder hinzugefügt worden sind. Während Bruderhalle und Parlatorium noch die wuchtige Ausdruckskraft romanischer Architektur vermitteln, verweist der spätgotische Dachreiter mit seiner reichen Formensprache auf eine Lockerung der strengen Ordensvorschriften. Renaissance und Barock haben ebenso Spuren hinterlassen und durch die von Königin Charlotte im frühen 20. Jahrhundert veranlassten Umgestaltungen der Schlossräume verfügen diese über

Jugendstilelemente, die schon sehr modern wirken.

Heute stehen Kloster und Schloss ganzjährig für Besichtigungen offen. In die Schlossgemächer kommt man nur im Rahmen einer Führung, die aber auch für das Kloster unbedingt empfehlenswert ist. Neben regulären Führungen gibt es eine ganze Reihe ausgesuchter Spaziergänge und ein umfangreiches museumspädagogisches Programm für den klösterlichen und königlichen Nachwuchs.

▶ www.kloster-bebenhausen.de

Wurmlinger Kapelle

Wandern auf dem Jakobsweg

12 km Jakobsweg: von Tübingen über die Wurmlinger Kapelle nach Rottenburg

Es muss nicht immer Spanien sein: Wandern auf dem Jakobsweg kann man auch von Tübingen aus. Am besten beginnt man stilecht in der Unterstadt bei der Jakobuskirche 11. Dem gelben Muschelzeichen auf blauem Grund folgend, geht es durch die Judengasse 5 hinauf aufs Schloss Hohentübingen 4 und von dort über Schlossbergstraße 6 und Lichtenberger Weg 7 auf den Spitzberg. Weiter geht es, immer dem Muschelzeichen hinterher, durch den Wald Richtung Wurmlinger Kapelle. (Achtung: Auf der Wurmlinger Kapelle gibt es keine öffentlichen Toiletten! Die letzte sanitäre Anlage vor Rottenburg ist also – der Wald!) Die Kapelle, das Wahrzeichen des Landkreises, ist schon von Weitem zu sehen:

„Luftig, wie ein leichter Kahn,
Auf des Hügels grüner Welle,
Schwebt sie lächelnd himmelan,
Dort die friedliche Kapelle."

Das Gedicht von Nikolaus Lenau hat das Bild sehr treffend eingefangen! Nach einer alten Legende soll bereits um 1050 der sagenhafte Calwer Graf Anselm die Kapelle auf dem Wurmlinger Berg als Grabkapelle für sich und seine Familie gestiftet haben. Angeblich hat der stets reiselustige Graf zu Lebzeiten verfügt, sein Sarg solle von einem Paar ungebändigter Ochsen dahin gezogen werden, wo diese hinwollten – und die Ochsen zogen ihn erstaunlicherweise den steilen Kapellenberg hinauf.

Heute stehen wir vor der vierten Kirche: Während des Dreißigjährigen Krieges brannte die einstige romanische Kapelle 1644 ab und wurde 1683 in der heutigen Form wieder aufgebaut. Sie war ein beliebtes Wallfahrtsziel, das die Augustiner Chorherren des Klosters Kreuzlingen betreuten. Diese wetteiferten vor allem im 17./18.Jahrhundert mit den Rottenburger Jesuiten, die für die Wallfahrtskirche im Weggental zuständig waren, darum, wer mehr Pilger in seine Wallfahrtsstätte locken konnte.In den Jahren 1962 und 1963 wurde die Kapelle gründlich renoviert und restauriert. Dabei wurde auch die frühromanische Krypta aus der ersten Hälfte des 12. Jahrhunderts mit ihren wuchtigen Pfeilern mit den für die Hirsauer Schule typischen Würfelkapitellen der Öffentlichkeit zugänglich gemacht.

Weinterrassen bei der Kapelle

Das Schönste an der Kapelle ist jedoch der weite Blick, den man auf die Umgebung hat und der einem das Herz aufgehen lässt.

Der Kapellenberg ist übrigens einer der sonnenreichsten in der Umgebung, weshalb hier viel Wein angebaut wird. Ein Weinlehrpfad rund um den Kapellenberg liefert jede Menge Amüsantes und Wissenswertes rund um den Saft der Reben.

Nach einem letzten Rundblick steigt man den Kreuzweg herunter nach Wurmlingen, durchquert das Dorf und macht sich auf den letzten Abschnitt Richtung Rottenburg, der zwischen Feldern hindurch in die Stadt hineinführt.

Rottenburg am Neckar

Die Diözese Rottenburg-Stuttgart ist eines der größten Bistümer in Deutschland. 1821 wurde Rottenburg Bischofssitz, heute leben 2,1 Millionen Katholiken in den über 1000 Kirchengemeinden zwischen Bodensee, Schwarzwald und Schwäbischer Alb.

Ganz unumstritten war die Entscheidung für Rottenburg nicht. Vor allem die Martinskirche mit ihrem im Verhältnis zum Kirchenschiff verschobenen Chorraum erschien als Dom ungeeignet und man überlegte, ob man sich einen Neubau leisten sollte. Auf diese Wünsche reagierte der „Königlich Württembergische Katholische Kirchenrath" wenig freundlich:"... auch trägt ein großartiger Tempel zu Rottenburg nichts dazu bei, dass die Katholiken Württembergs zu geistigen Tempeln Gottes werden". Mit immer neuen Renovierungen versuchte man in den folgenden Jahrzehnten, den Dom angemessen herzurichten. Zur 175-Jahr-Feier der Diözese fasste man den mutigen Entschluss, den mittlerweile völlig überbeanspruchten Kirchenbau grundlegend zu erneuern. Es gelang, einen großartig modernen Kirchenraum zu gestalten, der die baulichen Mängel der Kirche in ein schlüssiges Konzept überführt, das vor allem durch Licht und Weite besticht.

Rottenburg am Neckar

Der Raum unter dem Turm wurde zu einer Sakramentskapelle umgewidmet. So entstand zwischen Chor, Schiff und Turmraum ein Gleichgewicht, das den gesamten Kirchenraum zur Ruhe kommen lässt.

Der neue Altar nimmt die zentrale Stelle der Kirche ein und bildet eine sichtbare Verbindung zwischen Gemeinde, Domkapitel und Bischof. Dadurch wurde es möglich, der Kathedra einen gebührenden Raum zu geben, in dem sich Bischof und Domgemeinde unter den Schutz des heiligen Martinus stellen, dessen kunstvolle Skulptur aus dem 15. Jahrhundert den Bischofssitz deutlich überragt.

Das helle Kirchengestühl aus kanadischem Ahorn, der helle Boden aus Gauinger Travertin und zeitgenössische liturgische Gerätschaften wurden wirkungsvoll mit den vorhandenen Elementen wie den Apostelfiguren und den bunten Fenstern aus den 1950er- und 70-Jahren kombiniert.

Auf diese Weise ist ein spannungsvoller und ausgewogener Kirchenraum entstanden, der einer Bischofskirche angemessen ist und in dem der einzelne Gläubige seiner Gottesbeziehung nachspüren wie auch die gesamte Gemeinde ihre Verbundenheit mit dem christlichen Glauben feiern kann.

Ein gutes Beispiel für die Verbindung von alter Bausubstanz mit neuen Elementen ist die neue Diözesanverwaltung am Eugen-Bolz-Platz, die am 12. Juli 2013 eingeweiht werden konnte. Das Bischöfliche Ordinariat ist ein Knoten- und Angelpunkt der gesamten Diözese. Hier arbeiten 320 Menschen und im Diözesanarchiv wird die Geschichte des Bischofssitzes aufbewahrt. Zwischen dem barocken Rohrhalder Hof und dem Bischofspalais, einem Jesuitenkolleg aus der Renaissance, entstand ein Neubau für das Archiv und Büroräume. Besonders befremlich und beeindruckend ist die wuchtige Klinkerfassade des Neubaus. Sie sieht so ganz anders aus als die transparente Stahl- und Glasarchitektur, an die sich das 20. Jahrhundert gewöhnt hat. Die Ziegelmauer ist so massiv wie das Westwerk einer romanischen Kathedrale, wehrhaft und ein bisschen geheimnisvoll. Für den Architekten Arno Lederer ist der Ziegelstein der dem Menschen angemessenste Werkstoff: Man kann ihn bequem in einer Hand halten, das Gewicht ist angenehm, die Textur jedem vertraut. Kein Stein gleicht dem anderen und erst viele Steine ergeben ein Ganzes. Dieses menschliche Maß ist ein schönes Symbol für eine Einrichtung, die sich in den Dienst an den Menschen stellen möchte.

Von Rottenburg ins Weggental

Vom Dom aus bummeln wir durch die gemütliche Bischofsstadt, die immer ein wenig gemächlicher daher kommt als das vergleichsweise quirlige Tübin-

Wallfahrtskirche Weggental

gen. Enge Gassen und weite Plätze mit Bauwerken aus acht Jahrhunderten prägen das im Kern immer noch mittelalterliche Stadtbild. Das gelbe Muschelzeichen führt uns an der Justizvollzugsanstalt – neben der Diözese der größte Arbeitgeber der Stadt – vorbei aus Rottenburg hinaus zur Wallfahrtskirche im Weggental. Die Wallfahrt zur Schmerzhaften Muttergottes, einer kleinen volkstümlich-derben Pietà aus Holz, besteht seit Beginn des 16. Jahrhunderts. Sie wurde von Jesuiten betreut, die in jeder Hinsicht Gottesdienst und Sakramentenempfang förderten. Die Pilger erschienen zahlreich und in Geberlaune, und so war es Ende des 17. Jahrhunderts möglich, diese wunderschöne und ungewöhnliche Kapelle von dem berühmten Baumeister Michael Thumb aus dem Bregenzer Wald erbauen zu lassen.

Klarheit und Symmetrie bestimmen das Bauwerk. Vergleicht man die Kirche im Weggental mit der grandiosen, rauschhaften Üppigkeit der oberschwäbischen Barockkirchen, überrascht hier eine fast schon protestantische Strenge. Hier fliegen nicht Hunderte von Engeln durch den Raum, hier wölbt sich kein Deckenfresko geradewegs in den Himmel hinein. Die Kirche im Weggental ist erstaunlich schlicht. In symmetrisch strenger Ordnung setzt sie sich aus zwei Teilen zusammen: dem größeren Gemeinderaum und dem kleineren Chorraum. Der ganze Innenraum ist weiß und lichterhellt. Die Wände sind glatt, nur an den Kapitellen der Pilaster befinden sich rein weiße Stuckaturen. Auch die Farbgebung überrascht durch ihre Strenge und Schlichtheit, die Kirche ist geradezu „unbunt". Außer Schwarz, Weiß und Gold kommt kaum anderes in der gesamten Gestaltung des Innenraums vor und dabei handelt es sich ja eigentlich nicht um „richtige" Farben. Dieses ungewöhnliche Farbkonzept ist natürlich Programm. Es drückt die Hoffnung aus, dass alle Freude und alles Glück, das im strahlenden Weiß der Wände und des Gewölbes symbolisiert wird, sowie all unser dunkles Leid und unsere schwarze Trauer eines Tages aufgehen werden in der Herrlichkeit des Herrn, die einer strahlenden Sonne gleich im Gold des Hochaltars ihren Ausdruck findet.

Nachdem die Wallfahrt im 19. Jahrhundert fast zum Erliegen kam, strömen heute wieder viele Menschen ins Weggental, das mittlerweile von einem knappen Dutzend Franziskaner betreut wird. Sie kommen natürlich auch „einfach so", vor allem aber zu den vielen Konzerten, die hier stattfinden, zu den Maiandachten und vor allem in der Weihnachtszeit, um die große und liebevoll gestaltete Weihnachtskrippe von 1840 anzuschauen.

Wer nicht weiter „jakobswandern" will, kehrt wieder um nach Rottenburg. Züge und Busse nach Tübingen verkehren auch an Wochenenden und Feiertagen ziemlich regelmäßig. Um die Wartezeit zu verkürzen, kann man sich trefflich im „Prinz Karl", gegenüber dem Bahnhof, mit riesigen Kuchenstücken in hinreißender „Café-Plüsch"-Atmosphäre stärken.

Schloss Hohenentringen

Ein lohnendes Ausflugsziel für einen kleinen Wandertag ist das Schloss Hohenentringen. Natürlich lässt sich die „Mostburg", wie sie spaßeshalber genannt wird, auch mit dem Auto erreichen. Das gilt aber als ziemlich unsportlich ... und die legendäre Mostbowle schmeckt auch viel besser, wenn man sie sich auf Schusters Rappen erarbeitet hat.

Am besten startet man auf der Wanne, an der Bushaltestelle „Kunsthalle". Zwischen den mehrgeschossigen Wohnblocks steigt man in einer Unterführung ein paar Treppen hoch und folgt dann der Beschilderung zum Heuberger Tor. Hier gibt es auch einen Parkplatz, wenn man mit dem Auto unterwegs sein sollte. Von hier aus geht es ganz gemütlich am Schönbuchrand entlang Richtung Hagelloch. Der Ausblick über die Wiesen bis zum Albtrauf ist zu jeder Jahreszeit ein besonderes Erlebnis. Ab dem nächsten Wanderparkplatz folgen wir der Beschilderung durch den Wald hindurch bis nach Hohenentringen.

Der Schönbuch ist ein über 15 Hektar großer Naturpark, Lebensraum für viele seltene Pflanzen und Tiere. Darunter auch außergewöhnliche Bäume wie zum Beispiel uralte Eichen, sogenannte Huteeichen, die dem Vieh Schutz boten, als der Schönbuch noch hauptsächlich als Weidewald genutzt wurde.

Mittlerweile ist der Schönbuch ein Erholungsgebiet für die gesamte Stuttgarter Region geworden, Spaziergänger und Wanderer, Radler und Nordic Walker finden hier mehr als genug Möglichkeiten, um sich auszutoben. Der Name Schönbuch, der eigentlich nicht von dem Wort Buche abstammt, sondern sich von dem Flüsschen Schaich ableitet, das ihn durchquert, ist trotzdem zutreffend: Die meisten Bäume sind Buchen, und es gibt relativ wenig dichten und dunklen Nadelwald. Dazu kommen zahlreiche Lichtungen: An heißen Sommertagen ist der Schönbuch nur bedingt ein kühler Schattenspender.

Die Anfänge von Hohenentringen gehen vermutlich bis ins 11. Jahrhundert zurück, im 15. Jahrhundert wurde eine Burg erbaut. In der Gaststube des Schlosses hängt ein Bild von Gunhild von Ow, das auf eine Begebenheit dieser Zeit anspielt: 1417 wohnten fünf miteinander verwandte Familien auf Hohenentringen, die zusammen mehr als hundert Kinder gehabt haben sollen. Diese machten sich angeblich allsonntäglich gemeinsam in langer Prozession zur Kirche auf, sodass, wenn der erste die Kirche betrat, der letzte erst die Haustür hinter sich schloss. Der heutige Bau wurde im 18. Jahrhundert errichtet. Heute ist das Schloss im Besitz der Freiherren von Ow und wird von einer Pächterfamilie als Gastwirtschaft mit Biergarten betrieben. Hier gibt es natürlich Schwäbisch-Deftiges, dazu genießt man Weizenbier oder Most und fühlt sich beim prächtigen Ausblick über den Schönbuch und das Gäu wunderbar „burgherrlich“.

24 Stunden Tübingen

Das Beste an einem Tag

9.00 Uhr Laufen am Neckar

Start und Ziel sind die Neckarbrücke: Sie laufen durch Platanenallee und Seufzerwäldchen, den Ausblick auf die Neckarfront genießend, bis zur Alleenbrücke, überqueren diese, laufen immer parallel zum Neckarufer an Sportplätzen, Wiesen und Feldern vorbei Richtung Hirschau, überqueren die Brücke vor der L371, der Kingersheimer Straße, und laufen auf der anderen Uferseite wieder zurück: Zunächst geht es durch die Streuobstwiesen am Fuß der Weinterrassen, dann durch eine neu angelegte Wohnsiedlung mit interessanter Architektur. Hinter dem Campingplatz gibt es die Möglichkeit, über eine Treppe hinunter an den Neckar zu gelangen. Bei der nächsten Brücke wird der Fluss wieder überquert und am Freibad vorbei läuft man durch die schönen Alleen wieder zurück zur Neckarbrücke. Genussläufer brauchen dafür etwa eine knappe Stunde.

11.00 Uhr Kaffee im Hanse

Sie bewaffnen sich mit der lokalen Tageszeitung und gehen ins „Hanseatica" in der Neuen Straße. In Tübingens ältestem Stehcafé gibt es Kaffee und leckere Butterbrezeln an 50 Jahre alten Resopaltheken mit Blick auf die Straße. Die Einrichtung ist Original Fifties, der Kaffee frisch gemahlen. Hier planen Sie Ihr Abendprogramm: Theater? Konzert? Kino? Lesung? In Tübingen kommen „Kultouristen" in jedem Fall auf ihre Kosten. Und wer abends lieber abfeiern möchte: www.partykel.de ist ein übersichtliches Kultur- und Nightlifeportal.

11.30 Uhr Turmstürmer sein

Verschaffen Sie sich einen Überblick: Vom Turm der Stiftskirche hat man eine schöne Aussicht über Stadt und Umland. Und der Aufstieg lohnt sich nicht nur wegen der Aussicht: Vom Chor der Kirche geht es über den ganzen Dachboden, den der Astronom Michael Mästlin als Observatorium nutzte, in den Turm mit Uhrwerk und Glockenstube.

12.00 Uhr Altstadt erleben

Lassen Sie sich treiben zwischen oberer und unterer Stadt. Bummeln Sie über den Marktplatz, flanieren Sie längs des Ammerkanals, machen Sie einen Schaufensterbummel oder durchstöbern Sie die Buchhandlungen und Antiquariate. Genießen Sie den Wechsel zwischen verträumten Gässchen und lebhaften Geschäftsstraßen.

13.30 Uhr Mittagessen im Stern

Es muss nicht immer schwäbische Küche sein. Bei Bruno im Stern gibt es feine, bodenständige mediterrane Küche zu hinreißendem Studentenkneipencharme, stil- und geschmackvoll, dabei durchaus bezahlbar. Mittags isst man ein Zwei-Gänge-Menü aus marktfrischen Zutaten der Saison: Essen wie bei der Nonna. Dazu die passenden Weine, aufmerksamen Service und eine wunderbar entspannte Atmosphäre.

14.30 Uhr Schlossführung

Nach dem Essen tut Bewegung gut, deshalb geht es rauf aufs Schloss. Dort begeben wir uns auf eine kleine Reise durch Raum und Zeit, zu fremden Ländern und Menschen. Genießen Sie die pure Schönheit der Skulpturensammlung im Rittersaal, lassen Sie sich anrühren von Pferdchen und

Schloss Hohentübingen

Mammut aus dem Lonetal. Jedes Objekt in diesem großartigen Museum erzählt Ihnen eine Geschichte. Hören Sie zu!

16.00 Uhr Kaffeepause
Vielleicht im Ranitzky auf dem Marktplatz? Die Anspielung auf Literatur und Osteuropa ist Programm, es gibt hier außer gutem Kaffee und raffinierten heißen Schokoladen auch immer eine Auswahl an Zeitungen und dazu ein schönes, ästhetisch gelungenes Kaffeehausambiente. Wer statt Marktplatz lieber Neckarblick möchte, geht ins Bellevue an der Neckarbrücke und genießt außer der Aussicht in eleganter Atmosphäre himmlische Kuchen und Torten.

17.00 Uhr Stocherkahn fahren
Das muss einfach sein! Es wäre übertrieben zu behaupten, dass Sie sonst nicht in Tübingen gewesen wären, aber eine bessere Möglichkeit, die vielbesungene Tübinger Idylle zu erleben, gibt es nicht. Natürlich ist es ein Touristenvergnügen und das Gegenteil von einem Geheimtipp. Aber manchmal ist eben gerade das eine Empfehlung.

18.30 Uhr Zeit für einen Aperitiv
Am besten bei Michele im Piccolo Sole d'oro, der Bar für die italienischen Momente im Leben. Im Sommer auf der Terrasse am Affenfelsen, im Winter in der gemütlichen, angenehm unprätentiösen Bar mit dem unvergleichlichen „Listino prezzi"-Schild über dem Tresen. Starten Sie mit einem Achtel Rosé oder einem Bitterino in den Abend. Am Donnerstag gibt es Live-Musik dazu.

Serviceteil

Essen und Trinken

Eine völlig unvollständige, willkürliche Liste aller Lieblingsplätze von morgens bis abends

Hanseatica

Richtig guter Kaffee seit 1959 – und seit 1959 im Stehen und an Resopal. Bleibende Werte!

▸ Hafengasse 2
Tel. (0 70 71) 5 17 84

Piccolo Sole d'Oro

Eine absolut unprätentiöse, aber deshalb umso charmantere Espressobar mit Terrasse. Bei Michele trinkt man morgens Cappuccino, mittags einen schnellen Espresso und abends den Aperitiv. Ein richtiges kleines Stück Italien. Donnerstags gibt es Live-Musik, am ersten Freitag im Monat „Disco" für alle, deren 15. Geburtstag etwa 30 Jahre zurückliegt.

▸ Metzgergasse 39
Tel. (0 70 71) 5 28 37

Chocolat

Manchmal mag man keinen Kaffee. Dann ist zum Beispiel eine Trinkschokolade mit Chili eine gute Alternative. Sehr schön, zum Stehen und mit Ausblick.

▸ Kirchgasse 9
Tel. (0 70 71) 25 27 17
www.chocolat-tuebingen.de

Ranitzky

Die Anspielungen sind beabsichtigt: stylisher, osteuropäischer Kaffeehauscharme, eine schöne Mittagskarte, gute Weine und viele Zeitungen. Allein, zu zweit oder in einer größeren Gruppe. Super zentral am Marktplatz gelegen und für alle Lebenslagen geeignet.

▸ Tel. (0 70 71) 2 13 91
www.ranitzky.de

Bellevue

Eine Etage über den Sorgen, direkt mit Blick auf den Neckar, erwartet Sie ein wunderschön elegantes Café mit dem nostalgischen, aber unverstaubten Charme eines Wiener Kaffeehauses. Der schönste Ort in Tübingen, um nach dem Stadtbummel mit der Tochter eine Schokolade zu trinken oder liebe Freunde zum Geburtstagskaffee einzuladen. Abends gibt es feine Speisen und manchmal sitzt ein Mann am Klavier. Wirklich romantisch!

▶ Neckargasse 22
Tel. (07071) 253273
www.bellevue-tuebingen.de

Ludwigs

Der kleine, flippigere Bruder des gediegenen Hotel Krone. Für den Kaffee vor der Arbeit, zum Mittagessen mit der Freundin oder zum Business-Lunch. Mit raffinierten Tagesgerichten und einem leckeren Mittagsbuffet. Und am Sonntag gibt es hier Langschläfer-Frühstück bis 18.00 Uhr!

▶ Uhlandstraße 1
Tel. (07071) 133121
www.ludwigs.cc

Kichererbse

Die arabische Antwort auf Döner: Falafelbällchen, gegrilltes Gemüse, Salate, Linsensuppe, alles orientalisch, vegetarisch und richtig lecker. Topadresse für alle, die schnell essen und trotzdem gut für sich sorgen möchten. Der Party-Service ist unschlagbar: alles schmeckt, alles ist liebevoll zubereitet und auch für schmale Geldbeutel geeignet.

▶ Metzgergasse 2
Tel. (07071) 52171

Schöne Aussichten

Gemütliches und verwinkeltes Café mit viel Flair in Uni-Nähe. Nachmittags gibt es Kaffee und Kuchen, abends ein Glas Wein. Originell: Auf der Homepage gibt es eine Schreibwerkstatt, auf der man eigene Gedichte veröffentlichen kann. Perfekt geeignet, um zwischen zwei Terminen eine Weile abzutauchen - oder für das erste Date an einem windigen Spätherbsttag!

▶ Wilhelmstraße 16
Tel. (0 70 71) 2 28 84
www.schoene-aussichten-tuebingen.de

Mayerhöfle

Eine der ältesten und gemütlichsten Weinstuben Tübingens: Hier probiert man Weine aus der Region und verzehrt dabei das mitgebrachte Vesper! Für Gruppen werden individuelle Weinproben angeboten. Das Mayerhöfle hat nur zwei-bis dreimal im Monat geöffnet. Das verleiht ihm den diskreten Charme des Außergewöhnlichen!

▶ Haaggasse 8,
Tel. (01 51) 15 70 43 22
www.mayerhoefle.de

Wurstküche

Schwäbische Gastfreundschaft im Herzen von Tübingen: Die Speisekarte ist ein witziger Schwäbisch-Sprachkurs, das Essen bodenständig, üppig und lecker, die Gaststube urgemütlich, urig und urschwäbisch!

▶ Am Lustnauer Tor 8
Tel. (0 70 71) 9 27 50
www.wurstkueche.com

♿ Manufaktur

Hier gibt es ausschließlich Pizza und zwar besonders lecker und mit Liebe gemacht. Die Preise sind ausgesprochen zivil, die Atmosphäre studentisch, lustig und laut. Gut geeignet für Familien mit hungrigen Teenagern! Eine telefonische Reservierung ist nicht möglich, wenn man als Gruppe kommen möchte, sollte man aber unbedingt persönlich einen Tisch bestellen.

▶ Vor dem Haagtor 1 – 2

Wirtshaus Casino am Neckar

In dem schönen Gebäude direkt am Neckarufer war früher die Offiziersspeiseanstalt der in Tübingen stationierten Garnison. 2006 wurde dieses „Casino" zu einem modernen Wirtshaus umgestaltet. In großzügigen Gasträumen, stilvollen Besprechungszimmern und einem gemütlichen Biergarten mit Stocherkahnanlegestelle gibt es regionale und bodenständige Küche. Genießen wie Gott in Tübingen!

▶ Wöhrdstraße 25
Tel. (07071) 650750
www.casino-am-neckar.de

Neckarmüller

Die Gasthausbrauerei ist das einzige Gasthaus im Landkreis Tübingen, in dem das Bier vor den Augen der Gäste gebraut wird: ganz frisch und naturtrüb. Das Essen passt dazu. Am besten schmeckt es im Sommer unter den großen Kastanienbäumen im wunderschönen Biergarten oder im Winter in der gemütlichen Gaststube neben den großen kupfernen Braukesseln.

▶ Gartenstraße 4
Tel. (07071) 27848
www.neckarmueller.de

Mauganeschtle

Wer Hotelrestaurants lieber meidet, wird hier bekehrt: Im Mauganeschtle gibt es schwäbische Spezialitäten vom Feinsten und alles andere als gutbürgerlich, vor allem Maultaschen in ungewöhnlichen Variationen: saisonal, regional, genial!

Burgsteige 18
Tel. (07071) 92940
www.hotelamschloss.de

Forelle

Hinter den romantisch verschnörkelten Fensterscheiben der Weinstube erwartet Sie eine aufwändig restaurierte historische Gaststube mit Eichenvertäfelung und üppiger Deckenmalerei. Der Service ist extrem freundlich und das Essen passt dazu: modern interpretierte regionale Küche, viel Wild und alles markt- und zappelfrisch. Besonders fein sind die schwäbischen Tapas, kleine Versucherle quer durch die schwäbische Küche, schön für einen Abend mit Freunden.

▶ Kronengasse 8
Tel. (07071) 24094
www.weinstube-forelle.de

Gastronomie in der Alten Kelter

Eine gekonnte Mischung aus regionaler Küche mit internationalen Einflüssen in einem modern inszenierten historischen Rahmen. In fröhlicher Runde, zum weinseligen Plauderabend mit der besten Freundin oder zum romantischen Essen zu zweit: Topadresse! Dazu verführt die Fromagerie Holzapfel mit leckerem Käse und die Liquid Bar mit fantasievollen Cocktails.

▶ Schmiedtorstraße 17
Tel. (07071) 254690
www.diekelter-tuebingen.de

Centrale

Modern eingerichtete und trotzdem gemütliche Kneipe mit guten Weinen, ideal zum Freunde treffen.

▶ Doblerstraße 10
Tel. (07071) 5668904
www.centrale-tuebingen.de

Saints & Scholars

Irischer Pub mitten im Univiertel, studentisch und sympathisch, mit Billardtisch und Raucherzimmer. Manchmal gibt es Live-Musik oder Salsa-Partys.

▶ Wilhelmstraße 44
Tel. (07071) 256408
www.saints-and-scholars.de

Collegium

Wer befürchtete, dass es irgendwann statt „richtiger“ Studentenkneipen nur noch superchice Lounges zum Cocktailschlürfen geben würde, kann aufatmen: Im Collegium kann man in liebevoller Flohmarktatmosphäre ein Bier aus der Plopp-Buddel oder eine selbst gemachte Limonade trinken. Das Ambiente folgt dem Trend zum geordneten Chaos: Kein Stuhl ist wie der andere, ein bisschen Kitsch, ein bisschen antiker Charme. Richtig nett und immer richtig voll!

▶ Lange Gasse 8
Tel. (07071) 9208148
www.collegium-tuebingen.de

Café Latour

Leben im Süden! Mittags gibt es sehr gutes und raffiniertes Essen quer durch Europa in schöner, familiärer Atmosphäre, abends gibt es Jazz, oft live und immer entspannt.

▶ Bei den Pferdeställen 2
Tel. (0 70 71) 15 75 47
www.café-latour.de

Tatami

Die Köstlichkeiten, die die Ethnologin Sabine Koschorreck und ihre japanische Sushiköchin ihren Gästen in der Tatami-Lounge ihres Restaurants im Tübinger Mühlenviertel formvollendet servieren, verhalten sich zu Asia-Imbiss und Supermarktsushi wie reine Seide zu billigem Polyester. Auch zum Mitnehmen in den klassischen Bento-Boxen. Itadakimasu!

▶ Magazinplatz
Tel. (0 70 71) 7 70 46 45
www.tatami-restaurant.de

Nachtleben

Es gibt eine „richtige" Disco, das Top Ten in der Reutlinger Straße, und diverse Clubs zum Tanzen, viele Salsa- und Tango-Möglichkeiten, Kneipen, in denen bis in die frühen Morgenstunden Musik aufgelegt wird und natürlich eine Menge (halb-)öffentlicher Feten und Partys. Da die Szene aber von Semester zu Semester wechseln kann und deshalb ungefähr so greifbar ist wie eine Handvoll Quecksilber – dafür aber ebenso lebendig – informiert man sich am besten bei

▶ www.partykel.de,
▶ www.partymoon.de oder
▶ www.tuebinger-kalender.de.

Bummeln und Einkaufen

Tübingen ist eine Stadt für Bummelanten und Flaneure, für die Liebe auf den ersten Blick und das gewisse Etwas. Für Billigturnschuhe oder Freizeitkleidung ist Tübingen nicht gemacht und das ist gut so: Beim Spaziergang durch die Altstadt finden Sie viele schöne Läden für die vielen schönen Dinge im Leben, mit liebevoll dekorierten Schaufenstern und freundlicher Beratung. Hier finden Sie, was Sie gar nicht gesucht haben!

Essen

Der Wochenmarkt

Am Montag, Mittwoch und vor allem am Freitag auf dem Marktplatz, am Samstag rund um die Jakobuskirche. Kommen Sie nicht hungrig, das ist gefährlich. Probieren Sie Käse und Oliven, Obst der Saison, genießen Sie knackiges Gemüse, das meiste aus der Region. Die Forelle ist zappelfrisch und das Huhn hat gestern noch gegackert. Ein Fest für die Sinne und der allerschönste Start ins Wochenende.

Mokka

Der Laden duftet! Nach Kindheit und Kaffeebohnen! Sie finden hier ausgesuchte Kaffees, viele Teesorten, exklusive Pralinen, aber auch rote Himbeerbonbons wie aus dem Kaufmannsladen und Nougat aus Montélimar. Fair gehandelte Schokolade und Kaffee aus Tübingens zukünftiger Partnerstadt Moshi sorgen dafür, dass der Genuss ein gutes Gewissen macht.

▶ Collegiumsgasse 12
Telefon (07071) 551699
www.mokka-tuebingen.de

Safran

Persien trifft Schwaben! Bei Shirin und Gerhard Krauss gibt es außer dem sagenhaften Safran über hundert verschiedene Gewürze und Kräuter, ausgefallene Honigsorten, verschiedene Senfarten, Balsamico-Essig und alle möglichen Kochzutaten, die man sonst nirgends findet. Genüsse aus aller Herren Länder eben. Eine ebenso persisch-geheimnisvolle wie schwäbisch-bodenständige Verführung.

▶ Metzgergasse 13
Telefon: (0 70 71) 94 66 99
www.safran-tuebingen.de

Blumen

Florian

„Blumen, Pflanzen, Pötte“ beschreibt Martin Barth gut gelaunt sein Warensortiment. Hier gibt es Blumensträuße, die aussehen wie ein Spaziergang über eine Wiese. Rosen, von deren Duft einem schwindlig werden kann, ausgefallene Zimmerpflanzen und Stauden aus heimischen Gärtnereien. Keine Grünlilien und keine Gerbera an Drahtstielen. Schöne Übertöpfe und Vasen sowie eine Menge allerliebster Nippes setzen Blumen und Pflanzen wirkungsvoll in Szene. Die detailverliebte und romantische Ladeneinrichtung bildet zu alldem die perfekte, inspirierende Kulisse.

▶ Metzgergasse 31
Tel. (0 70 71) 55 02 11
www.florianblumen.de

Anziehen

Marbello und Marbello gossip

Bei Monica Berglund gibt es Kleidung statt Klamotten! In zwei einander ergänzenden Boutiquen finden Mütter und Töchter Ausgefallenes und Schönes für den besonderen Anlass und für jeden Tag, vor allem von skandinavischen und spanischen Modemachern, viele kleine Marken, elegant oder flippig und immer weit weg von jedem Einheitsdesign. Dazu gibt es Schmuck und Schuhe. Eine außerordentlich liebenswerte (ehrliche!), kompetente Beratung und eine lockere Atmosphäre verführen dazu, den halben Laden durchzuprobieren – und alles behalten zu wollen.

▶ Neue Straße 16
Tel. (0 70 71) 2 38 65
www.marbello.de

Risiko und Risiko Fashion

In einem Laden gibt es Casual-Klamotten, im anderen Elegantes für junge Männer und Frauen. Sehr angenehm: Von jedem Kleidungsstück hängt nur ein Exemplar auf dem Bügel, die passende Größe wird gerne gebracht und der stylish eingerichtete Laden mit der indirekten Beleuchtung ist immer wunderbar aufgeräumt!

▶ Hirschgasse 8
Tel. (0 70 71) 25 66 17
www.risikofashion.de

Italian Shoes

Versteckt in einem idyllischen Hinterhof gibt es feines italienisches Schuhwerk, Lieblingsschuhe in allen Varianten vom Zickenschläppchen bis zum klassischen Herrenschuh. Kein Schnäppchenladen, aber ein faires Preis-Leistungs-Verhältnis. Die extrem fachkundige und sympathische Beratung macht Fehlgriffe auch fast unmöglich, sodass sich die Investition lohnt. Es soll Menschen geben, die nur wegen Italian Shoes nach Tübingen kommen.

▶ Neue Straße 10
Tel. (0 70 71) 2 60 26
www.italian-shoes.org

Lüllich

Natürlich kann man Strumpfhosen auch im Drogeriemarkt kaufen. Aber eigentlich wird jedes Kleid oder jeder Rock erst mit der passenden Strumpfhose zu einem wirklich besonderen Kleidungsstück. Der „letzte Sockenladen vor dem Marktplatz“ hilft Ihnen dabei, Ihr Outfit in ein Gesamtkunstwerk zu verwandeln.

▶ Kirchgasse 5
Tel. (0 70 71) 2 25 22
www.mode-luellich.de

Skatje

Upcycling! Barbara Binder verwandelt alte Kittelschürzen, Männerhemden oder Bettwäsche in neue Damenröcke, Kinderhosen oder Handtaschen. Süße Sachen mit und für Herz und Seele.

▶ Pfleghofstraße 5
Tel. (0 70 71) 9 20 96 78
www.skatje.de

Deko

Edel, ausgefallen, verspielt, klassisch, von fremden Ländern und Menschen, hochpreisig oder auch für den schmalen Geldbeutel geeignet. Zwei davon sind:

Limon

Hier gibt es alles für die Sehnsucht nach dem Süden Frankreichs. Farbenfrohe provenzalische Baumwolldruckstoffe, Seife aus Marseille, Raumdüfte. Außerdem kann man hier Wolle kaufen: Feine Garne für fantasievolle Handstrickmode oder Sockenwolle lassen bei trendbewussten Stricklieseln die Nadeln klappern.

▶ Collegiumsgasse 4
Tel. (0 70 71) 25 33 52
www.limon-tuebingen.de

Dreiraum

Ausgedacht und handgemacht ist das treffende Motto für diese wunderschöne Galerie für exklusive Handwerkskunst in den ursprünglichen klösterlichen Wirtschaftsräumen des historischen Nonnenhauses. Hier gibt es alles in Unikaten oder Kleinstserien. Individueller kann ein Laden nicht sein.

▶ Beim Nonnenhaus 7
Tel. (0 70 71) 86 09 23
www.drei-raum.com

Schreibwaren

Schimpf

Schöne Füllfederhalter, die grünen Bleistifte, mit denen Erich Kästner „Das fliegende Klassenzimmer“ geschrieben hat, sahneeisfarbene Briefpapiere: Das traditionsreiche Schreibwarengeschäft bietet neben Schulbedarf und Büroorganisationsartikeln alles, was die Herzen derer höher schlagen lässt, für die ein papierloser Schreibtisch mehr Tristesse als Fortschritt bedeutet.

▶ Am Lustnauer Tor 1
Tel. (0 70 71) 5 13 51
www.fritz-schimpf.de

Eisenwaren

bero

Sie wollen ein Bild aufhängen, aber nicht gleich die ganze Wohnung vernageln? Sie brauchen Wunderkerzen im August? Sie wollen tatsächlich eine Maus fangen oder haben keine Lust, wegen einer Dose Lackfarbe kilometerlange Baumarktregale abzugrasen? „Der bero“ ist eine richtige altmodische Eisenwarenhandlung, von der man hofft, dass es sie immer geben wird.

▶ Metzgergasse 15
Tel. (0 70 71) 2 66 31

Tübingen für Kinder

Tübingen ist eine junge Stadt. Zu den jungen Leuten gehören nicht nur die rund 29.000 Studierenden, sondern auch jede Menge junger Familien mit erstaunlich vielen Kindern – es scheint eine tübingentypische Geisteshaltung zu sein, mehr als die bundesdurchschnittüblichen 1,4 Kinder pro Haushalt zu haben. Deshalb gibt es eine große Anzahl an Kultur-, Sport- und Freizeitangeboten für Kinder. Viele dieser Angebote richten sich natürlich in erster Linie an Kinder, die in Tübingen zu Hause sind. Aber es gibt auch eine Menge zu unternehmen, wenn man nur ein paar Ferientage hier verbringt – selbst bei schlechtem Wetter und für größere Kinder. Und wenn alles ausprobiert ist, bleiben immer noch Freibad und Kino!

Spielplätze

„Auf den Spieli gehen" ist vor allem für die meist gartenlosen Kinder der Kernstadt eine Selbstverständlichkeit – und für die Eltern eine gute Gelegenheit, mit dem besten Gewissen der Welt auf einer Bank zu sitzen und zu lesen oder andere Eltern zu treffen. Sehr schöne Stadtspielplätze sind im „Zwingerle" am Haagtorplatz, im Alten Botanischen Garten, am Anlagensee und im Volksgarten in der Südstadt, die letzten beiden sind auch für etwas größere Kinder noch attraktiv. Etwas außerhalb, aber sehr schön und für einen längeren Picknickaufenthalt geeignet, liegt der Holzackerspielplatz zwischen Tübingen und Hirschau. Eine vollständige Liste mit Lageplänen findet sich unter

▶ http://www.tuebingen.de/26_8631.html

Teenager finden an der Paul-Horn-Arena beim Freibad eine Kletterwand und eine Halfpipe. Die Kletterwand ist gegen eine Gebühr frei benutzbar, man sollte allerdings etwas Klettererfahrung besitzen. Für Anfänger und Fortgeschrittene finden regelmäßig Kletterkurse statt. Utensilien wie Gurte und Seile können ausgeliehen werden. Weitere Informationen:

▶ www.tsg-tuebingen.de, Abteilung „Klettern".

Tretboot fahren

Eine Stocherkahnfahrt ist für Erwachsene oft DER Höhepunkt ihres Tübingen-Ausflugs. Da man auf dem Kahn still sitzen muss und nur begrenzt selber aktiv werden kann, wird es Kindern schnell langweilig. Die aktivere Alternative ist Tretboot fahren. Wer in einer Stunde die Neckarinsel umrunden will, muss tüchtig treppeln. Der Bootsverleih ist direkt an der Neckarbrücke.

▸ www.bootsvermietung-tuebingen.de

Stadtführungen

Todlangweilig? Sicher nicht, denn es gibt viele Angebote speziell für Kinder (die durchaus auch für deren Eltern geeignet sind): Stadtführungen für Kinder vermittelt der Bürger- und Verkehrsverein

▸ www.tuebingen-info.de

oder die Autorin

▸ www.andrea-bachmann.de

Sommer auf dem Affenfelsen

Museum Schloss Hohentübingen

Im Museum Schloss Hohentübingen kann man malen wie in der Steinzeit, ägyptische Hieroglyphen zeichnen oder sich kleiden wie die Römer. Die zahlreichen museumspädagogischen Angebote sind vor allem für Gruppen geeignet. Man findet sie auf

▶ www.uni-tuebingen.de/

Telefonisch können Sie sich unter Tel.: (0 70 71) 2 97 73 84 über das aktuelle Angebot informieren.

Stadtmuseum

Die Ausstellung über die Scherenschnittkünstlerin und Trickfilmerin Lotte Reiniger im Stadtmuseum begeistert Kinder auch ohne museumspädagogische Anleitung. Diese gibt es aber durchaus, dazu noch eine ganze Reihe weiterer Angebote für Kinder.

▶ www.tuebingen.de/stadtmuseum
Tel.: (0 70 71) 2 04 17 11

Stadtmuseum

Paläontologische Sammlung

In Tübingen gibt es ein richtiges Dinomuseum! Eigentlich handelt es sich um eine Lehr- und Schausammlung der Universität, die allerdings in Deutschland eine Spitzenstellung einnimmt, ausgesprochen ansprechend und auch für Laien beeindruckend schön eingerichtet ist und in der zum Teil weltweit einmalige Objekte gezeigt werden: Schwimm- und Flugsaurier, Dinosaurierskelette, eiszeitliche Säugetiere und vieles mehr. Führungen werden in diversen Fremdsprachen für alle Alters- und Interessengruppen auch außerhalb der Öffnungszeiten angeboten. Hin und wieder gibt es für Kinder eine „Nacht im Museum".

▸ Institut für Geologie und Paläontologie
Sigwartstraße 10
palmus@ifg.uni-tuebingen.de
www.paleo.uni-tuebingen.de

Paläontologische Sammlung

Kinderkunsthalle

Erst in der Kunsthalle eine Ausstellung anschauen und dann selber zum Pinsel greifen! Die unmittelbare Begegnung mit dem in den aktuellen Ausstellungen Gezeigtem motiviert, es selber einmal auszuprobieren. Neben längeren Kursen gibt es immer wieder einzelne Workshops, vor allem in den Schulferien oder samstags. Das aktuelle Programm finden Sie unter

▸ www.kinderkunsthalle.de

Kinderuni

In Tübingen wurde die Kinder-Uni 2002 als Gemeinschaftsprojekt der Tageszeitung Schwäbisches Tagblatt und der Eberhard Karls Universität erfunden - mittlerweile gibt es Kinder-Unis an mehr als 200 Standorten in ganz Europa und darüber hinaus. 2005 erhielt die Kinder-Uni Tübingen den wichtigsten Preis für Wissenschaftskommunikation der Europäischen Kom-

mission, den „Descartes Prize for Science Communication".
Die Vorlesungen, in denen Fragen nachgegangen wird wie „Warum hat ein Regenwurm keine Beine?" Oder „Warum spinnen die Römer?", beginnen in der Regel nach den Pfingstferien. Sie sind immer dienstags um 17.15 Uhr im Kupferbau, Hörsaal 25, Ecke Hölderlin-/Gmelinstraße.
Anmeldungen sind nicht nötig und auch nicht möglich, die Kinder können einfach hinkommen. Wer mehr wissen möchte, klickt bei

▶ www.uni-tuebingen.de/aktuell auf den Themenbereich „Kinder-Uni".

Theater für Kinder

Vorstadttheater

In der Katharinenstraße im Lorettoviertel gibt es ein zauberhaftes Puppentheater, die Tübinger Puppenbühne. Der klassische Kasperl ist dort ebenso zu finden wie märchenhaftes Schattentheater, Stabfigurenspiele oder modernes Figurentheater. Den Spielplan und weitere Informationen bekommen Sie bei

▶ www.vorstadttheater.de

Teo Tiger

Bei Teo Tiger in der Herrenberger Straße 40 gibt es Märchen, Zuruftheater, Abenteuergeschichten und immer viel zu lachen, einmal im Monat sonntags um 16.00 Uhr und für Kinder ab 3 Jahren. Den Spielplan findet man bei

▶ www.theater-teo-tiger.de.

Außerdem betreut das Theater die www.clowns-im-dienst.de, die auf verschiedenen Stationen der Kinderkliniken in Tübingen und Reutlingen unterwegs sind.

Landestheater Tübingen

Das LTT bietet mit einem eigenen Kinder- und Jugendtheater ein fantastisches, anspruchsvolles und abwechslungsreiches Repertoire, die Bandbreite reicht von Stücken für ganz Kleine bis zu Projekten für junge Erwachsene, von Klassikerinszenierungen bis zu Uraufführungen. Was es alles gibt steht unter

▶ www.landestheater-tuebingen.de in der Rubrik „kjt".

Familienbildungsstätte

Die ehemalige „Mütterschule" ist eine wichtige Bildungseinrichtung in der Region. Neben den klassischen „Wickelkursen" bietet sie

ein abwechslungsreiches Programm mit vielen Angeboten für Kinder und junge Erwachsene: vom Bogenschießen bis zum Silberschmieden gibt es eine Menge Workshops.
▶ www.fbs-tuebingen.de

Junge vhs

Die „junge vhs" ist der jüngste Angebotsbereich der Volkshochschule Tübingen. Hier gibt es interessante und spannende Veranstaltungen zu großen und kleinen Themen, für alle zwischen 4 und 18 Jahren. Das Angebot reicht vom Kinderschwimmkurs über die Tonwerkstatt in den Ferien bis hin zur Berufsorientierung.
▶ www.vhs-tuebingen.de

Unter den zahlreichen Märkten und Festen, die in Tübingen stattfinden – und während derer die Stadt manchmal so voll ist, dass das Mitfeiern für kleine Menschen eher eine Strapaze als ein Vergnügen ist – sind zwei für Kinder besonders sympathisch:

Drachenfest

Jedes Jahr am dritten Sonntag im Oktober steigen Tausende kleiner und großer Drachen vom Österberg in den Himmel auf. Ein wunderschönes Bild und ein absolutes Muss für alle unter 12. Angeschlagene Drachen versorgt die Drachenklinik, es gibt Kaffee und Kuchen oder Rote Wurst im Freien. Ein perfekt schöner Herbstnachmittag!

Regionalmarkt

Ende April und Anfang Oktober werden rund um den Marktplatz Spezialitäten von heimischen Wiesen und Feldern angeboten. Sortenreiner Birnensaft, Schaffelle und Lammwürste, Linsen von der Schwäbischen Alb – alle Erzeugnisse stammen aus der Region. Es sieht schön aus, es riecht gut, es schmeckt gut – und auf dem Marktplatz gibt es auch immer einen Albbüffel oder ein paar Ziegen zum Streicheln.
▶ www.tuebinger-regionalmarkt.de

Tübingen für junge Leute

Im Wintersemster 2013/14 haben sich 28.850 Studierende an der Universität Tübingen immatrikuliert. Dazu kommen jede Menge Schülerinnen und Auszubildende. Tübingen ist die Stadt mit dem jüngsten Bevölkerungsdurchschnitt im Bundesgebiet. Diese jungen Leute verabreden sich zum Tatort-Gucken in der Kneipe, chillen im Club oder gehen bis in die frühen Morgenstunden tanzen. Wo das alles besonders gut geht, verrät Yann-Henrik, 18 Jahre alt, Auszubildender bei der Buchhandlung Osiander und leidenschaftlicher Theaterspieler.

Ribingurumu

Ribingorumu ist Japanisch und bedeutet „Wohnzimmer". So ist auch die Atmosphäre. Gemütlich und entspannt. Die Einrichtung ist wild zusammengewürfelt aus Stühlen und Möbeln aller Art und Herkunft. Wie im eigenen Wohnzimmer kann man hier lesen, Brettspiele spielen und abends Fußball oder am Sonntag den Tatort anschauen. Im Sommer wird ein Planschbecken aufgebaut. Ich sitze hier gerne alleine am Fenster und beobachte die Menschen in der Mühlstraße.

▶ Mühlstraße 12

Tangente
Im Erdgeschoss befindet sich ein Raucherraum und ein Tischkicker. Montags trifft man sich zum Karaokeabend, die ganze Woche über freut man sich über Aktionen wie die „Triple Happy Hour“ oder das Musikquiz. Im Keller ist der „Fuchsbau“, ein Club, der am Wochenende rappelvoll ist.
Ideal zum Tanzen, Leute treffen, abfeiern.
▶ Pfleghofstraße 10

Bierkeller
Der Bierkeller wird von einem studentischen Kollektiv betrieben. Unter der Woche ist hier eine ganz normale, gemütliche Kneipe mit sehr zivilen Preisen. Am Wochenende wird getanzt: Zum Beispiel auf der legendären Sackville – Swing and Rock n‘ Roll-Party oder dem Swing Circus.
▶ Wilhelmstraße 15, unter der Mensa

Kino Arsenal / Atelier / Café Haag
Die Kinos Arsenal und Atelier machen seit den 70-er Jahren sehr gutes Programmkino. Man kann hier wunderbare Filme anschauen und vorher und nachher an der Bar das wunderbare Blanks Bier trinken. Im Café Haag im Kinovorraum verschönern immer wieder Live-Musik und Poetry-Slams den Abend.
Hier habe ich schon klasse Gespräche geführt. Man kann hier zwar nicht tanzen, ansonsten stimmt aber alles: die Leute, die Einrichtung, die Stimmung. Das Arsenal ist mein absoluter Lieblingsplatz.
▶ Am Stadtgraben 33, Haagtor 1

Zimmertheater Tübingen

Für alle, die nicht nur chillen wollen: Das Zimmertheater bietet geniale Stücke mit viel Tiefgang, aber auch Theater zum Lachen. Nach dem Theaterbesuch kann man im Foyer noch ein Wein oder ein Bier trinken. Premierenfeiern sind ein Geheimtipp. Meine Empfehlung für alle, die Theater schauen wollen.
▶ Bursagasse 16

Feste und Märkte

Das ganze Jahr über feiert Tübingen größere und kleinere Feste oder richtet Märkte in der Altstadt aus, die Besucher von nah und fern anziehen. Die wichtigsten und schönsten im Jahreslauf:

Regionalmarkt

Regional ist genial! Zweimal im Jahr, im Frühling und im Herbst, packt das Tübinger Umland seine Schätze aus: Whisky aus dem Ammertal und Lammfleisch von der Schwäbischen Alb, Dinkelspätzle und Champagner aus Birnenmost: Einen Samstag lang wird die Tübinger Altstadt zu einer Kulisse für Urlaub auf dem Bauernhof, Traktor und lebendige Albbüffel zum Streicheln inbegriffen.

▸ www.tuebinger-regionalmarkt.de

Markt der Möglichkeiten

An einem Wochenende im Juni präsentieren ausgesuchte Künstler, Handwerker und Kunsthandwerker ihre fantasievollen und vielfältigen Arbeiten, alles handverlesen und ausgesprochen hochwertig, auf dem Platz rund um die Jakobuskirche. Die Jakobusgemeinde funktioniert ihren Kirchenraum zur

Regionalmarkt

Markt der Möglichkeiten

Rosenfest

Verpflegungsstation mit Orgelmusik um und macht die Kirche auf diversen Führungen vom Keller bis unters Dach zugänglich. Schönes Ambiente und fröhlich-familiäre Stimmung mit Kuchen und Kinderprogramm.
▶ www.marktdermoeglichkeiten.de

Stadtfest

Eine bunte Sause in der gesamten Altstadt, die alle zwei Jahre kurz vor den Sommerferien stattfindet. Gut gelaunt feiert Tübingen sich selbst in sommerlicher Atmosphäre. Die Tübinger Vereine verproviantieren die zahlreichen Gäste mit Leckerem, Rustikalem und Raffiniertem aus aller Welt und dazu gibt es auf allen Plätzen und an allen Ecken Musik, Musik, Musik, zum Zuhören, Abtanzen, Wohlfühlen. Cooler Jazz und Blasmusik, türkischer Pop und Trommeln aus Afrika: Für jeden Geschmack wird etwas geboten. Und für die Kleinen gibt es das traditionelle Kinderfest am Samstag im Alten Botanischen Garten.
▶ www.info-tuebingen.de

Rosenfest

Im Juni dreht sich am Anlagensee, zwischen Bahnhof und Platanenallee, alles um die Königin der Blumen. Die Vielfalt an Rosen und ihrer Begleitpflanzen, ein buntes Angebot an Werkzeugen für die Rosenpflege, Rosenaccessoires, Rosenkosmetik, Rosendelikatessen, dazu Vorträge, Musik und Rezitation: ein betörendes Fest für alle Sinne.
▶ www.rosenfest-tuebingen.de

Sommerinsel am Anlagensee

Gepflegte Gastlichkeit von ihrer schönsten Sommerseite! Am Ufer des Anlagensees verwöhnen die Tübinger Spitzengastronomen ihre

Gäste mit kulinarischen Köstlichkeiten vom Feinsten.

▶ www.tuebinger-sommerinsel.de

Umbrisch-Provenzalischer Markt

Am ersten Wochenende nach Schulanfang, zum Sommerausklang, dreht Tübingen noch einmal richtig auf und hat für drei Tage seine Partnerstädte Aix-en-Provence und Perugia zu Gast. Die ganze Stadt duftet nach Lavendel, umbrischem Spanferkelbraten, Olivenpaste und Trüffeltagliatelle. Aber es gibt nicht nur zu essen: Seife aus Marseille, Silberschmuck, Lederwaren und viele andere traditionelle und bezaubernde Dinge aus Umbrien und dem tiefen französischen Süden bringen mediterranes Flair in die Universitätsstadt. Und zum Kommerz kommt die Kultur mit hochkarätigen Ausstellungen, stimmungsvollen Konzerten und vielen kleinen Leckerbissen wie hinreißenden italienischen Gauklern auf ihren meterhohen Stelzen. Am Sonntag findet der Markt seinen Höhepunkt im Tübinger ERBE-Lauf, einem 10 km-Stadtlauf durch die Straßen der Altstadt - nicht nur eines der wichtigsten Sportereignisse der Stadt, sondern unbestritten eines der sympathischsten „Events", das Tübingen zu bieten hat. Unbedingt hingehen! Und noch besser: Mitmachen!

▶ www.tuebingen-info.de/umbrien, www.tuebinger-erbe-lauf.de

Umbrisch-Provenzalischer Markt

ChocolART

Pünktlich zum Nikolaus duftet es in Tübingen nach Schokolade. Kein Schokoladenfest wird hier gefeiert, sondern gleich ein Scho-

Chocolart macht glücklich!

koladenfestival, auf dem ausgesuchte Chocolatiers ihre Produkte einem begeisterten Publikum präsentieren. Dazu gibt es ein üppig-schokoladiges Begleitprogramm mit vielen Verkostungen, Schokolesungen, Pralinenkursen und anderen süßen Genüssen, sogar Schokomassagen werden angeboten. Schokolade macht glücklich.

▶ www.chocolart.de

Weihnachtsmarkt

Der Tübinger Weihnachtsmarkt ist ein besonders anrührendes, unverwechselbares und sympathisches Exemplar seiner Gattung. Er findet nur am dritten Adventswochenende statt, dafür aber in der gesamten Altstadt, und er ist vollkommen und hundertprozentig handgemacht! Hier findet sich Fantasievolles, Hübsches, Witziges, Nützliches an überwiegend privaten Ständen, selbst gestrickt, geklebt, gebastelt, geschreinert - ein Stelldichein der Künstlerinnen und Künstler „Marke Eigenbau". Das gilt übrigens auch für die Musik: Kein Jingle-Bells-Gedudel, sondern ein bunter Querschnitt durch die Tübinger (Kinder-) musikszene mit einem leichten Überhang an Blockflöten sorgt für die akustische Untermalung. Tübinger Vereine schenken Glühwein aus, es gibt Schupfnudeln mit Filderkraut und auf dem Marktplatz dreht sich ein nostalgisches Karussell. Wer sich nach dem Weihnachtsgefühl aus Kindertagen zurücksehnt, hat gute Chancen, es hier zu finden.

Sport und Freizeit

Stocherkahn fahren

Genießen Sie die romantischste Seite Tübingens! Stocherkahn fahren ist eine wunderbare Übung in der Kunst, das Leben von seiner langsamen Seite kennenzulernen und das Entspannteste, Verträumteste und Unaufgeregteste, was man im Tübinger Sommer machen kann. Einfach so oder als poetische Stocherkahnfahrt mit Champagner oder einem zünftigen Vesper: Lehnen Sie sich zurück! Entschleunigen Sie!

Kahn und Kapitän kann man beim Bürger- und Verkehrsverein Tübingen (▶ www.tuebingen-info.de) buchen. Auch die Autorin organisiert Ihnen einen Kahn: www.andrea-bachmann.de

Viele Stocherkahnfahrer sowie der Bürger- und Verkehrsverein unternehmen aber auch Sammelfahrten zu festen Uhrzeiten, die vor allem für Individualreisende geeignet sind. Am besten informieren Sie sich direkt an der Anlegestelle am Hölderlinturm.

Stochernd auf dem Neckar

Freibad

Ein großer Nichtschwimmerbereich mit Riesenrutsche und vielen Planschmöglichkeiten, ein Schwimmerbecken mit Wettkampfbahnen, ein Sprungbecken sowie schöne, gepflegte Liegewiesen mit Ballsportbereich und großzügigem Kinderspielplatz bieten Urlaubstage in der Stadt für die ganze Familie und jeden Badespaßanspruch!

▸ www.swtue.de/baeder/freibad

Boule spielen

In einem Stadtführer mit Spaziergang durch das Französische Viertel darf der Hinweis auf eine Möglichkeit, Boule und Pétanque zu spielen, natürlich nicht fehlen. Am Stadtrand von Tübingen betreibt der Bouleverein mit dem witzigen Namen „La Fanny Joyeuse“ ein Boulodrome. Boulespieler wissen, warum der Verein so heißt, allen anderen wird es unter

▸ www.l-f-j.de erklärt.

Tanzstudio Danzon

„Danzon“ ist ein Ausdruck für eine Tanzbesessenheit, die in diesem außergewöhnlichen Tanzstudio jede und jeden sofort gefangen nimmt. Tanz ist Bewe-

Tanzstudio Danzon

gungskunst und Bewegungskunst ist mehr als die Kunst, sich zu bewegen, es ist Ausdruck von Individualität und Lebensgefühl. Klassisches Ballet für Kinder (auch Jungen!) und Erwachsene, zeitgenössischer Tanz, Hiphop, Streetdance, Samba, Afro Styles – getanzt wird alles, immer sehr anspruchsvoll und mit sehr solider Technik unter der Leitung hervorragender Trainerinnen und Tanzpädagogen. Immer wieder finden Wochenend- und Ferien-Workshops und berufsbegleitende Ausbildungen statt.

▶ www.danzon.de

Laufen

Die für die Entwicklung einer Stadt etwas problematische geografische Lage und die fehlende Industrialisierung machen es heute möglich, direkt von der Wohnungstür aus loslaufen zu können und in kürzester Zeit im Grünen zu sein: Im Wald oder am Fluss, durch die Weinterrassen oder die Streuobstwiesen. In Tübingen gibt es viele schöne und abwechslungsreiche Strecken, für Genussläufer ebenso geeignet wie für ambitionierte Marathonis: Sehr gut geeignet sind das Neckarufer oder die gut ausgeschilderten Laufstrecken auf dem Sand (Waldsportpfad Falkenweg). Wer nicht allein laufen mag, kann sich einem der vielen Lauftreffs anschließen.

▶ www.lauftreff.de

Radeln

Nahezu die schönste Möglichkeit, die nähere Umgebung von Tübingen kennenzulernen, ist es, sie radelnd zu erkunden: Neckar- und Ammertal sorgen dafür, dass es nicht nur bergauf und bergab geht. Wer lieber in einer netten Gruppe als alleine radelt, schon weil der „Einkehrschwenk" dann mehr Spaß macht, findet beim ADFC oder dem Tübinger Radsportverein RV Pfeil Gleichgesinnte. Beide Vereine bieten regelmäßige Touren für gemütliche Feierabendradler, ambitionierte Rennradfahrer oder abenteuerlustige Mountainbiker an.

▶ www.adfc-bw.de/tuebingen/termine-und-touren/ oder

▶ www5.rvpfeil-tuebingen.de

Museen und Galerien

Denken Sie bitte daran: Die Öffnungszeiten gerade kleinerer Ausstellungsräume können sich schnell ändern. Wenn Sie sich besonders für das eine oder andere interessieren, sollten Sie direkt Kontakt aufnehmen. Stadtführungen mit Galeriebesuch unternimmt die Autorin gern mit Ihnen!

1 Galerie Gottschick
Uhlandstraße 10a
72072 Tübingen
Tel. (0 70 71) 3 44 23
www.galerie-gottschick.de

2 d.a.i.
Karlstraße 3
72072 Tübingen
Tel. (0 70 71) 79 52 60
www.dai-tuebingen.de

3 Hölderlin-Gesellschaft
Bursagasse 6
72070 Tübingen
Tel. (0 70 71) 2 20 40
www.hoelderlin-gesellschaft.de

4 Museum Schloss Hohentübingen
Burgsteige 11
72070 Tübingen
Tel. (0 70 71) 2 97 73 84
www.uni-tuebingen.de/museum-schloss

5 Die Antiquariate, Kunsthandlungen und Antiquitätengeschäfte in der Haaggasse haben zu den üblichen Ladenöffnungszeiten geöffnet. Viele von ihnen machen allerdings eine Mittagspause.

6 „H. Fischer“
im Marquardtei-Gebäude
Herrenberger Straße 34
72070 Tübingen
www.elisabeth-barth.de

7 Ugge Bärtle Museum
Herrenberger Straße 12
72070 Tübingen
Tel. (0 70 71) 6 81 25 und
(07 11) 2 57 94 43
Öffnungszeiten: Dienstag und Freitag: 14 – 17 Uhr; Eingang nur am Föhrberg.

8 Stadtmuseum Tübingen
Kornhausstraße 10
72070 Tübingen
Tel. (0 70 71) 2 04 17 11
www.tuebingen.de/stadtmuseum
Öffnungszeiten: Täglich außer Montag 11 – 17 Uhr

9 Galerie Dalmau
Bachgasse 24
72070 Tübingen
Tel. (0 70 71) 5499023
www.galerie-dalmau.de

10 Künstlerbund Tübingen e.V.
Metzgergasse 5
72070 Tübingen
Tel. (0 70 71) 51502
www.kuenstlerbund-tuebingen.de
Öffnungszeiten der Galerie Künstlerbund:
Mittwoch bis Freitag 15 – 18 Uhr; Samstag 11 – 14 Uhr

11 Kulturhalle Tübingen
Nonnengasse 19
72070 Tübingen
www.tuebingen.de/kulturhalle
Öffnungszeiten:
Dienstag bis Freitag 15 – 18 Uhr; Samstag 11 – 14 Uhr

12 Kunstamt Tübingen
Doblerstraße 21
72070 Tübingen
www.kunstamt-tuebingen.de
täglich geöffnet von 14 – 18 Uhr

13 Shedhalle Tübingen
Verein zur Förderung zeitgenössischer Künste
Schlachthausstraße 13
72074 Tübingen
www.shedhalle.de

14 art-shop Galerie Grießhaber
Hafengasse 9
72070 Tübingen
Tel. (0 70 71) 22529
www.art-shop.de

15 Kunsthandlung Christfried Wenke
Kirchgasse 8
72070 Tübingen
Tel. (0 70 71) 22271
www.wenke-kunst.de

16 Kunsthalle Tübingen
Philosophenweg 76
72076 Tübingen
Tel. (0 70 71) 96910
www.kunsthalle-tuebingen.de

Und außerdem:

Nicht in dem „Kunstrundgang“, aber sehr sehenswert, besonders für „große Jungs“ ist das Auto- und Spielzeugmuseum Boxenstop: Hier gibt es auf 850 qm Autos, Motorräder und Fahrräder. Alle sind fahrbereit, alle haben in ihrem früheren Leben Rennluft geatmet – ein Muss für Oldtimerfans. Passend zu den alten Autos gibt es altes Spielzeug von der Zelluloid-Puppe bis zur Dampfmaschine. Das Museum veranstaltet auch Reisen, Events und Incentives.

Boxenstop
Auto- und Spielzeugmuseum
Brunnenstraße 18
72074 Tübingen
Tel. (0 70 71) 55 11 22
www.boxenstop-tuebingen.de
Mittwoch-Freitag 10 – 12 Uhr und 14 – 17 Uhr; Samstag, Sonn- u. Feiertag 10 – 17 Uhr

Boxenstop

Museum der Universität Tübingen

Die zum Teil über fünfhundert Jahre alten, mit einzigartigen wissenschafts- und kulturgeschichtlichen Objekten ausgestatteten Sammlungen der Universität Tübingen gehören zu den bedeutendsten Universitätssammlungen Europas. Seit 2006 arbeitet das Museum der Universität Tübingen (MUT) daran, diese vielfältigen Lehr-, Schau-, Kunst- und Gerätesammlungen organisatorisch miteinander zu verbinden. Die vielen einzelnen Sammlungen sind genauso sehenswert wie die wechselnden Sonderausstellungen, in denen sich die Geschichte der Wissenschaft erleben lässt.

- www.unimuseum.uni-tuebingen.de.

Botanischer Garten

Lust auf eine Weltreise aber weder Zeit noch Geld? Mitten im Januar Sehnsucht nach tropischer Wärme oder mediterraner Blütenpracht? Dann ist der Botanische Garten der Universität Tübingen im Norden Tübingens die richtige Adresse. Hier kann man vom Alpenraum bis in die Wüste durch eine einzigartige Pflanzenwelt streifen. Auf einer Fläche von 10 Hektar finden sich etwa 10.000 Pflanzenarten aus fünf Kontinenten.
Der Garten ist das ganze Jahr über täglich geöffnet. Vorträge und Führungen werden regelmäßig angeboten.

- Botanischer Garten der Universität Tübingen
  Hartmeyerstraße 123
  72076 Tübingen
  Tel. (0 70 71) 29-7 88 22
  www.uni-tuebingen.de/einrichtungen/zentrale-einrichtungen/botanischer-garten

Im Botanischen Garten

Bücherstadt Tübingen

Was literarische Flaggschiffe angeht, so verfügt Tübingen über eine ganze Flotte. Vom Minnesänger Heinrich von Rugge aus dem 13. Jahrhundert über die „romantischen Klassiker" Hölderlin, Uhland, Mörike und Hauff bis zu den aktuell in Tübingen arbeitenden Autoren, die immer wieder auf Bestsellerlisten landen oder für Literaturpreise nominiert werden, lässt sich der Bogen schlagen. Und Tübingen liest!

In der Universitätsstadt gibt es weit über zwanzig Buchhandlungen und Antiquariate sowie eine ganze Reihe renommierter Verlage. Dementsprechend groß ist das Spektrum an Veranstaltungen rund ums Buch. Vom intimen Lyrikabend bei Wein und Käse in einer kleinen Buchhandlung bis zum Event mit einem Popstar der Literaturszene wird so ziemlich alles angeboten, was man mit dem Inhalt zwischen zwei Buchdeckeln machen kann. Literarische Gedenkstätten, poetische Stadtspaziergänge, wissenschaftliche Fachtagungen und ein Stadtschreiberstipendium: In Tübingen wird die Liebe zum Buch in all ihren Facetten gefeiert. Und schließlich kann man Bücher auch einfach nur lesen und das wird in Tübingen ausreichend und überall getan: Im Café und auf der Stadtmauer, im Alten Botanischen Garten und in der Stadtbücherei. Probieren Sie es aus und – lesen Sie gut!

Stadtbücherei Tübingen

1895 richtete der Tübinger Bürgerverein eine Lesestube in einer Gaststätte ein. Heute werden in der Hauptstelle in der Nonnengasse und mehreren Zweigstellen im Stadtgebiet über 200.000 Medien verwaltet: Allein in der Hauptstelle warten 27.000 Romane in mehreren Sprachen auf ihre Leserinnen und Leser, dazu kommen Sachbücher, CDs, DVDs und eine große und schön ausgestattete Kinder- und Jugendbuchabteilung, in der man als Ferienfamilie mit Kindern einen verregneten Nachmittag entspannter (und preiswerter) verbringen kann als im Café. Ferien-

programme und Vorlesestunden sorgen für zusätzlichen Spaß. Aktuelle Zeitungen und Zeitschriften liegen zur Ansicht aus, ältere Exemplare können sogar ausgeliehen werden. Im Sommer lässt es sich im Innenhof unter Bäumen in Ruhe Zeitung lesen, Schmökern und Entspannen: Die Stadtbücherei ist kein Leibücherumschlagplatz, sondern ein gastfreundlicher Leseort.
▶ www.tuebingen.de/stadtbuecherei

Universitätsbibliothek und Fachbereichsbibliotheken

Die Bibliotheken des Tübinger Bibliothekssystems stehen allen Angehörigen der Universität zur Verfügung. Es sind keine öffentlichen Einrichtungen, aber wer sich dort aufhält und die angesagten Verhaltensregeln respektiert: nicht reden, nicht telefonieren, nicht essen, höchstens Wasser trinken, wird normalerweise nicht hinausgeworfen. Wer das gerne tut, kann dort in inspirierender Atmosphäre arbeiten, lernen oder lesen. Neben der großen Universitätsbibliothek gibt es in Tübingen zahlreiche Bereichs-, Fakultäts- und Institutsbibliotheken. Manche sind einfach nur zweckmäßig, einige wunderschön und von ganz besonderem Charme. Welche das sind, wird hier ausnahmsweise nicht verraten.
▶ www.ub.uni-tuebingen.de

Hölderlinturm 12 3

In dem einzigartigen Ambiente des Turmes, in dem auch die Hölderlin-Gesellschaft ihren Sitz hat, liest man Texte von und über Friedrich Hölderlin und seinen Zeitgenossen, aber auch und vor allem zeitgenössische Lyrik, oft in Verbindung mit einem Konzert oder einer Ausstellung. Schüler und Lehrerinnen, Lese- und Literaturkreise, alle, die mit Hölderlin und seinem Werk nähere Bekanntschaft machen oder die sich von Turm und Dichter zu eigenen Texten inspirieren lassen möchten, können eine ganze Reihe Führungen, Projekttage oder sogar Stocherkahnfahrten zum Thema buchen.
▶ www.hoelderlin-gesellschaft.de

Hesse-Kabinett

„Die Jugend des Dichters der Jugend“ wird in den Räumen der Buchhandlung Heckenhauer, in der der 18-jährige Hermann Hesse in die Buchhändlerlehre kam,

auch denen nahe gebracht, bei denen keine völlig zerlesene Siddhartha-Ausgabe mehr daheim herum liegt. In Briefen, auf Fotos und verschiedenen Dokumenten begegnet einem der meistgelesene deutschsprachige Autor des 20. Jahrhunderts als ganz junger Mann, der von hier aus seinen Weg ins Leben gefunden hat. Gemütliche Sessel machen schnell klar, dass Hesse weniger bewundert und eifriger gelesen werden sollte.
Das Antiquariat Heckenhauer, das Roger Sonnewald, der Urenkel von Hesses Lehrherren, führt, befindet sich in denselben Räumlichkeiten und verführt ebenfalls zum Eintauchen in die Hessewelt.

▶ Am Holzmarkt 5
Öffnungszeiten:
Freitag + Samstag 12 – 17 Uhr,
Sonntag 14 – 17 Uhr
Führungen können über das Stadtmuseum gebucht werden:
Tel. (0 70 71) 2 04 17 11

Tübinger Poetik-Dozentur

Ein ganz besonderes Forum der kulturellen Begegnung! In einer von der Universität organisierten

Hesse-Kabinett

Veranstaltungsreihe, die sich gleichermaßen an Studenten, Dozenten und die breite Öffentlichkeit richtet, bietet sich die Gelegenheit, herausragende Autorenpersönlichkeiten aus dem In- und Ausland kennenzulernen und mit ihnen in Vorlesungen und Workshops ins Gespräch zu kommen. Mit großem Erfolg werden Literatur, Wissenschaft und öffentliche Debatte in einem einzigartigen intellektuellen Diskurs verbunden.
▶ www.germ-serv.de/poetikvl

Lesung beim Bücherfest

Tübinger Bücherfest

Deutschlands lebendigstes Bücherfest! Alle zwei Jahre verwandelt sich die Stadt zur Bühne für Literatur. Ein Wochenende lang wird an historischen oder ungewöhnlichen Orten gelesen, diskutiert und gespielt. Es ist eine Zeit voller überraschender Begegnungen und literarischer Entdeckungen, das Buch erobert sich Straßen, Plätze, Gärten, Modehäuser und Schwurgerichtssäle. Bunt, lebendig und wunderbar. Hingehen!
▶ www.tuebinger-buecherfest.de

Noch mehr lesen

Antiquariat Bader

Rotes Sofa, frische Blumen, viele Bücher über Kunst und alles schön hell und übersichtlich. Ein

Antiquariat kann klein und kruschtelig sein, muss es aber nicht. Aufgeräumt und großzügig ist es auch sehr einladend.
▶ Wilhelmstraße 3

Bahnhofsbuchhandlung

Gutes Zeitschriften- und Zeitungssortiment, Bestseller und viel Kitsch und Krimi zum Zugfahren.

Buchhandlung Beneke

1913 wurde die Buchhandlung, deren Sortiment sich hauptsächlich an Juristen und Wirtschaftswissenschaftler richtet, gegründet. 1996 schloss das Ladengeschäft seine Pforten, ein Online-Dienst versorgt die Kunden seitdem mit allem, was für eine aktuelle, qualifizierte Bibliothek notwendig ist.
▶ Gartenstraße 18
www.libronet.de

Antiquariat Bücherkabinett in der Bachgasse

Ein uriger Laden, wo man sogar Ungarisch spricht. Neben Büchern aller Kategorien handelt Arpad Szakacs auch mit Noten und Schallplatten.
▶ Bachgasse 13

Bürger- Verkehrsverein Tübingen

Außer diesem Stadtführer gibt es hier noch viele weitere Bücher über Tübingen in allen Größen und Preislagen.
▶ An der Neckarbrücke

Frauenbuchladen Thalestris

Es gibt tatsächlich noch einen Ort, an dem Frauen unter sich sein dürfen und an dem frau sich nicht entschuldigen muss, weil sie feministisches Gedankengut äußert. Bei der Amazonenkönigin Thalestris gibt es seit über 30 Jahren Frauenliteratur in allen Facetten: politisch, feministisch, wissenschaftlich, lesbisch, künstlerisch. Schöner Ort für kluge Frauen.
▶ Bursagasse 2

Buchhandlung Gastl GmbH

„Der Gastl“ gilt als besonders anspruchsvolle und angesehene Buchhandlung, ein intellektueller Umschlagplatz für theologische, philosophische und belletristische Haute Cuisine. Kaum Krimi, kein Kitsch und schon gar keine Frühstücksbrettchen.

▶ Am Lustnauer Tor 7

Buchhandlung & Antiquariat J.J. Heckenhauer

Ein Teil des Antiquariats wurde zum Hesse-Kabinett umgestaltet. Bei dem Urenkel von Hesses Lehrherren findet man vor allem Geisteswissenschaftliches, Bücher über Württemberg und Tübingen und hin und wieder noch ein Buch, das Hermann Hesse höchstselbst inventarisiert hat.

▶ Holzmarkt 5

Bücherstube Hohnerlein

In dem modernen Antiquariat kann man durchaus Schätze finden: Nicht jedes Buch, das im Ramsch landet, ist ein schlechtes Buch. Manchmal ist sogar das Gegenteil der Fall.

▶ Uhlandstraße 6

Antiquariat Mayrhans

Zwischen den Antiquitätengeschäften in der Haaggasse darf ein Antiquariat nicht fehlen. Hier gibt es alles, vor allem jedoch Kinderbücher, Märchen, Sagen und Bücher über fremde Länder und Menschen und Widmungsexemplare für alle, die Bücher mit Geschichte mögen.

▶ Haaggasse 12

Buchhandlung Osiander

Die Osiandersche Buchhandlung besteht seit 1596 und ist damit nicht nur die größte, sondern auch die älteste der Stadt. Mittlerweile gibt es vier Innenstadtbuchhandlungen mit verschiedenen Schwerpunkten: Wissenschaft, Kinder, Regionales, sowie eine Ausbildungsbuchhandlung mit Modernem Antiquariat. Die Auswahl ist riesig, der Service erstklassig, das Veranstaltungsprogramm üppig und anspruchsvoll. Osiander ist mit über 30 Buchhandlungen im Südwesten längst zum regionalen Marktführer avanciert und bietet mit edel und individuell eingerichteten Ladengschäften eine wohltuende Alternative zu gesichtslosen großen Büchersupermärkten und zum omnipräsenten Mitbewerber aus Seattle.

▶ Wilhelmstraße 12
Metzgergasse 25
Holzmarkt 3
Uhlandstraße 2
(an der Neckarbrücke)

Rosa Lux

Keine Bestsellerverkaufsstelle, sondern ein Laden für Lieblingsbücher zum stundenlangen, selbstvergessenen, anregenden Lesen ist die Buchhandlung von Ulrike Dahmen und Birgit Roever. Hier entdeckt man aufregende neue und alte Autoren aus aller Welt, kleine Verlage mit einem Faible für besonders schöne Bücher und ausgesprochen viele Bücher über Kunst.

▶ Lange Gasse 27

Quichotte

„Solange die Leute Licht und mich im Laden sehen, kommen sie rein." In Tübingens kleinster und charmantester Buchhandlung handelt Wolfgang Zwierzynski mit einem besonderen Sortiment ausgesuchter Literatur kleinerer Verlage. Lyrik, Philosophie, viel Klassisches – eine ungewöhnliche, anregende Mischung, hinter der die Überzeugung steht, mit Büchern die Welt vielleicht doch ein bisschen verändern zu können. Darüber hinaus bietet Quichotte Literaturrecherchen und Lektoratstätigkeiten an und hilft bei der Beschaffung antiquarischer Bücher.

▶ Neckarhalde 10

Scriptum

Eine wirklich riesige Auswahl an Zeitungen und Zeitschriften in jeder Preisklasse und Geschmacksrichtung, vom Revolverblatt bis zur philosophischen Fachzeitschrift, vom Lokalblatt bis zur Internationalen Presse. Ein Paradies für alle, die lieber blättern als surfen.

▶ Markt am Nonnenhaus

Buchkaffee Vividus

Im Nonnenhaus am Ammerkanal gibt es das Buch zum Kaffee und den Kaffee zum Buch. Ein schöner Treffpunkt für (Bücher-)liebhaber, zum Reden, Träumen und (Zeitung) Lesen, im Sommer in dem zauberhaften Gärtchen des liebevoll sanierten ehemaligen Frauenklosters aus dem 15. Jahrhundert.

▶ Beim Nonnenhaus 7

Buchhandlung Wekenmann Bücher, Licht und mehr

Eva-Maria Beilschmidt führt eine kleine Auswahl Belletristik, dazu katholische, christliche und spirituelle Schriften, Gesangbücher, Tauf-und Altarkerzen, Kruzifixe, Rosenkränze und schöne Bildbände. Die Buchhandlung veranstaltet jedes Jahr einen Schreibwettbewerb für junge Leute, in dem Prosatexte zu einem vorgegebenen Thema prämiert werden.

▶ Lange Gasse 5

Fachbuchhandlung und Verlag H.P. Willi

Regale vom Boden bis zur Decke, die Bücherstapel üben auf Bücherliebhaber einen magischen Reiz aus. Auf kleinstem Platz findet sich für den neugierigen Leser das ein oder andere Schnäppchen oder aber lang Gesuchtes. Fachbuchhandlung für Philosophie, Theologie und Literatur, die vom klassischen Antiquariat (u.a. Erstausgaben und Inkunabeln) über das moderne Antiquariat bis hin zu den „normalen" neuen Büchern das ganze Spektrum bietet.

▶ Wilhelmstraße 8

Musikstadt Tübingen

In Tübingen gibt es kein professionelles Symphonieorchester. Es wird aber behauptet, dass es in keiner anderen Stadt Deutschlands so viele Klaviere in Privathaushalten gibt und dass fast 4.000 Menschen ein Instrument spielen oder in einem der etwa 30 Chöre singen. Hier wird aktiv musiziert: Musikschule, Jam-Club, jede Menge Bands, Orchester und Chöre bilden eine lebendige Musiklandschaft von überraschend herausragender Qualität.

Konzerte des Kulturreferates der Universität Tübingen

Seit über fünfzig Jahren organisiert das Kulturreferat der Universität Tübingen zusammen mit der Museumsgesellschaft Tübingen und der Stadt klassische Konzerte. Dazu gehören eine Winterkonzertreihe im Festsaal der Neuen Aula, zu denen Jahr für Jahr Weltstars der klassischen Musik nach Tübingen eingeladen werden, ein zweitägiges Pianistenfestival und die Bebenhäuser Sommerkonzerte: Im fantastisch stimmungsvollen Sommerrefektorium des Zisterzienserklosters Bebenhausen mit seinem filigranen Fächergewölbe lässt sich hier bei brillanter Kammermusik der Sommer feiern.

▶ www.konzerte-tuebingen.de

Stiftskirche

Ein wichtiger Ort für Liebhaber klassischer oder sakraler Musik ist die Stiftskirche: Seit über sechzig Jahren findet dort jeden (wirklich: jeden!) Samstagabend um 20 Uhr die „Tübinger Motette“ statt. Die Mischung aus Gottesdienst und Konzert ist perfekt geeignet, um die Woche ausklingen zu lassen – oder um sich auf eine besondere Weise auf die Stiftskirche einzulassen. Der Eintritt ist übrigens frei, es wird nur um eine (angemessene) Spende gebeten.
Außerdem wird jedes Jahr im August der Tübinger Orgelsommer gefeiert. Er beginnt an Bachs Todestag, dem 28. Juli. Es folgen Konzerte an den Samstagen und Donnerstagen, bei denen oft bekannte und immer erstklassige Organisten zu hören sind.

Konzert in der Stiftskirche

Außer diesen beiden regelmäßigen Veranstaltungen finden an der Stiftskirche zahlreiche Konzerte mit Kirchenmusik, Klassik und hin und wieder das eine oder andere Jazzkonzert statt.
▶ www.stiftskirche-tuebingen.de

Noch mehr Klassik

Klassische Musik hören kann man außerdem in der Hochschule für Kirchenmusik, vor allem in der Reihe „acht nach acht" an den Donnerstagabenden im Semester (▶ www.kirchenmusikhochschule.de), sowie auf den Konzerten der Tübinger Musikschule (▶ www.tuebinger-musikschule.de) und den zahlreichen Laienorchestern und Chören, wie zum Beispiel dem Collegium musicum, dem Ärzteorchester oder der Studentenphilharmonie. Das klingt gut.

Vielklang-Festival

Seit drei Jahren organisiert Felix Thiedemann mit seiner Klassik-Manufaktur im Sommer ein junges und vielseitiges Klassikmusikfestival, das sich (...) richtet. Das Programm ist außergewöhnlich, die KünstlerInnen ebenfalls. An den Meisterkursen darf man auch als „passiver" Gast teilnehmen und so die Arbeitsweise renommierter Musiker aus der Nähe kennenlernen.

▶ www.vielklang.org

Jazz- und Klassiktage

Auch im Oktober steht Tübingen jedes Jahr eine Woche lang ganz im Zeichen der Musik. Die komplette regionale Musikszene, von Jazz bis Klassik, vom Anfänger bis zum Profi, gibt sich hier ein Stelldichein, um die unterschiedlichsten und ungewöhnlichsten Orte zum Klingen zu bringen, auch solche, die normalerweise nicht zum Musik hören bestimmt sind. Mehr als achtzig große und kleine Konzerte sowie ein Samstag, an dem zum „BeSwingten" Einkaufsbummel animiert wird, bringen in ganz Tübingen die Ohren zum Glühen.

▶ www.jazzklassiktage.de

BeSwingt einkaufen

Jazzkeller

Im Jazzkeller in der Haaggasse gibt es täglich bis nachts um 2 Uhr Musik. Viel Jazz, aber auch Hip Hop und alles, was sonst noch tanzbar ist. Dabei ist der Mittwoch der klassische Jazztag, an dem Veranstaltungen des Jazzclubs stattfinden. Keller ist dabei wörtlich zu nehmen: Das Gewölbe ist direkt in den Stein des Schlossbergs gehauen. Eine urige Location zum Musik hören und Tanzen.

▶ www.jazzclub.de

Im Sudhaus

Sudhaus

Das Sudhaus, eine ehemalige Brauerei am Stadtrand, ist eigentlich ein soziokulturelles Zentrum, wo es außer Musik auch viel Theater, Comedy, Kabarett etc. zu sehen und zu hören gibt, wo man tanzen und in einem schönen Biergarten laue Sommerabende genießen kann. Vor allem gibt es dort aber Musik: Jazz, Weltmusik, Independent: alles, was interessanter ist als die Radiocharts.
▶ www.sudhaus-tuebingen.de

Café Latour

In dem Kneipenrestaurant im Französischen Viertel kocht zur Zeit nicht nur der Sternekoch Felix Braunwald. Jeden Dienstagabend zeigt sich das Latour mit einem – meist jazzigen – Konzert von seiner musikalischen Seite. Der Eintritt ist frei, es wird ein Hut herumgereicht.
▶ www.cafe-latour.de

Piccolo Sole D'Oro

Michele, der padrone der Espresso-Bar zwischen Lustnauer Tor und Markt am Nonnenhaus läutet jeden Donnerstag zur besten After-Work-Zeit ab 18.30 Uhr den Feierabend mit Live-Musik ein. Hier gibt es alles und jeder, der mehr kann als auf einem Kamm blasen, darf sich ausprobieren: Chansons und Folk, schön gecoverte Rockklassiker, schräger Jazz und manchmal Tango. Die ganze Vielfalt der Tübinger Musikszene gibt sich hier ein Stelldichein.

Film und Theater

Film

Wie es sich für eine anständige Universitätsstadt gehört, gibt es in Tübingen zwar kein Multiplex-Kinocenter mit riesigen Leinwänden und den dazu passenden Popcorneimern, dafür aber gleich mehrere Filmfestivals, zwei Programmkinos und ein Kinoprogramm mit vielen ungewöhnlichen Überraschungen. Natürlich können Sie auch James Bond anschauen. Aber Tübingen hat erheblich mehr zu bieten und entwickelt sich allmählich zu einer veritablen Filmstadt. Das aktuelle Kinoprogramm finden Sie unter

▶ www.arsenalkinos.de und www.tuebinger-kinos.de

Französische Filmtage

Die Französischen Filmtage Tübingen sind die größte frankophone Filmschau in Deutschland und die zweitgrößte in ganz Europa. Seit dreißig Jahren stehen aktuelle Produktionen des französischsprachigen Films im Mittelpunkt des Festivals, flankiert von Werkschauen, Retrospektiven und Publikumsgesprächen. Catherine Deneuve und Gerard Départdieu haben es zwar noch immer nicht nach Tübingen geschafft, aber als Plattform für den jungen französischsprachigen Film sind die Filmtage mittlerweile eine renommierte Adresse, zumal einige in der Fachwelt wichtige Preise vergeben werden – wie der für die beste Filmmusik. Eine Woche lang können kinobegeisterte Frankophile eine ungewöhnliche Bandbreite an Filmen vor allem junger Cineasten entdecken, mit Schauspielern und Regisseurinnen ins

Französische Filmtage

Gespräch kommen und auch wunderbar feiern. Denn die Französischen Filmtage sind auch ein großartiges und manchmal sogar ein bisschen glamouröses gesellschaftliches Ereignis.
▶ www.filmtage-tuebingen.de

CineLatino

Das Festival Cinelatino ist die kleine, aber sehr schöne und lebenslustige Schwester der Französischen Filmtage. Filmemacherinnen und Filmemacher aus Spanien und Lateinamerika zeigen ihre Arbeiten: Kurzfilme, abendfüllende Spielfilme und Dokumentationen bieten einen schönen Einblick in das cineastische Geschehen in Lateinamerika und Spanien und auf diese Weise auch in die kulturellen und gesellschaftlichen Entwicklungen.
▶ www. filmtage-tuebingen.de/latino

Illuminiertes Kino Museum beim Cine Latino

Filmfest FrauenWelten

TERRE DES FEMMES, eine gemeinnützige Menschenrechtsorganisation für Frauen und Mädchen, organisiert seit dem Jahr 2000 ein Filmfest in der Universitätsstadt, in der Regisseurinnen aus aller Welt ihre Arbeiten zeigen, die sich facettenreich und tiefgründig mit dem Thema Frauenrechte auseinandersetzen. Oft bitterernste Themen wie Zwangs- und Armutsprostitution werden hier in einer anregenden und empathischen Atmosphäre angegangen. Filme wie „Das Mädchen Wadjda“, der erste Kinofilm, der je in Saudi-Arabien gedreht wurde zeigen, dass der Weg in die Unabhängigkeit auch mit einem Fahrrad und sehr viel Witz zurückgelegt werden. In vielen Gesprächen besteht die Möglichkeit, das Gesehene zu hinterfragen und die Regisseurinnen kennen zu lernen.
▶ www.frauenrechte.de

Theater

Landestheater Tübingen – LTT

„Die Klaviatur der Widersprüche menschlichen Seins in allen Schattierungen zu spielen“ ist der Anspruch des Landestheaters Tübingen, das seit 1979 in der ehemaligen Stuhlfabrik Schäfer zu Hause ist. Mit einem eigenwilligen Programm, einem charakterstarken Ensemble und ungewöhnlichen ästhetischen Lösungen bei Bühnenbild und Kostümen gibt es hier sinnliches, innovatives und erhellendes Theater auf mehreren Bühnen, für Erwachsene und Kinder und alle dazwischen.

▸ Landestheater Württemberg-Hohenzollern Tübingen Reutlingen
Eberhardstraße 6
72070 Tübingen
Tel. (0 70 71) 15 92 70
www.landestheater-tuebingen.de

Zimmertheater

Seit 1958 hat sich das kleine Theater als erstklassige Adresse für zeitgenössisches Theater auch überregional einen Namen gemacht. In dem Gewölberkeller finden nur maximal 80 Zuschauer Platz, was jede Vorstellung zu einem sehr persönlichen Theaterelebnis werden lässt. Ein überdurchschnittlich junges Ensemble spielt experimentierfreudig, begeistert und begeisternd Stücke neuer Autoren. Konzerte, Lesungen und ein Philosophisches Café sorgen zusätzlich dafür, den eigenen Gedanken neue Richtungen zu geben.

▸ Zimmertheater Tübingen
Bursagasse 16
72070 Tübingen
Tel. (0 70 71) 9 27 30
www.zimmertheater-tuebingen.de

Freie Gruppen

Neben diesen beiden etablierten Theatern mit festen Spielräumen gibt es in Tübingen eine große Zahl Laienensembles und Freien Gruppen. Vom Harlekin-Theater mit seinen absolut unvergleichlichen Theatersportabenden, einem Improvisationstheater vom Allerfeinsten, bis zur studentischen Theatergruppe wird eine Menge geboten, darunter auch Exotisches wie Schattentheater und Figurentheater für Erwachsene.

Übernachten

In der eigenen Stadt übernachtet man selten im Hotel. Deshalb fallen Empfehlungen hier besonders schwer. Aber ob elegantes Stadthotel oder gemütliche Familienpension: Sie werden die Unterkunft finden, die zu Ihnen und zu Ihrem Aufenthalt in Tübingen passt und dort freundlich aufgenommen werden. Bei der Vermittlung hilft Ihnen sehr gerne der Bürger- und Verkehrsverein, der auch über ein vollständiges Gastgeberverzeichnis mit preiswerten Privatzimmern und Ferienwohnungen verfügt:

▶ www.tuebingen-info.de

Hier eine kleine, nicht repräsentative Auswahl:

Campingplatz Tübingen

Zwischen Dauercampern mit Gartenzwergidylle und künftigen Studenten auf Zimmersuche können Sie direkt am Neckarufer Ihr Zelt aufschlagen.

▶ Rappenberghalde 61
Tel. (0 70 71) 4 31 45
www.neckarcamping.de

Gasthof-Hotel Lamm

Die ehemalige Poststation im Stadtteil Unterjesingen ist etwa 6 km von Tübingen entfernt, aber mit öffentlichen Verkehrsmitteln noch gut erreichbar. Wer nicht superzentral wohnen muss, genießt hier eine familiäre Atmosphäre und selbst gebrannten Whisky aus dem Ammertal mit Blick auf die Wurmlinger Kapelle.

▶ Jesinger Hauptstraße 55 – 57
Tel. (0 70 73) 9 18 20
www.lamm-tuebingen.de

♿ Hotel am Bad

Idyllisch am Neckar gelegen und vor allem im Sommer ein Traum für Sportfreaks: Freibad und Kletterwand sind gleich nebenan, die Laufstrecken beginnen direkt vor der Haustür und Fahrradfahrer sind besonders willkommen. Zu Fuß braucht man etwa zwanzig Minuten bis zur Innenstadt.

▶ Freibad 2
Tel. (0 70 71) 7 97 40
www.hotel-am-bad.de

Hotel am Schloss

Altstadtcharme pur in verwinkelten Häusern am Fuß des Tübinger

Schlosses. Zentral und trotzdem ruhig, freundlicher und aufmerksamer Service, gepflegtes Ambiente und eine sehr leckere Küche.

▶ Burgsteige 18
Tel. (07071) 92940
www.hotelamschloss.de

♿ Hotel Domizil

Modernes, komfortables City-Hotel direkt am Neckar mitten in der Stadt. Mehr Business als Fachwerkromantik, dafür aber behindertengerecht.

▶ Wöhrdstraße 5–9
Tel. (07071) 1390
www.hotel-domizil.de

Hotel Hospiz

Die zweckmäßige und sympathische Alternative für alle, die gern zentral wohnen möchten, ohne allzuviel Geld auszugeben.

▶ Neckarhalde 2
Tel. (07071) 9240
www.hotel-hospiz.de

Hotel Krone

Traditionsreiches, sehr gepflegtes Haus mit individuellen, verspielt eingerichteten Zimmern und viel Charme mitten in der Stadt. Die romantische Interpretation des Stadthotels.

▶ Uhlandstraße 1
Tel. (07071) 13310
www.krone-tuebingen.de

Hotel La Casa

Im Loretto-Viertel im neuen Tübinger Süden erwartet Sie morgenländisch-mediterranes Flair: Elegante Zimmer und ein schöner Wellnessbereich mit Spa und orientalischem Hammam sind ein schöner und entspannender Kontrast zu Stocherkahn und Maultaschen.

▶ Hechingerstraße 59
Tel. (07071) 94666-0
www.lacasa-tuebingen.de

♿ Jugendherberge Tübingen

Wunderschöne Lage direkt am Neckar und in fünf Minuten ist man in der Innenstadt: Die Jugendherberge ist nicht nur für Schulklassen und Jugendgruppen, sondern auch für Familien mit Kindern eine echte Alternative zum Hotel. Es gibt ausreichend Zweibett- und Vierbettzimmer mit Dusche und WC.

▶ Gartenstraße 22/2
Tel. (07071) 23002
www.jugendherberge-tuebingen.de

Pension Binder

Preiswert, familiär, ruhig und mitten in der Stadt. Im Erdgeschoss gibt es ein richtiges „Café Plüsch“ mit leckeren, selbst gebackenen Kuchen.

▶ Nonnengasse 4
Tel. (07071) 52643

Noch mehr Tübingen

Wer nicht nur auf eigene Faust durch die Stadt zu streifen, sondern unter kompetenter und charmanter Führung noch mehr über Tübingen wissen will, kann an zahlreichen Stadtspaziergängen und Führungen teilnehmen.

Der Bürger- und Verkehrsverein bietet von März bis Oktober jeden Tag eine Stadtführung an, die um 14.30 Uhr auf dem Marktplatz vor dem Rathaus startet. Außerdem gibt es in diesen Monaten an jedem Dienstagabend um 19.00 Uhr die Gelegenheit zu einem Abendbummel: Nach einer etwa einstündigen Stadtführung wird noch gemeinsam in einer Tübinger Gaststätte auf ein Getränk eingekehrt. (▶ www.tuebingen-info.de)

Für Stadtführungen und Exkursionen zu Ihrem Wunschtermin, zu bestimmten Themen oder sogar maßgeschneidert auf Ihre Wünsche zusammengestellt, können Sie sich ebenfalls an den Bürger- und Verkehrsverein oder direkt an die Autorin (▶ www.andrea-bachmann.de) wenden.

Studierende des Evangelischen Stifts bieten Führungen zu festen Terminen und für Gruppen auch auf Anfrage an und zeigen Ihnen Bereiche des Stifts, die der Öffentlichkeit normalerweise nicht zugänglich sind. (▶ www.evstift.de)

Bürger- und Verkehrsverein an der Neckarbrücke

Stocherkahn am Hölderlinturm

Die Hölderlin-Gesellschaft bietet nicht nur eine Reihe Konzerte, Lesungen, Ausstellungen, Vorträge an, sondern auf Anfrage auch Führungen durch das Haus und das Museum.
▶ www.hoelderlin-gesellschaft.de

Für Stiftskirchenführungen kann man sich direkt an die Autorin (▶ www.andrea-bachmann.de), den Bürger- und Verkehrsverein (▶ www.tuebingen-info.de) oder das Pfarramt der Stiftskirche (▶ www.stiftskirche-tuebingen.de) wenden. Mitarbeiterinnen und Mitarbeiter der Stiftskirchengemeinde veranstalten darüber hinaus in den Sommermonaten immer wieder öffentliche Führungen zu bestimmten Themen. Die Termine sind ebenfalls im Pfarramt zu erfragen.

Führungen durch das Stadtmuseum im Kornhaus finden regelmäßig sonntags um 15.00 Uhr zu verschiedenen Themen statt. Außerdem können Sie natürlich auch Führungen zu Ihrem Wunschtermin buchen. Auch für Führungen durch das Hesse-Kabinett am Holzmarkt ist das Stadtmuseum zuständig:
▶ www.tuebingen.de/stadtmuseum.

Das Museum Schloss Hohentübingen veranstaltet zahlreiche Führungen, Vorträge, museumspädagogische Events:
▶ www.uni-tuebingen.de/museum

Dankeschön

„Tübingen – Der Stadtführer“ geht in die zweite Runde. Das ist ein schöner Erfolg, der mich sehr glücklich macht. Und es ist eine schöne Gelegenheit, wieder einmal herzlich „Dankeschön!“ zu sagen. All denen, die zum Entstehen des Buches beigetragen haben und all denen, die mich in den fünfzehn Jahren, in denen ich als Gästeführerin unterwegs bin, ein Stück weit auf meinem beruflichen Weg begleitet haben.

Bedanken möchte ich mich bei den Mitarbeiterinnen und Mitarbeitern von Oertel + Spörer, besonders bei Ulrike Weiler, für ihre tatkräftige und moralische Unterstützung und ihre unerschöpfliche Geduld.

Die meisten Fotos für dieses Buch habe ich selber machen dürfen. Aber manche musste ich mir auch erbetteln. Deshalb bedanke ich mich bei Beate Rudischhauser, Rainer E. Müller, Wolfgang Zwierzinsky, Alex Gonschior, Margit Wenke, Cornelia Szelènyi, Rainer Klink, Hans-Peter Horn, Petra Fischer, Othmar Selig, Tobias Hiller (†), Jörg Umrath, Sven Gormsen, dem Zimmertheater Tübingen, der Stadt Tübingen und dem Stadtmuseum.

Danke sage ich all denen, die Teile des Manuskripts gegengelesen, ergänzt und berichtigt haben: Cord Soehlke, Margot Gottschick, Margit Wenke, Friedemann Bauschert, Karlheinz Wiegmann, Ernst Seidl, Shirin Krauss, Ulrike Dahmen und Ernst Gumrich. Andrea Pfanner hat nicht nur gelesen, sondern mich auch in ihrem Elektrorollstuhl begleitet und mich mit zahlreichen Informationen über Tübingen für Menschen mit Behinderung versorgt: Herzlichen Dank dafür!

Viele Informationen und Geschichten, die in dieses Buch eingeflossen sind, verdanke ich unzähligen Menschen, die sie mir in den letzten fünfzehn Jahren erzählt haben, die ich auf Führungen von Kolleginnen und Kollegen aufgeschnappt, auf Vorträgen gehört, in Ausstellungen erfahren habe. Unmöglich, sie alle zu erwähnen oder sich auch nur an alle zu erinnern. Aber sie haben alle Spuren in diesem Buch hinterlassen und ich denke voller Dankbarkeit an sie.

Ganz sicher gehören dazu: meine wunderbaren Kolleginnen und Kollegen vom Bürger- und Verkehrsverein, sowohl diejenigen vom Tourist- und Ticket-Center an der Neckarbrücke als auch die, die mit mir „auf der Straße“ sind. Euer Vertrauen, eure Freundschaft, eure Kollegialität und eure Erfahrung bedeuten mir viel, seid dafür bedankt!

Auch dazu gehören die Mitarbeiterinnen und Mitarbeiter des Stadtarchivs, deren Hilfsbereitschaft und berufliche Kompetenz ich immer wieder beanspruchen durfte, der komplette Stab des Stadtmuseums Tübingen, die Kolleginnen und Kollegen aus Bebenhausen, aus der Kunsthalle und vom Schwäbischen Tagblatt: ihr seid fantastische Kollegen, Mentoren und Freunde, ohne euch wäre ich nicht da, wo ich jetzt bin. Danke.

Gästeführerin wird man, wenn man nichts „Gescheites“ gelernt hat. Sehr dankbar bin ich deshalb allen, die mich gefördert und an mich geglaubt haben: Wilfried Setzler hat mir beigebracht, Geschichten zur Geschichte zu erzählen, Karlheinz Wiegmann und Evamarie Blattner haben mir im Stadtmuseum ermöglicht, mein Können unter Beweis zu stellen, Daniel Schreiber hat mich auch ohne Studium der Kunstgeschichte engagiert, Angelika Thieme vertraut mir selbst die anspruchsvollsten Gäste an und Simone Maier, Birgit Pflock-Rutten, Stefan Zibulla und Ulrich Janßen sind der Meinung, dass ich nicht nur über Tübingen reden, sondern auch schreiben kann. Otto Buchegger hat mir seine gesammelten Tubingensia geschenkt und wollte keinen Dank dafür, den bekommt er trotzdem und zwar jetzt und hier.

Ein riesiges Dankeschön geht natürlich an meine hinreißenden Kinder Yann-Henrik, Saskia, Cornelius und Jette, die in unserem ungewöhnlichen Familienleben viel mehr leisten müssen als andere Teenager und die trotzdem sogar stolz auf mich sind: eine größere Motivation gibt es nicht!

Am allerwichtigsten in dieser Liste sind jedoch meine Gäste. Sie waren bereit, sich auf Tübingen und meinen Blick auf diese Stadt einzulassen. Ihre Neugier und Aufgeschlossenheit, ihre Begeisterung und Unternehmenslust machen meine Arbeit zu einem Traumberuf. Für Sie habe ich dieses Buch geschrieben.

Andrea Bachmann

Literatur

Binder, Hans-Otto; Schönhagen, Benigna; Setzler, Wilfried: Kleine Tübinger Stadtgeschichte, Tübingen 2006

Bast, Eva-Maria; Thissen, Heike: Geheimnisse der Heimat – 50 spannende Geschichten aus Tübingen, Tübingen, Überlingen 2013

Blattner, Evamarie; Braungart, Georg; Mojem, Helmut; Wiegmann, Karlheinz (Hrsg.): Von der Zensur zum Weltverlag – 350 Jahre Cotta, Tübingen 2009

Blattner, Evamarie; Willner, Sarah (Hrsg.): feste formen – tübiger feiern von advent bis weihnachten, Tübingen 2010

Blattner, Evamarie; Wiegmann, Karlheinz (Hrsg.): Ansichten – Einsichten: Tübinger Stadtansichten von 1850 bis heute, Tübingen 2010

Fastnacht, Kathrin; Pachnicke, Claudine: Der stadthistorische Spaziergang – Begleitbuch zur Dauerausstellung im Stadtmuseum Tübingen, Tübingen 2005

Feldmann, Susanne: Tübingen und der Wein – Weinbau und Weingärtner in der Universitätsstadt, Tübingen 2005

Happ, Alfred:Lotte Reiniger – Schöpferin einer neuen Silhouettenkunst, Tübingen 2004

Hild, Nikola und Katharina: Bebenhausen – Kloster und Schloss, Tübingen 2006

Hornbogen, Helmut: Tübinger Dichter-Häuser – Literaturgeschichte aus Schwaben, Tübingen 1999

Jantzen, Hermann: Stiftskirche in Tübingen, Tübingen 1993

Marstaller, Tilmann: Spurensuche im Tübinger Kornhaus, Tübingen 2006

Niepelt, Meike; Wiegmann, Karlheinz: Hin und Weg – Tübingen in aller Welt, Tübingen 2007

Petersmann, Johanna: Energisch für Tübingen – Ein Streifzug durch die Geschichte der Tübinger Energieversorgung, Tübingen 2002

Rauch, Udo (Hrsg.): Zwischen Ammer und Neckar – Das Tübinger Stadtbild im Wandel, Tübingen 1994

Rauch, Udo; Zacharias, Antje: Tübinger Szenewechsel 1950 – 1970 – Alfred Göhner und seine Pressefotos, Tübingen 2006

Rauch, Udo; Zacharias, Antje: ...und grüßen Sie mir die Welt, Tübingen – eine Universitätsstadt auf alten Postkarten, Tübingen 2007

Schmid, Karl: Die astronomische Uhr am Tübinger Rathaus, Tübingen 2003

Setzler, Sibylle und Wilfried: Stiftskirche Tübingen, Tübingen 2010

Setzler, Wilfried: Tübingen – Auf alten Wegen Neues entdecken, Tübingen 1998

Weiß, Michael: Das Tübinger Schloss – Von der Kriegsfeste zum Kulturbau, Tübingen 1996

Bildnachweis

Sämtliche Fotos von Andrea Bachmann,
bis auf:

Alexander Gonschior: 27, 237, 274, 276
Angela Hammer: Umschlag vorne/hinten,
Umschlagklappe vorne/li, 10/11
Jürgen Meyer: 41, 196, 220, 252
Kelter: 238
Kunsthalle Tübingen: 177
Künstlerbund Tübingen: 174
Martin Keidel: Umschlagklappe hinten/li, 7
Monica Berglund: 241
naldo Neckar-Alb-Donau-GmbH:
Umschlagklappe hinten/innen, 288
Otto Buchegger: 24
Rainer Klink: 261
Ralph Koch: Umschlagklappe vorne/re,
50/51, 56, 58, 119, 232/233
Shedhalle Tübingen: 175
Stadtmuseum Tübingen: 170
Sven Gormsen: 273
Tobias Hiller (†): 272
Universitätsstadt Tübingen: 6, 137
Wolfgang Zwierzynski: 269
Zimmertheater Tübingen: 251

Register

naldo®
Verkehrsverbund
Neckar-Alb-Donau GmbH

Nachtverkehr Stadt und Landkreis Tübingen

Stand: Dezember 2013
Herausgeber: Verkehrsverbund Neckar-Alb-Donau GmbH
Grafik: © 2013, digitale Kartografie F. Ruppenthal GmbH, 76131 Karlsruhe

swt
Stadtwerke Tübingen